डॉ सुशील दाहिमा अभय : अनुशिष्ट साहित्यकार, पत्रकार

संपादक : गंवरु प्रमोद

डॉ सुशील दाहिमा अभय : अनुशिष्ट साहित्यकार, पत्रकार

संपादक : गंवरु प्रमोद (प्रमोद कुमार)

प्रथम संस्करण : मई 2024

ISBN : 9798894155159

प्रकाशक (publisher) : नोशन प्रैस, चेन्नई (भारत)

Notion Press Media Pvt Ltd,
#7, Red Cross Road, Egmore, Chennai, Tamil Nadu 600008

Email ID: publish@notionpress.com, editor@notionpress.com

Phone Number: +91 44 46315631

* आशीर्वचन *

पत्रकारिता के लिए जीवन को समर्पित करने वाले सुशील एक जाना पहचाना नाम हो गया है। पत्रकारिता को मिशन के रूप में स्वीकार कर सुशील ने कठिन परिश्रम करते हुए ग़ैर हिन्दी प्रदेश उड़ीसा में हिंदी पत्रकारिता को जो सम्मान दिलाया, उसे भुलाया नहीं जा सकता। मुझे गुरु के रूप में संबोधित करने वाले इस व्यक्तित्व पर पत्रिका प्रकाशित होने पर मुझे अत्यंत गर्व हो रहा है।प्रखर वक्ता मृदुभाषी सुशील उड़ीसा के बाहर भी जाना पहचाना चेहरा हो गया है। पत्रिका में उनके व्यक्तित्व, त्याग और संघर्ष का समावेश होगा, इसलिए नई पत्रकार पीढ़ी के लिए प्रेरणा बन सकती है।

मैं डॉ सुशील दाहिमा अभय के पत्रकारिता एवं साहित्यिक जीवन पर श्रीगंवरु प्रमोद द्वारा संपादित उल्लेखनीय एवं महत्वपूर्ण पुस्तक के लिए मेरी आंतरिक शुभकामना के साथ उनके भावी जीवन के लिये सफलता की कामना करता हूँ।

~ सुहास राजिमवाले
वरिष्ठ पत्रकार, पूर्व समाचार संपादक, दैनिक 'युगधर्म', रायपुर (छत्तीसगढ़)

मेरे प्रथम साहित्यिक गुरु मेरे पिताश्री स्व. कविराज द्वारिका प्रसाद 'दाधिमथ' (संस्कृताचार्य, साहित्याचार्य एवं आयुर्वेदाचार्य), मेरे काव्य-गुरु स्व. निर्भय हाथरसी, मेरे पत्रकारिता के गुरु स्व. बबन प्रसाद मिश्र; तथा मेरे संगीत-गुरु संगीताचार्य स्व. राम भरोस शर्मा को सादर समर्पित।

~ डॉ सुशील दाहिमा अभय

*

*

*

*

*

*

*

*

*

कृतज्ञता - ज्ञापन

मैं इस पुस्तक में, डॉ सुशील दाहिमा अभय के ऊपर लिखित, इन आलेख लेखकों के प्रति अपनी कृतज्ञता ज्ञापित करता हूं जिनके लेखों के बिना यह पुस्तक अधूरी होती. इन लेखकों के योगदान से ही यह पुस्तक सर्वांगपूर्ण हो पायी है. संबंधित आलेख लेखकों के नाम क्रमानुसार (लेख -- लेखक के क्रम में) नीचे दिए गए हैं: -

(1) शब्द - प्रतिशब्द -- स्व. आदित्य कुशवाहा ; (2) आत्मीयता, वाक्पटुता, स्पष्टवादिता की प्रतिमूर्ति: डॉ सुशील दाहिमा 'अभय'-- डॉ. रामनिवास 'मानव'; (3) अग्निम अनुभूतियों का चितेरा कवि 'अभय' -- डॉ. मधुसदन साहा; (4) शब्द-साधक श्री सुशील दाहिमा 'अभय -- डॉ ओंकारनाथ द्विवेदी; (5) मेरी नज़र में दाहिमा भाई सा'ब की कविता --डॉ मंजू शर्मा महापात्र; (6) बलन्दी भी जिसका मुंह ताके वे हैं सुशील दाहिमा-- डॉ.कृष्ण कुमार प्रजापति; (7) पत्रकारिता और साहित्य के पुरोधा:डॉ सुशील दाहिमा अभय -- डॉ चन्द्रसिंह तोमर; (8) एक निराला 'राउरकेला का' : डॉ दाहिमा जी -- डॉ राधाकृष्ण विश्वकर्मा; (9) डॉ सुशील दाहिमा 'अभय' : एक अद्वितीय पहचान -- डॉ विशाल श्रीवास्तव 'नादान'; (10) इनसानियत की एक जीती-जागती तस्वीर : डॉ सु.दा. अभय -- कुदरत अली कुदरत: (11) साहित्य व हिंदी पत्रकारिता के यश:डॉ सुशील दाहिमा, मेरी नजर में -- देहाती विश्वनाथ; (12) उड़ीसा में हिन्दी पत्रकारिता के भीष्म पितामह : सुशील दाहिमा -- तपस्वी लाल तिवारी; (13) चरैवेति' सूत्र-धारक महान योद्धा -- मधुश्री के.; (14) नार्वेजियन दृष्टिकोण के सृजनकर्ता : डॉ सुशील दाहिमा अभय -- डॉ प्रियांकी; (15) डॉ सुशील दाहिमा अभय : कृतित्व और व्यक्तित्व-- महेश्वर प्रसाद सिंह अलख; (16) गरिमापूर्ण भव्य व्यक्तित्व व कृतित्व के मालिक : डॉ दाहिमा -- राजेंद्र प्रसाद गुप्ता; (17)

सकारात्मक दृष्टिकोण के चितेरे साहित्यकार : डॉ अभय --- मंजुला शरण 'मनु'; (18) हिंदी भाषा और हिंदी साहित्य के प्रति प्रतिबद्ध : डॉ दाहिमा -- पी. यादव 'ओज'; (19) दाहिमा जी के लिए कविता साधना है, उपासना है -- सुरेश सिंह फक्कड़; (20) सप्तरंगी विचार प्रणेता : श्री सुशील दाहिमा जी -- प्रमोद शाहू 'पारखी'; (21) मेरी नज़र में : दाहिमा जी -- सत्यमय त्रिपाठी; (22) एक श्रेष्ठ व्यक्तित्व : डॉ सुशील दाहिमा 'अभय' -- डॉ निशा पारीक; (23) हिंदी उर्दू के संगम हैं : डॉ. सु.दा. 'अभय -- डॉ निगार रिज़वी; (24) राष्ट्रवादी, अन्वेषक और संस्कृति चेता साहित्यकार दाहिमा जी --- शकुन्तला त्रिपाठी 'नेह'; (25) एक प्रेरक व्यक्तित्व : डॉ सुशील दाहिमा अभय -- रेवती ज्वाला प्रसाद मिश्र; (26) 'कलमवीर' हैं दाहिमा जी -- विजय प्रसाद राजन; (27) डॉ सुशील दाहिमा अभय अमराई की घनी छांव -- पारिजात प्रतिभा; (28) जीवन-रंगों के अद्भुत चितेरे हैं डॉ दाहिमा -- आशिमा 'राज' वार्ष्णेय; (29) स्नेह और आत्मीयता के पर्याय हैं गुरुदेव दाहिमाजी -- आभा माहेश्वरी; (30) डॉ दाहिमा : हिंदी को समर्पित सच्चा चरित्र --आनंद दाधीच 'दधीचि'; (31) नवोदित साहित्यकारों के लिए सघन छाँव हैं दाहिमाजी -- सुषमा परमार

****

~ संपादक

क्रम-सूची

क्रम-सूची

प्रस्तावना

(1) डॉ सुशील दाहिमा अभय : एक अनुशिष्ट साहित्यकार, पत्रकार

डॉ सुशील दाहिमा अभय के व्यापक व्यक्तित्व एवं कृतित्व पर विहंगम दृष्टिकोण के साथ आगे बढ़ने से पहले आइये सर्वप्रथम हम इनके विषयक कुछ संक्षिप्त तथ्यों पर दृष्टिपात कर लेते हैं—

(1) साहित्यकार का नाम : डॉ सुशील दाहिमा 'अभय'

(2) जन्मतिथि : 12 अगस्त 1945

   (3) जन्म स्थान : राजगांगपुर, जिला- सुंदरगढ़, ओड़िशा

   (4) अर्धांगिनी का नाम : श्रीमति विजयलक्ष्मी दाहिमा

   (5) अर्धांगिनी की जन्म-तिथि : 15 अगस्त 2947

   (6) विवाह की तिथि : 20 नवम्बर 1964

प्रकाशित साहित्य :

*'क्षणिका' - ओड़िया लघुकथाओं का सर्वप्रथम हिंदी अनुवाद संग्रह, डॉ धर्मवीर भारती द्वारा 'धर्मयुग' पत्रिका में संपादित एवं डॉ प्रभाकर माचवे द्वारा प्रशंसित (वर्ष 1971)

*'श्रीहनुमत स्पर्शिका' (वर्ष 1977)

*'काई के फूल' कविता-संग्रह (वर्ष 2009)

*'टुकड़ों में बंटा मन' गीत-संग्रह (वर्ष 2010)

*'काई के फूल' का अनुवाद 'शिउली फूल' नामक शीर्षक से प्रसिद्ध ओड़िया साहित्यकार कुदरत अली कुदरत द्वारा ओड़िया में अनुदित एवं प्रकाशित (वर्ष 2010)

*'दधिमति स्तोत्रम्' का संपादन

*'ब्रह्मशक्ति' स्मारिका का संपादन (वर्ष 2011)

*'कही-अनकही', डॉ प्रीतवास मिश्र के ओड़िया आलेख संग्रह : 'नाना कथा नाना व्यथा' के हिंदी संस्करण, का संपादन (वर्ष 2012)

*'अंजुरी का अंगारा' देशात्मक काव्य-संग्रह (वर्ष 2014)

*'चिराग जलाओ अंधेरा है' आलेख-संग्रह (वर्ष 2014)

*'श्रीक्षेत्र व श्रीजगन्नाथ (डॉ जन्मेजय चौधरी के ओड़िया शोधपरक ग्रंथ के पृष्ठ 323 का हिंदी अनुवाद) (वर्ष 2017)

*'किरचन एक स्वप्न की' कविता-संग्रह (वर्ष 2022)

#साहित्यिक उपलब्धियां-

*कविता-संग्रह 'काई के फूल' पर कविता रानी द्वारा महर्षि मार्कण्डेश्वर विश्वविद्यालय, मुलाना (अंबाला) हरियाणा से एम.फिल. (वर्ष 2009-10)

*कविता-संग्रह 'टुकड़ों में बंटा मन' पर जितेंद्र पानू द्वारा उच्च शिक्षा और शोध संस्थान, दक्षिण भारत हिंदी प्रचार सभा, धारवाड़ (कर्नाटक) से एम.फिल. (वर्ष 2014-15)

*'ओड़िशा में हिंदी साहित्य का उद्भव और विकास' एक शोध आलेख 'उत्तर प्रदेश मासिक' में प्रकाशित

* 'ओड़िशा में हिंदी पत्रकारिता : उद्भव एवं विकास' एक शोध प्रबंध का डॉ दाहिमा द्वारा वर्तमान (वर्ष 2023) में लेखन जारी

डॉ दाहिमा को वर्ष 2023 के 12 अगस्त तक प्राप्त पुरस्कार /सम्मान आदिक की विवरणी--

* 'राष्ट्रभाषा रत्न' उपाधि, राष्ट्रभाषा प्रचार समिति, वर्धा (महाराष्ट्र) द्वारा (वर्ष 1976)

* 'संकल्प संस्थान शिरोमणि सम्मान', राउरकेला (ओड़िशा) द्वारा (वर्ष 1988)

* 'हिंदी सेवा सम्मान', भारत संचार निगम लिमिटेड, राउरकेला द्वारा (वर्ष 2005)

* 'स्वर्णमणि सम्मान', वेदव्यास गौशाला, राउरकेला द्वारा (वर्ष 2006)

* 'कलमवीर' उपाधि, साहित्य संगम, तिरोड़ी, बालाघाट (म.प्र) द्वारा (वर्ष 2007)

* 'उत्कल मेल सम्मान', दैनिक उत्कल मेल, राउरकेला (ओड़िशा) द्वारा (वर्ष 2007)

* 'स्वयंप्रभा सम्मान' ओड़िया साहित्य संस्था 'स्वयंप्रभा', राउरकेला द्वारा (वर्ष 2008)

* 'शाश्वतमृत सम्मान', राजगोपाल संस्कृत महाविद्यालय, अयोध्या (उ.प्र.) द्वारा (वर्ष 2008)

* 'सारस्वत सम्मान', हिंदी साहित्य सम्मलेन, प्रयागराज (उ.प्र.) द्वारा (वर्ष 2008)

* 'विद्या वाचस्पति' उपाधि, विक्रमशिला हिंदी विद्यापीठ, भागलपुर (बिहार) द्वारा (वर्ष 2009)

* 'साहित्यवाचस्पति' उपाधि, देहरादून (उत्तराखंड) (वर्ष 2010)

* महर्षि मार्कण्डेश्वर विश्वविद्यालय, मुलाना, अंबाला, हरियाणा से 'काई के फूल' काव्य-संग्रह पर एम.फिल. की डिग्री (वर्ष 2010)

* 'विद्यासागर' उपाधि, विक्रमशिला विद्यापीठ, भागलपुर, बिहार से (वर्ष 2011)

* 'सार्वजनिक सारस्वत अभिनंदन', ब्रह्मकल्याण सभा, राउरकेला, ओड़िशा से (वर्ष 2011)

* 'साहित्यरत्न' उपाधि, ब्राह्मण अंतर्राष्ट्रीय, रायपुर, छत्तीसगढ़ से (वर्ष 2012)

* 'सारस्वत सम्मान', तुमसर साहित्य मंच, तुमसर (नागपुर), महाराष्ट्र से (वर्ष 2012)

* 'विशिष्ट साहित्य अकादमी', पंजाब कला साहित्य अकादमी, जालंधर, पंजाब से (वर्ष 2012)

* 'पंडित सत्यनारायण तिवारी स्मृति सम्मान', बैशाखी साहित्य संसद, राउरकेला, ओड़िशा से (वर्ष 2012)

* 'जदुमणि दास स्मृति प्रतिभा सम्मान', यदुमणि दास मेमोरियल फाउंडेशन, भुवनेश्वर ओड़िआ हिंदी साहित्य (पत्रकारिता हेतु, वर्ष 2015)

* 'मनुमुक्त स्मृति सम्मान', हिसार, हरियाणा से (वर्ष (2015)

* 'सारस्वत सम्मान', श्रीदाधिच परिषद, कोलकाता से (वर्ष 2016)

* 'अहोभाग्य सम्मान', विप्र फाउंडेशन, ओड़िशा से (वर्ष 2016)

* 'सारस्वत सम्मान', लायंस क्लब ऑफ राउरकेला से (वर्ष 2017)

* 'डॉ मनुमुक्त मानव नागरी सम्मान', नारनौल, हरियाणा से (वर्ष 2018)

* 'सारस्वत साहित्य सम्मान', प्रतिश्रुति, ओड़िशा साहित्य संस्था से (वर्ष 2019)

* 'विप्र गौरव सम्मान', विप्र फाउंडेशन, ओड़िशा से (वर्ष 2019)

* 'समाज रत्न' उपाधि, राजस्थान परिषद, ओड़िशा से (वर्ष 2019)

* 'विशिष्ट अभिनन्दन, राउरकेला इस्पात संयत्र (सैल), राउरकेला, ओड़िशा से (वर्ष 2020)

* 'इंडियन जर्नलिस्ट यूनियन अवार्ड' (वर्ष 2021)

* छत्तीसगढ़ सक्रिय पत्रकार संघ द्वारा ओड़िशा में वर्ष 1971 में हिंदी पत्रकारिता के बीजारोपण तथा हिंदी, हिंदी साहित्य, हिंदी पत्रकारिता के लिए आजीवन समर्पण हेतु 'अभिनंदन पत्र' सहित स्नेहाभिनंदन, बिलासपुर में (वर्ष 2023). पूर्वोल्लिखित के अलावा ओड़िशा के सरस्वती विद्यामंदिर (राउरकेला), पंचायत कालेज (बरगढ़), डालमिया कालेज (राजगांगपुर) सहित अनेक संस्थाओं द्वारा सम्मानित।

#अन्य साहित्यिक उपलब्धियां -

(क) वर्तमान में ओड़िया भाषा के सुप्रसिद्ध साहित्यकारों, लेखकों की रचनाएं 'डॉ सुशील दाहिमा अभय' द्वारा हिंदी में अनुदित एवं प्रकाशित, जिनमें अग्रलिखित साहित्यकारों की रचनाएं, विधा आदिक सहित, शामिल हैं-

(1) विनोदचंद्र नायक (कविता)

(2) वैष्णव चरण सामल (आलेख)

(3) रवि पटनायक (लघुकथा)

(4) वीणापाणि महांती (लघुकथा, कहानी)

(5) कैलाश लेंका (लघुकथा)

(6) पसन्न कुमार पाटसाणी (कविता, लघुकथा)

(7) कृष्णचंद्र भूयाँ (लघुकथा)

(8) रत्नाकर चइनी (लघुकथा)

(9) प्रफुल्ल कुमार त्रिपाठी (लघुकथा)

(10) अखिलपति अवधूत (लघुकथा)

(11) प्रसन्नकुमार मिश्र (लघुकथा)

(12) जगदीश महांती (लघुकथा, कहानी)

(13) गौर पटनायक (लघुकथा)

(14) सदाशिव दास (लघुकथा)

(15) देवेंद्रनाथ मानसिंह (लघुकथा)

(16) गोवर्धन पुजारी (लघुकथा)

(17) हुसैन रविगांधी (लघुकथा)

(18) गौरहरि दास ('झूठ का पेड़' कहानी-संग्रह)

(19) सुशील कुमार पाणिग्राही (कविता)

(20) सुनंदा प्रधान (कविता)

(21) जन्मेजय चौधरी ('श्रीक्षेत्र व श्रीजगन्नाथ', एक शोधग्रंथ)

(22) पीतवास मिश्र (आलेख-संग्रह 'कही-अनकही' का संपादन)

(23) भगवान बेहरा ('पुरस्तम पुरी' का संपादन)

(ख) विशेष द्रष्टव्य-

~डॉ सुशील दाहिमा अभय द्वारा सत्तर के दशक में हिंदी काव्यगोष्ठी का शुभारंभ।

~ओड़िशा में आप हिंदी पत्रकारिता के आधार-स्तंभ हैं। स्व आदित्य कुशवाहा, स्व विजय पटेल के साथ वर्ष 1971 में हिंदी साप्ताहिक 'बढ़ते चलें' के प्रकाशन के साथ इस अहिंदी भाषी प्रदेश (ओड़िशा) में आपने हिंदी पत्रकारिता की नींव को रखा। इसके बाद 'उत्कल संदेश, 'उत्कल टाइम्स' का संपादन, प्रकाशन किया. आपकी प्रेरणा, प्रयास से राउरकेला सहित ओड़िशा के अन्य शहरों से भी हिंदी साप्ताहिक और पाक्षिकों का प्रकाशन शुरू हुआ।

~भाषा समन्वय की दृष्टि से ओड़िया, हिंदी, एवं सादरी (आदिवासी क्षेत्रीय बोली) का इनके द्वारा कवि-सम्मलेन का सर्वप्रथम आयोजन।

~ आपके द्वारा राष्ट्रभाषा के प्रचार-प्रसार तथा ओड़िया-हिंदी समन्वय हेतु 79 वर्ष की उम्र में भी अद्वितीय रूप से क्रियाशील रहना।

~ओड़िशा का पहला पूर्णांश हिंदी दैनिक 'राउरकेला एक्सप्रेस' के आप संपादक रहे और ओड़िशा का पहला रंगीन हिंदी दैनिक 'उत्कल मेल', का प्रकाशन भी आपकी प्रेरणा, आपके नेतृत्व से संभव हो सका। ओड़िया के प्रसिद्ध प्रकाशक, पत्रकार डॉ पीतवास मिश्र ने बीसवीं सदी के नब्बे के दशक में अपने ओड़िया दैनिक के साथ उसी नाम से हिंदी संस्करण में 'उत्कल मेल' दैनिक शुरू किया था जिसके संपादन का दायित्व आपको सौंपा गया था। भुवनेश्वर और राउरकेला दोनों जगहों से निकलने वाले इस हिंदी दैनिक अखबार के संयुक्त संपादक का दायित्व आपने बखूबी संभाला है।

आज ओड़िशा में हिंदी पत्रकारिता आपके सद्प्रयासों से लहलहा रही है।

~ संपादक

(2) सुशील दाहिमा 'अभय' की कविता " गुरु : असत्य में सत्य " की समीक्षा

अर्पण और समर्पण मानव जीवन का आधार है। जब किसी निर्जीव चीजें दूसरे को अर्पित कर दी जाती हैं तो उसमें प्राण आ जाता है और सजीवता उछालें मारने लगती है; जैसे देवों को भोग अर्पण व सूर्य को जलार्पण। परंतु समर्पण परिशुद्ध रूपेण सजीव है। भावों का समर्पण होता है .. अंतर्मन की अभिव्यक्तियों का समर्पण होता है .. श्रद्धासुमन का समर्पण होता है .. आत्मा का समर्पण होता है .. उद्रेकों का समर्पण होता है .. और सबसे बड़ी चीज कि शरीर के रोम-रोम से निकलने वाले 'सत्य' का समर्पण होता है।

सत्य वह नही जो हमारी आँखों के सामने हो .. सत्य वह नही जिसे निन्यानवे प्रतिशत लोगों का समर्थन हासिल हों .. सत्य वह नही जो हमें सुनाई देती है .. सत्य वह नही जो जिसे पढ़-लिख कर समझा जा सके .. सत्य वह नही जो गलत तरीकों से हमें दुनिया पर विजय दिलाता हो .. सत्य वह नही जिससे हमें झूठी तारीफें मिलती हो.. सत्य वह नही जो हमें वाहवाहियों के मेलों में रमण कराता हो .. सत्य वह नही जिसके माध्यम से हम दुनिया पर गलत तरीकों से राज करने को उत्साहित होते हैं .. सत्य वह नही जो हमें भौतिक प्रसिद्धि दिलाता हो .. सत्य वह नही जिससे हम दुनियादारी से अलग हो संन्यास की जिंदगी गुजारें .. सत्य वह नही जो हमें किसी पीड़ितों, कमजोरों, परित्यक्तों से अलग करता हो .. सत्य वह नही जो हमें सिर्फ अपनी उन्नति की ओर उन्मुख करे। ..बल्कि सत्य वह है जो हमें भूत वर्तमान और भविष्य के मानवजाति सहित सभी प्राणियों से अथाह प्रेम करना सिखाता हो.. सत्य वह है जो हमें दुनिया में सबसे अनुशासनप्रिय होना सिखाता हो .. सत्य वह है जो हमें अपना-पराया, ऊँच-नीच का भेद न करना सिखाता हो ..सत्य वह है जो वर्तमान में हमारे साथ रहनेवाले कमजोरों को तंग न करना सिखाता हो .. सत्य वह है जो हमारे आर्थिक, सामाजिक, राजनीतिक, सांस्कृतिक हैसियत पर घमंड न करना सिखाता है; और सत्य वह है जो हमें सबकी सार्थक-उन्नति पर गौर फरमाने को उत्साहित करता हो।

मानव-सत्य के पुजारी, पूरे विश्व की सार्थक उन्नति के बारे में सोचनेवाले, सुविख्यात कवि साहित्यकार डॉ सुशील दाहिमा 'अभय' (वर्तमान में हिंदी दैनिक 'उत्कल मेल' के

संयुक्त संपादक) जी द्वारा वर्ष 2021 के 'गुरुपूर्णिमा' (24.7.21) पर एक सुंदर कविता रची गई। आइये, हम कविता 'गुरु : असत्य में सत्य' पर चर्चा से पूर्व, उनके द्वारा लिखित मौलिक कविता को देखें -

"गुरुपूर्णिमा पर करते सभी गुरुवंदना, पर
क्या कभी झाँका किसी ने गुरु के मन में !!??
किस त्रासदी, संत्रास, पीड़ा, दुःख, क्लेश को,
चुपचाप वह क्यों झेलता है हँस जीवन में!?(१)
**

किस अभाव का यक्षप्रश्न सुलझाने व्यस्त,
रहता है मानस आतुर विकल गुरु का?
गुरुकृपा, गुरु आशीष पा मार्गदर्शन सत्य,
शिष्य फाँद बाधा दीवारें 'श्री' पाता जीवन में!(२)
**

बखान करता गुरु महिमा शब्दालंकारों में,
देता श्रेय यशस्वी वर्तमान का गुरु को;
पर जीवित गुरु की कर उपेक्षा, अहंकार का
तुष्टिकरण गुरुदोष, त्रस्त होता जीवन में!(३)
**

फिर भी क्षमा गुरु करता गंग-हृदय से ही,
देता न वह श्राप बस आशीष ही देता;
गुरुवाणी न असत्य, सच शब्दब्रह्म का,
बोध कर्तव्य का कर धर्म का पालन जीवन में!"

लोग सोशल मीडियाओं या किसी अन्य माध्यमों यथा समाचारपत्रों, अन्य इलेक्ट्रॉनिक संचार माध्यमों आदि में 'गुरु' की महिमा का बखान करते न थकते हैं। पर क्या वो अपने अंदर में झाँकते हैं कि क्या वे सही मायने में अपने माता-पिता, भाई-बहन, रिश्ते-पीहानी के वैसे लोगों; गाँव-मुहल्ले, अनुमंडल-मंडल, राज्य-देश के वैसे लोगों जो उन्हें सच्ची राह दिखाते हैं उनका सम्मान करते होंगे। आजकल तो सच्ची राह दिखानेवालों को हो ठग दिया जा रहा है। वर्तमान में साथ जुड़े लोगों को ही ठगा जा रहा है जिन्होंने सच्ची राह दिखाई हैं। 'गुरु' का तात्पर्य मैंने कइयों दफ़े अपने लेख में दे चुका हूँ (गु = अज्ञानांधकार से, रु = प्रकाश की ओर) कि जो हमें अज्ञान (विद्वान होकर भी लोग अज्ञानी हो सकते हैं, अपने घमंड के कारण) रूपी अंधकार से निकाल कर सच्ची राह पर चलने को बताए वही 'गुरु' है। स्पष्ट है कि गुरु तो हमारे माता-पिता, भाई-बहन, काकी-काकी, ऑफिस में कार्य करनेवाले वरीय या कनीय अधिकारी/कर्मचारी, अड़ोसी-पड़ोसी, मित्र, हमारे दैनिक कार्यों में साथ निभाने वाले कर्मकार आदि कोई भी हो सकता है। कहने का तात्पर्य है कि जो हमें निःस्वार्थ भाव से सच्ची राह दिखा दे वही 'गुरु है।

डॉ सु. दा. 'अभय' साहब की इस कविता में कितना उच्चकोटि का विचार व्यक्त किया गया है! लोग असली गुरु को छोड़कर चकाचौंध की दुनिया मे खो जाते हैं। गुरु के कष्टों को नजरअंदाज कर देते हैं। कुछ लोग सही मार्ग बतानेवाले को ही रौंदकर विश्व-पटल पर अपनी प्रसिद्धि व अपना 'श्री' हासिल कर लेते हैं। कई लोग श्रेष्ठ-लोगों को गुरु मानकर उनका बखान तो कर लेते हैं पर असली राह दिखाने वाले गुरु को भूल जाते हैं। असली राह दिखनेवाले कौन हैं? इसका निर्धारण तो व्यक्ति खुद अपने निजी जीवन के आधार पर कर सकता है, परंतु सार्थक जीवन का आधार प्रदान करनेवाले को भूलना कतई उचित नही। कर्तव्यबोध का पालन करानेवालों को अधिकांश लोग अपना प्रतिद्वंद्वी नही बल्कि शत्रु समझने लगते हैं जबकि असली 'गुरु' तो वही हैं जो हमें अंत अंततक श्रेष्ठतम कर्तव्य कर्म करने को उत्साहित करते हैं।

अंत में, कबीर दास जी के दोहे से इस संक्षिप्त समीक्षात्मक लेख का समापन करना चाहूँगा, जोकि संक्षिप्त में सबकुछ कह देता है-

"गुरु गोविंद दोऊ खड़े, काके लागूं पाय।

बलिहारी गुरु आपने, गोविंद दियो बताय।।

गुरु बिन ज्ञान न उपजै, गुरु बिन मिलै न मोष।

गुरु बिन लखै न सत्य को, गुरु बिन मिटै न दोष।।

कबीरा ते नर अँध है, गुरु को कहते और।

हरि रूठे गुरु ठौर है, गुरु रूठे नहीं ठौर।।"

~ संपादक

भूमिका

(1)

कई लोग सुकर्म छोड़ कर केवल अपनी जफील बजाते हैं. और दूसरे की नाक को काट कर अपनी नाक में कील सजाते हैं. कुछ लोग अपनी सीटी बजा-बजा कर दूसरे की सीटी की आवाज को दबा देते हैं. और धन या कुछ अन्य चीजें पाने की लालसा में उन्हें नाकों चने चबबा देते हैं. लेकिन, मैंने, सुशील दाहिमा जी के ऊपर, गहरे अध्ययन में पाया कि उक्त सारे विशेषणों ने उन्हें कभी छुआ तक नहीं है; और अपना-अपना ताव नहीं डाल सका है.

लालची में लालच की कोई सीमा नहीं है. और उनमें दोगलापन युक्त निर्णय भी धीमा नहीं है. लालच और दोगलेपन के कारण कई लोग अपनेपन की मर्यादा को तार-तार कर देते हैं. और कुछ लोग अपनों की तरक्की को भी दुश्वार कर देते हैं. कई लोग घटिया लालसा पाल कर दूसरे की राह में अड़ंगा डाल देते हैं. और ऐसे ही लोग किसी की सिद्धि-प्राप्ति में पंगा

डाल देते हैं. लेकिन, सुशील दाहिमा अभय के ऊपर उक्त भाव-वादों अथवा मन के घटिया तगादों ने कभी कोई प्रभाव नहीं डाल सका है.

'इस पृथ्वी पर हर व्यक्ति की उन्नति हो, हर व्यक्ति खुशी-खुशी अपनी जिंदगी गुजारे' ऐसी सोच जो भी रखता है वह, दुनिया की नजरों में चाहे कुछ भी हो लेकिन, खुदा की नजरों में 'महान' होता है. कमोवेश सबकी सोच अनोखी हुआ करती है, किंतु अपने मस्तिष्कीय अहं के कारण अपनी सोच को 'अनोखी' नहीं बनाकर 'अजीब' बना देते हैं. अजीब और अनोखा दोनों एक-दूसरे के पर्याय ज़रूर हैं लेकिन उनके गूढ़ अर्थ में पर्याप्त अंतर हैं. इस धरती पर अवस्थित सारे जीव की आत्मा अमर हुआ करती हैं किंतु उन सबका नाम अमर नहीं हो पाता है. सह अस्तित्व की भावना से युक्त केवल अनोखी सोच वाले लोगों / जीवों का नाम ही अमर हो पाता है. मेरे विचार से डॉ सुशील दाहिमा अभय का व्यक्तित्व अनोखा है.

डा. सुशील दाहिमा 'अभय' हिंदी साहित्याकाश में ऐसा बलिष्ठ तारा यानी सूर्य हैं जो अग्नि के समान तेज को धारण करते हैं और वह भी सबको, पूरे जगत को शुद्ध करने के लिए। आपकी कवित्व-शक्ति यानी साहित्यिक-शक्ति को प्राप्त करने वाले तर जाते हैं, शुद्ध हो जाते हैं तथा तरनेवाले भी अन्यों को उत्साहित करने को उत्सुक हो जाते हैं। अतः वैज्ञानिकतः आपके ऊपर ऋग्वेद के पंचम मंडल के सूक्त संख्या 'एक' का आठवां मंत्र सटीकतः बैठता है।

इस मंत्र को मसलन आप भी देखें-

"मार्जाल्यो मृज्यते स्वे दमूनाः कविप्रशस्तो अतिथिः शिवो नः।

सहस्रशृङ्गो वृषभस्तदोजाः विश्वान् अग्ने सहसा प्रास्यन्यान्।।"

('मार्जाल्यः' अर्थात् अग्नि के सदृश शुद्ध करनेवाले; 'मृज्यते' अर्थात् शुद्ध किए जाते हैं; 'स्वे' अर्थात् अपने में; दमूनाः अर्थात् इन्द्रियों को वश में रखनेवाले; 'कविप्रशस्तः' अर्थात् कवियों / विद्वानों द्वारा प्रशंसा को प्राप्त; 'अतिथिः' अर्थात् जिनकी आने की तिथि नियत न हो; 'शिवः' अर्थात् कल्याण करनेवाले; 'नः' अर्थात् हमलोगों का / हमलोगों की / हमारे; 'सहस्रशृङ्गः' अर्थात् हजारों श्रृंगों वाले; 'वृषभः' अर्थात् बलिष्ठ होकर वृष्टि/उपज/ सृजन में मदद करनेवाले; 'तदोजाः' (तत्+ओजा) अर्थात् जिनका वही पराक्रम; 'विश्वान्' अर्थात् पूरे विश्व का अथवा संपूर्ण; 'अग्ने' अर्थात् अग्नि के समान तेज धारण करनेवाले वर्तमान समय या वर्तमान व्यक्ति; 'सहसा' अर्थात् अकस्मात् अथवा बल से; 'प्रास्यन्यान्' (प्र+असि+अन्यान्) अर्थात् प्र यानी वह, असि यानी विद्यमान हो, अन्यान् यानी अन्यों की रक्षा हेतु)।

हिंदी के प्रति आपकी साधनावस्था ऐसी नहीं कि वह मोक्ष पाने की महत्त्वाकांक्षी हो, बल्कि ऐसी है कि वह जन-जन में ज्योतिर्मय एवं आभामय अभिव्यक्ति की प्रवृत्ति को जाग्रत कर दे। उनकी हिंदी में जहां एक ओर करुणामय, गरिमामय और शांतिमय वातावरण की डिपो विनिर्मित दिखती है वहीं दूसरी ओर उनकी हिंदी में अखिल जगत को जगाने वाली डिमडिमी भी बजती हुई दिखाई देती है।

मुझे लगता है कि अहिंदीभाषी प्रदेश ओड़िशा में भी उनकी हिंदी सिद्धावस्था को प्राप्त कर चुकी है। कारण कि, आपने आंतरिक त्याग की बड़ी भावना से कार्य करते हुए हिंदी को किसी छोटी-सी भी धुकड़-पुकड़ में पड़ने नहीं दिया है। आपने हिंदी को परमात्मा की चेतना अर्थात् भारतमाता की संस्कृत चेतना से बड़ी सहजता से उठाते हुए अहिंदी क्षेत्रों में प्रसारित किया है। यह आपकी धुरीणता का द्योतक है।

आप हिंदी के ऐसे कर्मयोगी हैं जो कर्मफलों को त्यागकर अहिंदी क्षेत्र में भी पूर्ण प्रशांतता को प्राप्त करता है। अहिंदीभाषी प्रदेश में हिंदी-सेवा के प्रति आपका कर्म स्वतःस्फूर्त प्राणशक्ति से लबालब भरा है। हिंदी के प्रति आपकी अक्षय आंतरिक इच्छाशक्ति वैश्विकौदार्य का सूचक है जो आगे चलकर निश्चितरूपेण अविच्छिन्न कालातीत मानव-चेतना का स्वरूप ग्रहण करेगी।

आपकी हिंदी किसी अवैचारिक बंधन में बांधने वाली तो कतई नहीं है बल्कि वह विकास के संकल्पों को समर्पित है। आपके प्रयास से हिंदी किसी आनंदपूर्ण निष्क्रियता में शरण नहीं लेती अपितु अपने आंतरिक अस्तित्व की गंभीरतम गहराइयों में अपनी पैठ बनाती है।

अहिंदी क्षेत्र में भी आपकी हिंदी ऐसी है जो सुंदर एवं रचनात्मक प्रयासों के त्याग को नहीं कहती प्रत्युत अवृद्धिपरक स्वार्थ-लालसाओं के त्याग को कहती है। संक्षिप्त में कहूं तो अहिंदी क्षेत्र में भी आपके कारण हिंदी अपनी परमावस्था को प्राप्त की है।

डा. सुशील दाहिमा के साहित्य एवं पत्रकारिता का तुलनात्मक अध्ययन : -

डा. सुशील दाहिमा 'अभय' हिंदी पत्रकारिता जगत में और हिंदी साहित्याकाश में मानव-जीवन-दर्शन के प्रतिरूप हैं। सांसारिक व्यक्तित्व-बोध आपके पत्रकारिता में भरा पड़ा हर ओर है। सांसारिक आत्म-बोध से आपका साहित्य भी सराबोर है। जहां एक ओर आपकी पत्रकारिता में जन-जयोल्लास दिखता है, वहीं दूसरी ओर आपके साहित्य में विचार-गोध भी कुछ खास दिखता है। जहां एक तरफ आपका साहित्य जन-पुरजोश है, वहीं दूसरी तरफ आपकी पत्रकारिता जन-जागरण-कोश है। जहां एक ओर आपकी पत्रकारिता जन-विधान का रेखांकन करता है, वहीं दूसरी ओर आपका साहित्य जन-विहान का उल्लेखांकन करता है।

एक तरफ जहां आपके साहित्य में जो जनानुरूप यथार्थ है, वहीं दूसरी तरफ आपकी पत्रकारिता में जो जनानुकूल स्वार्थ है। आपका जनानुरूप यथार्थ किसी के सामाजिक मोह को भंग नहीं करता। आपका जनानुकूल स्वार्थ किसी के व्यावहारिक कोह को तंग नहीं करता। जहां एक ओर आपकी पत्रकारिता में आशा और विश्वास का अद्भुत संगम है, वहीं दूसरी ओर आपके साहित्य में चिर चेतन प्रत्याशा और जिंदगी-ग्रास का अद्भुत संगम है। ये दोनों मिलकर जगत में हृदयंगम दृश्य बनाते हैं।

आपकी पत्रकारिता में क्रांतिधर्मिता है। आपके साहित्य में शांतिधर्मिता है। आपकी पत्रकारिता में पिष्टपेषण नहीं है। आपके साहित्य में अकर्म-संश्लेषण नहीं है। आपकी

साहित्यिक रचना-धर्मिता अखिल संसार में जलाती दीया-बाती है। जबकि आपकी पत्रकारिता उगती उजली किरण को लिखती जन-सौपानिक पाती है। आपकी पत्रकारिता में जनाकांक्षा परक सपाटबयानी है। आपके साहित्य में नवाकांक्षा परक अपेक्षाओं की गतिमान सानी है। आपकी पत्रकारिता में औत्सविक तरंगें होती हैं, जबकि आपके साहित्य में मानव-मन की उमंगें होती हैं। आपके पत्रकारिता-क्षेत्र में जनोद्धार रूपी गोधूम की हरियाली होती है, जबकि आपके साहित्य-क्षेत्र में जनस्वप्न रूपी दीप-पंक्तियों की दीवाली होती है। जो आपकी पत्रकारिता को आत्मसात करेगा वह सदा-सदा के लिए तर जाएगा, और जो आपकी साहित्यिक रचनाधर्मिता को बड़ी सूक्ष्मता से अवलोकन करेगा वह सृजन-क्षेत्र में काफी ऊपर जाएगा।

आपका साहित्य कोरी कल्पना और भूखी भावुकता की दुनिया से अध्येताओं को निकालकर समाज की वास्तविक स्थितियों से रूबरू कराता है, ताकि वे अपने अनूठे विचार-कौशल से समाज को सावधान कर सकें। जबकि आपकी पत्रकारिता लोक-जीवन में कुंद पड़े कच्ची कर्म-कलगियों को नाम्य करके चारों ओर फैलाता है, ताकि जन सामान्य अपने लिए अप्रतिम उत्कर्ष-प्रविधान कर सकें।

आपकी साहित्यिक रचनाओं में न केवल रॉक एंड रॉल तकनीक है, अपितु इसमें हर्ष और औत्सुक्य भी पूर्णरूपेण रफीक है। आपका साहित्यिक सृजन मस्तिष्कीय धंसाव का तो कतई आनुषंगिक नहीं है, प्रत्युत मानव-उत्तुंग पथ के उभार का प्रदर्शन करती हुई आभाष-भीक है। आपका रॉक एंड रॉल साहित्य आमतौर पर लिखित संदेशों के माध्यम से प्रेषित होता है। आपके साहित्यिक संदेश ऐसे होते हैं जो विश्वसनीय स्रोतों पर खड़े उतरते हैं। यदि मैं उन्हें आज के एवं भविष्य के वैज्ञानिक एवं तकनीकी प्रदर्शनों द्वारा समर्थित कहूं तो उसमें कोई अतिशयोक्ति नहीं होगी।

हिंदी साहित्य में आपका वृहद अवदान है। आपने अपने मन की बातों को बड़ी संजीदगी से दुनिया के सामने रखा है। तभी आप अपने काव्य-संग्रह 'टुकड़ों में बंटा मन' में कहते हैं- "मेरे गीत, मेरी रचनाएं मेरे उन्मुक्त मन की स्वतःस्फूर्त अभिव्यक्ति भर है। इनमें कल्पना के रंग कम, भोगा हुआ सच ही अधिक है। वह भी अपने यथार्थ स्वरूप में।" इस काव्य-संग्रह के माध्यम से आप दुनिया के सामने अपने मन की सारी पीड़ा को पूर्णतया अभिव्यक्त कर देना चाहते हैं फिर भी शब्द उसे सही ढंग से अभिव्यक्ति नहीं दें पाता है। तत्संबंधी, इसी काव्य-संग्रह की एक कविता 'सबकुछ गाने का जी करता है' की कुछ काव्य-पंक्तियां द्रष्टव्य हैं-

"अलख निशा का सूनापन,
कब तारक हर पाते हैं।
रात पहर नीड़ छोड़,
पाखी क्या रह पाते हैं।
मन की एकांत प्रतीक्षा,

निशा को जैसे चंदा की;

हृदय पीड़ को समझो,

शब्द कहां कह पाते हैं।"

फिर, इसी काव्य-संग्रह की एक कविता 'अपनी उदासियों में' अपने मन की पीड़ा को बड़ी सुंदरता से अभिव्यक्त किया है। वह पंक्ति द्रष्टव्य है-

"मनप्रिये! मैं कर न सका,

तेरे सपने साकार।

पहले व्यसन गुमराही,

फिर हालात से इन्कार।"

आपने 'काई के फूल' नामक काव्य-संग्रह में अपने मन के दर्द को बड़ी खूबसूरती से अभिव्यक्त किया है। इस पुस्तक की एक कविता 'एकांत एहसास' में जो कहा है वह न केवल ललाट पर लगाने योग्य रतांजली-सी है अपितु हृदय से लगाने योग्य सांभवी-सी भी है। कुछ पंक्ति द्रष्टव्य है-

"लगता है आज तुम,

चिंता के शिकंजे से मुक्त हो।

और नियंत्रित है,

रक्त कणों का चाप भी। ....

निबद्ध हो गहन निद्रा के,

प्रगाढ़ आलिंगन में।"

'काई के फूल' काव्य-संग्रह में साहित्य को आपने, इशारों-इशारों में, मर्मांतक पीड़ा को हरने वाला तक बता दिया है। आप ही के शब्दों में, साहित्य- "विषयों की विविधता की उन्मुक्त मन की सोच, संवेदन, संघर्ष और काल-परिवेश के सच की देन है।" तभी श्रीधर शास्त्री जी ने 'काई के फूल' काव्य-संग्रह के विषय में कहा है- "इसमें कल्पना, विचार तथा ताल का अनुपम सम्मिश्रण है। .... जिसमें हंसों की किल्लोल है। धूप की अज्जुरियां है।"

आपकी पत्रकारिता व्यक्तिवाद के आरंभिक लक्षणों को तथा समष्टिवाद के गूढ़ तत्त्वों को निरूपित करती है। इन लक्षणों एवं तत्त्वों के माध्यम से आमजन के विचारों का आभिरूप्य खिल जाता है, और उनके सोच-जलंबल विशाल आनंद-सागर में मिल जाता है। तभी आपकी पत्रकारिता में समर्थकों के प्रति थोथी दलील नहीं हुआ करती है, और उसमें विरोधियों के प्रति साहस रहित जील नहीं हुआ करती है।

आपकी पत्रकारिता देशधर्म पर आधारित है जिसे आपने अपनी साहित्यिक पुस्तकों में भी इंगित किया है। तभी आपने 'चिराग जलाओ अंधेरा है' नामक निबंध-संग्रह पुस्तक के एक निबंध 'मलिन मुख भारतमाता तेरो' में लिखा है- "यूं कहने को हमारा देश बहुत ऊंचाई पर खड़ा है. हम खड़े भी हैं परंतु यही ऊंचाई हमें बौना बनाये दे रही है।" आपकी पत्रकारिता का एक और विहंगम रूप आपके काव्य-संग्रह पुस्तक 'अंजुरी का अंगारा' में देखने को मिलता

है। इसकी एक कविता 'कैसे सपना हो साकार मेरे देश का' में तद्विषयक कुछ पंक्ति द्रष्टव्य है-

"बेकारी की बढ़ी समस्या,
गरीबी का उपचार नहीं है।
कपड़ों को तरशते नंगे तन,
पर नियोजन स्वीकार नहीं है।"

यहां पर आपकी प्रखर पत्रकारिता सीधे-सीधे, किंतु अतीव वेग से, मुखरित हुई है।

आपकी पत्रकारिता की अपनी बुनियादी विशेषताएं हैं जो समाज के प्रैग्मैटिक अर्थात् व्यावहारिक उत्थान के लिए विशिष्ट राहों का उपयोग करती हैं। आपकी पत्रकारिता की निष्पक्षता, स्पष्टता, सटीकता और सटीकता भविष्य के युवाओं को निःसंदेह आकर्षित करेंगी। आपकी पत्रकारिता में व्यक्तिगत राय या भावनाओं का कोई स्थान नहीं होता बल्कि वह समाज की, दुनिया की अस्पष्टताओं और गलतफहमियों से बचाने की महती कोशिश करती है।

अंततः हम इस निष्कर्ष पर पहुंचते हैं कि आपके पत्रकारिता की अमूल्य निधि है 'शोषित और वंचित वर्ग को भारत-भाल पर संस्थापित करना'। जबकि आपके साहित्य की अमूल्य निधि है 'जनमन-चमन को हृदय-हिमगिरि के उत्तुंग शिखर पर स्थापित करना'।

डा. सुशील दाहिमा 'अभय' का व्यक्तित्व : -

आपके व्यक्तित्व में व्यक्तिवादिता नगण्य है। जो उसमें घुल-मिल गया वह धन्य है। आपके व्यक्तित्व के तो कतई भिन्न-भिन्न प्रकृति नहीं है। उसमें किंचित किसी तरह के अनुद्योग की अनुकृति नहीं है. जहां एक ओर आपके व्यक्तित्व का हर पल हृदयनिष्ठ है, वहीं दूसरी ओर आपके व्यक्तित्व का हर क्षण समष्टिनिष्ठ है। मतलब कि क्षण और पल दोनों आपके व्यक्तित्व में रमते हैं। दोनों आपस में हिल-मिलके आत्म-प्रबुद्धता की बदौलत आपके व्यक्तित्व में थमते हैं। आपका व्यक्तित्व व्यक्ति और समाज के सहज संबंध को नकारता नहीं। वह कभी अपनी नगण्यता से फलीभूत परमार्थ-हीनता को स्वीकारता नहीं।

आपके व्यक्तित्व में निरंतर अस्तित्व-मानवता के सिवाय कुछ है ही नहीं। उनके व्यक्तित्व में औत्थानिक ज्वार-भाटे की प्रधानता के सिवाय कुछ है ही नहीं। जिस प्रकार प्रगतिशील व्यक्ति के प्रगमन को रोक पाना कठिन है, उसी प्रकार उनके व्यक्तित्व-मंदिर की तरफ किसी के अनुगमन को रोक पाना कठिन है। आपका व्यक्तित्व पूरी दुनिया के समक्ष सर्वांग एवं संपूर्ण योगशास्त्र प्रस्तुत करता है। आपका व्यक्तित्व जीवन की दुश्चिंताओं, मन की आच्छन्नताओं एवं तीव्र टीसों, और जीवन के घोर अंधकारयुक्त चुभनों पर प्रहार करने वाला ब्रह्मास्त्र प्रस्तुत करता है।

आपके व्यक्तित्व में मिथ्या आचरण तो किंचित भी नजर नहीं आता। कर्मेंद्रियों और ज्ञानेंद्रियों को प्रेरणा देने वाली इच्छाओं का संयमन करने में जितना आप माहिर हैं उतना हीं माहिर आप उन इच्छाओं को दुनिया के हितार्थ लगाने में भी हैं। तभी आप जैसे व्यक्तित्व के लिए श्रीमद्भगवद्गीता कहती है-

"यस्त्विन्द्रियाणि मनसा नियम्यारभते अर्जुन।
कर्मेंद्रियै: कर्मयोगमसक्त: स विशिष्यते।।"

इस प्रकार, हम पाते हैं कि आपके व्यक्तित्व में युगांतरकारी दृष्टिकोण की कोई सीमा नहीं है। उसमें भिन्न-भिन्न जीवटताओं का स्वर भी धीमा नहीं है। आपका बहुमुखी व्यक्तित्व इस संसार के सामूहिक सापेक्षता के अनुकूल है। आपका चहुंमुखी व्यक्तित्व दुनियाभर के सामाजिक वैमनस्यता के प्रतिकूल है। इसी से हम शत-प्रतिशत आश्वस्त होकर कह सकते हैं कि आपके हृदय में मौलिकता है, और मानवीय संकल्प विधान के सारे तत्त्वों को जोड़ने हेतु मन में गंभीरता है।

डा. सुशील दाहिमा 'अभय' का जीवनितिहास : -

यदि हम आपके जीवनितिहास पर वस्तुनिष्ठ होकर गंभीरता से विचार करते हैं तो यह स्पष्ट होता कि आपमें जीवन दर्शन की प्रचुरता है। उसमें किसी प्रकार की कोई न निष्ठुरता है। जहां एक ओर आपके जीवनैतिहासिकता में निष्ठा समाहित है, वहीं दूसरी ओर उसमें नैतिक रहस्य की प्रतिष्ठा समाहित है। पत्रकारिता और साहित्य ये दोनों आपके रग-रग में समाये हैं। जन-व्यावहारिक एवं जन-वैकासिक प्रकृति-पत्तियां भी उसी में लहलहाये हैं। आपके जीवन में जहां एक ओर सर्वत्र जगजन-प्रणय-तत्त्व मिलता है, वहीं दूसरी ओर उसमें अविभाज्य प्रीति-पुटक-तत्त्व खिलता है। आपके जीवन में जहां एक ओर सौंदर्य-बोध है, वहीं दूसरी ओर उसमें मार्मिकता का शोध है। आपका जीवन जहां एक ओर सबके लिए प्रेरणा का प्रतिमान है, वहीं दूसरी ओर सबके जीवन में वह लाता नया विहान है। जहां एक ओर आपका जीवन पावन प्रेम परिसंचय का सिलसिला है, वहीं दूसरी ओर आपका जीवन दूसरों के लिए विश्व-बगिया में खिला-खिला है। आपका जीवन स्वयं में सार्वकालिक रूप से सिद्ध है, जो नहीं करता कभी किसी को विद्ध है। आपका निःस्वार्थ एवं जगत-भलाकारी जीवन इस जगत में दिव्य ज्योति का प्रवर्तक है। आपका परमार्थकारी तड़ित-सी दौड़नेवाली सोच के जनाकांक्षी इलेक्ट्रोसाइक्लिक अभिक्रियाओं का अनुवर्तक है।

आपका जीवन-इतिहास हरेक व्यक्ति को जीवन के जद्दोजहद से लड़ने में, खोई हुई शांति को प्राप्त करने में मदद करता है। उन्हें अपनी गंवाई हुई पूर्णता और अखंडता को प्राप्त करने में यह सहायता करता है। उन्हें अपनी नष्ट हुई निर्दोषता को प्राप्त करने में यह मदद करता है। उन्हें अनासक्ति की मनोवृत्ति विकसित करने में यह मदद करता है। उन्हें आत्म-चिंतन और सच्ची मानवीय श्रद्धा भावना की ओर यह उन्मुख करता है। उन्हें प्रभावशाली

तथा आचरणशील बनकर उन्मुक्त गगन में विचरने को यह कहता है। उन्हें विलोलुप तथा निश्शांबरिक होकर जनमन में विचरने को यह कहता है।

उपसंहार :-

इस प्रकार, हम देखते हैं कि आपका जीवनितिहास तनस्तापीय गतिविधियों को अभिसूचित करने वाला फारेनहाइट है। मनोमस्तिष्क को नियंत्रित करने वाला वोल्टेम्पियरिक ब्राइट है।

आपके साहित्यिक व्यवहार-विज्ञान की प्रकृति और आपके पत्रकारिता की जग-धीरक अनुकृति भविष्य में युवाओं के बीच अनुकर्षण का केंद्र होगा, ऐसा मेरा विश्वास है। सहस्र वर्षों तक आपके साहित्य एवं पत्रकारिता से निःसृत बातों की अनुगति की जाएंगी, ऐसा मेरा दृढ़ विश्वास है।

आपका निरहंकारी व्यक्तित्व आनेवाले समय में संपूर्ण धरा के वैश्वाण्विक पार्टिकल्स होंगे। आपका लिथोग्राफिकल कृतित्व आनेवाले युग में युगांतरकारी लीडिंग आर्टिकल्स होंगे। आपका व्यक्तित्व एवं कृतित्व युगों-युगों तक रामाश्वत्थ वृक्ष-भांति अडिग, अविचल रहेंगे।

~ गंवरु प्रमोद
दिनांक : 11.04.2024
दिल्ली - एनसीआर (भारत)
ईमेल: pramod001975@gmail.com

***

***

***

***

***

***

***

***

***

***

***

***

***

***

(2)

साहित्य का गोनर्द : डॉ सुशील दाहिमा अभय

∆ भूमिका—

बचपन से लेकर मृत्युपर्यंत हमलोग इंद्रधनुष देखते हीं हैं। इंद्रधनुष है क्या और कैसे बनता है? इसपर हम वैज्ञानिक रूप से मंथन करना नही चाहते बल्कि थोड़ी साहित्यिक परंतु वैज्ञानिक रूपेण परिचर्चा कर लेते हैं।

इस बात से हम भलीभाँति परिचित हैं कि जब सूर्य की किरणें बादलों से गिरती हुई झींसी-फुहारों से गुजरती हैं तो इंद्रधनुषी रंग निर्मित होता है। सात रंगों के समूह (सप्तरंग) क्रमशः बैंगनी, नीला, आसमानी, हरा, पीला, नारंगी एवं लाल, संक्षेप मे 'बैनीआहपीनाला', ये सभी मिलकर इंद्रधनुषी रंग का निर्माण करते हैं।

यह भी जगजाहिर है कि भौतिक रूपेण तीन (लाल, हरा, नीला—संक्षेप में 'लाहनी') रंग हीं प्राथमिक है। जब लाल, हरा एवं नीला एक साथ हो जाए तो वह सत्य का प्रतीक सफेद रंग हो जाता है। सफेद रंग में लाल रंग मिला दें तो वह गुलाबी रंग बन जाता है। और जब सफेद रंग में नीला रंग मिला दें तो आसमानी रंग बन जाता है। लाल एवं हरा समरूपेण मिलता है तो पीला रंग प्राप्त होता है। लाल एवं नीला समरूपेण मिलता तो रानी (मजेंटा) रंग की प्राप्ति होती है। लाल एवं पीला समरूपेण मिलता है तो नारंगी रंग प्राप्त होता है। और जोकि केसरिया रंग या भगवा रंग के रूप में भी यह जाना जाता है। केसरिया रंग दुनिया के उत्थान हेतु अपना सर्वश्व-त्याग एवं समर्पण का प्रतीक होता है। हरा एवं नीला सम्परूपेण मिलता है तो आश्याम (क्यान/सियान) रंग प्राप्त होता है। परंतु जब नीला रंग कम एवं हरा रंग अधिक मात्रा में मिलता है तो 'बैंगनी रंग' निर्मित हो जाता है। जब लाल, नारंगी एवं पीला तीनो को समरूपेण मिला देते हैं तो भूरा रंग प्राप्त होता है। सभी सात रंगों को समरूपेण मिला दिया जाता है तो 'काला रंग' प्राप्त होता है। काला रंग ईर्ष्या, द्वेष, घृणा, बदले की भावना या प्रतिशोध, सुरक्षाप्रद चिह्न सहित तामसिक वृतियों का परिचायक होता है। पूर्वोक्त सातों रंग मानव में सप्तरंगी विचार लाते हैं। सप्तरंगी विचार को कौन नही पसंद करता है? कहने का तात्पर्य है कि सप्तरंगी विचार को सभी लोग पसंद करते हैं।

सूर्य की दीप्ति की भाँति देदीप्यमान कुछ भी नही है जगत में। जब मानव-मन की तीव्र धार प्रिज़्मीय शक्ति के रूप में सूर्य की देदीप्यमान आभा से टकराकर पूरी दुनिया के लिए सप्तरंगी भाव-धाराएँ प्रवाहित करती है, तब मानव मन समस्त दुर्भावनाएँ त्याग कर पूरे विश्व को एक कुटुंब की भाँति समझने लगता है। सप्तरंगी विचारधाराओं के समक्ष त्रिविमीय संघटन संभवतः बौना साबित होता है क्योंकि इसमें विविध लोकोत्थानकारी

तत्व सम्मिलित होते हैं। सप्तरंगी विचारधारा युक्त इंसान अपने साथ-साथ पूरे विश्व का कल्याण चाहता है। ऐसे लोग वसुधा के समस्त मानव को या तो अपने समतुल्य समझते हैं या अपने से श्रेयस्कर समझते हैं। वे गर्त में पड़े व्यक्ति को धरातल पर गतिमान करके कीर्तिमान स्थापित करते हैं। दिनानुदिन नवीन सुहावनी शब्द-संकल्पनाओं से विश्व को प्राणवायु प्रदान करते हैं।

सप्तरंगी विचारप्रणेता, समकालीन नवोदित साहित्यकारों के मनोबल को बढानेवाले, मानवधर्मी और समानवेशी विचारधारा के जनक हैं श्री सुशील दाहिमा 'अभय' जी। वे साहित्य के समतावादी विचारों के पुरोधा हैं। वे नवोदित साहित्यकारों को अपने प्रतिरथ बनाने में कभी कोई कोर कसर नही छोड़ते हैं। जहाँ एक ओर कई विद्वान साहित्यकार दूसरे विद्वान साहित्यकारों को या तो तनिक भी भाव नही देते अथवा अपने से कमतर आँकते हैं वहीं डॉ सुशील दाहिमा 'अभय' जी सभी नवोदित साहित्यकारों को अपने से आगे निकलने को नित्यप्रति अभिप्रेरित करते रहते हैं।

आप साहित्यिक अप्रतिबंधकता की प्रतिमूर्ति हैं। आप निशदिन अपने शुभाशीषों से उदीयमान लेखकों को अभिसिंचित भी करते रहते हैं। आपके सान्निध्य से नवोदित लेखकों में एमनी आ जाती है।

Δ परिचयएवं परिचयात्मक टूल–

होता पूर्णांध-सोखन से चहुंओर प्रकाश।
समदर्शी, जग-जीवन में लाते हैं हुलास।।

डॉ सुशील दाहिमा 'अभय' का जन्म 12 अगस्त 1945 को ओड़िशा के सुंदरगढ़ जिले के राजगांगपुर में एक अतिप्रतिष्ठित दाधीच पुजारी परिवार में हुआ था। आपकी माता सावित्री देवी, जोकि काफी धर्मपरायण महिला थीं, सदैव मिट्टी की सौंधी-खुशबू प्रसरित किया करती थीं। आपके पिता कविराज द्वारिका प्रसाद पुजारी 'दाधिमथ' थे, जो संस्कृत के प्रकांड विद्वान एवं अपने समय के प्रसिद्ध आयुर्वेदाचार्य थे।

आपके पिताश्री का काव्य-प्रसून भी सदा खिला-खिला रहता था। तभी पितृकाव्य-प्रसून की महक आप में पूर्णतया समायी हुई है। पिताश्री की सघन काव्यत्व-छाया आपको मिली है जिसे आपने अपने दृढ़-संकल्पों के माध्यम से अस्रावकारी रूपेण परिपोषण किया है। एक कवि मन से दूसरे कवि मन में प्रांजलता भी आयी है।

आपके साहित्यिक यात्राओं में आपके गुरुदेव बाबा निर्भय हाथरसी का महती योगदान रहा है। तभी आपने कवि मन के उद्वेग को अपने गुरुदेव के लिए इस प्रकार प्रकट किया है-
"बिन घी दीपक कब जलता है?
बिन गुरु ज्ञान कहाँ मिलता है?
शत बार नमन है 'निर्भय' गुरु!

आशीष 'अभय' को मिलता है।"

इस प्रकार, आपने काव्य-सन्मार्ग पर सकुशल विचरण करते हुए कवित्व की सार्थकता को सिद्ध किया है।

अमूमन् कवि क्रांतिदर्शी होते हैं। आप क्रांतदर्शी भी हैं और समदर्शी भी। आप बृहदारण्यक उपनिषद की इस बात को शाश्वत रूपेण चरितार्थ कर रहे हैं कि -"वह (भी) पूर्ण हो, यह यानी हम (भी) पूर्ण हैं, पूर्ण से (ही) पूर्ण निकले, पूर्ण से पूर्ण निकलता रहे, पूर्ण से पूर्ण निकलने दें। फिर भी अंत मे हमारे पास पूर्ण ही बसता रहता है यानी शेष रहता है (पूर्णमदः पूर्णमिदं पूर्णात् पूर्णमुदच्यते, पूर्णस्य पूर्णमादाय पूर्णमेवावशिष्यते)।" आपका मन उत्तम है, फलप्रद है, समस्त कामनाओं से रहित है। आपका दिल भी सबके दिल में मिल जाता है तथा संवेदनहीन इंसान भी आपसे तारतम्यता स्थापित करके दिल की धड़कनें चुरा पाने में सफल हो जाता है। और जोकि आपके द्वारा प्रणीत रचनाओं में दृष्टिगत है। आपकी रचना 'साँझ के आँचल तले' से एक उत्तमोत्तम उदाहरण द्रष्टव्य है -

"मैं उस दिल के क़रीब ही रह जाता हूँ,
जो अक्सरहाँ मेरा दिल दुखाता है।
हालांकि गुफ्तगूँ हैं आजकल तकरारें,
फिर भी वो धड़कनें चुराता है!"

आप साहित्य-संसार की वह नाभि हैं जिसके बंधन में अंतिम छोर के परित्यक्त, लघु एवं अप्रसिद्ध साहित्यकार भी बंध जाते हैं। और वे सभी आपके साहित्यिक-नाभिस्थल से परिवर्धनशील, संवद्र्धनशील एवं संचरणशील शक्तियां प्राप्त करते रहते हैं।

अपने और पराये सभी में आप सम भावना बनाये रखते है। आप बुद्धि एवं ज्ञान को धारण करनेवालों के लिए अनूचान औजस्य हैं। आपके सान्निध्य में उदीयमान रचनाकार शत-प्रतिशत साहित्यिकार्युय अवस्थितियां प्राप्त कर लेते हैं। ऋग्वेद सही कहता है - "धीरासः पदं कवयो नयन्ति" अर्थात् "क्रांतदर्शी धीर व्यक्ति उत्तम पद अर्थात् मार्ग की ओर ले जाते हैं।" आप ऐसे साहित्यिक क्रांतिप्रणेता हैं कि एक हीं ज्ञान-तत्व का अनेकविध वर्णन करके साहित्य के धरातल पर सूक्ष्मान्वेषी तथ्यों का दृढाधार निर्मित कर देते हैं। आप ऐसे शख्स हैं जो बहुविध साहित्यिक गतिविधियों के माध्यम से मानवमात्र को माता, पिता, ज्ञानी/आचार्य/गुरु/शिक्षक तथा अतिथि को सदैव देवता समान समझने को उत्साहित करते रहते हैं। आपकी लेखनी में सर्वत्र तैत्तिरीय उपनिषद (1/11/2) का यह शाश्वत उक्ति दृष्टगोचर होते हैं-"मातृदेवो भवः, पितृदेवो भवः, आचार्यदेवो भवः, अतिथिदेवो भवः।"

सहृदयता के साथ सांमनस्य होकर सामंजस्यपूर्ण जीवन गुजारते हुए जो लोग सदा द्वेषहीन बने रहते हैं उसे आज के कलियुगी संसार में कोई नही पसंद करता है। कई लोग तो उनसे घृणा करने लग जाते हैं। उन्हें कदाचित समय पर कोई पहचान पाते हैं। किंतु आप हैं कि वैसे लोगों में नवजीवन का संचार करने की माद्दा रखते हैं। अतः आप अथर्ववेद (3/ 30/1) की इस उक्ति को सार्थक करते हैं- "सहृदयं सांमनस्यमविद्वेषं कृणोमि वः।" ऋग्वेद

(1/89/2) सही कहता है कि भद्रपुरुषों या विद्वानों की सुबुद्धि सबका कल्याण करनेवाली होती है अथवा सबके लिए मंगलदायक होती है (देवानां भद्रा सुमतिर्ऋजूयताम्)। आपकी सुबुद्धि के साथ-साथ साहित्यिक यात्रा सचमुच विश्व कल्याणकारी है। तभी 'टुकड़ों में बंटा मन' रचना के शीर्षक 'ओ!आषाढ़ के प्रथम मेघ' में आप कहते हैं -

"मेरा हर अणु आज उमगता,
परमाणु विस्फोट भरा है।"

यहीं नही, आपके रोम-रोम में देश के प्रति अगाध श्रद्धा समायी हुई है। तभी आपने 'जयहिंद!' शीर्षक रचना में कहा है- "जनता जनार्दन का भारत एक था, /एक है, एक रहेगा, / अब तो हर टक्कर में!!" बोध एवं प्रतिबोध अर्थात् ज्ञान एवं विवेक हमेशा देश की चातुर्दिक उन्नति में अहम भूमिका अदा करे। यही भाव तो आपकी कविता में दृष्टिगत है।

∆ काव्य-कथनात्मकविश्लेषण - I

किसी लेखक / कवि के विचारों में प्रकृति होता है और लेखनी की नोंक पर आत्मा होती है। प्रकृति तत्व यदि जड़ है तो पुरुष तत्व चेतन या आत्मा। जब प्रकृति और पुरुष दोनों मिलकर एकाकार हो जाते हैं तो सृष्टि /सर्जन / रचना / निर्माण संभव हो पाते हैं। कवि-प्रकृति की अक्षर-स्वर लहरियों पर जब औढ़वता एवं साढ़वता सराबोर हो जाते हैं तब शब्द रूपी वीणा के तार झंकृत हो उठते हैं। जब वैश्विक-सोच मानवतावादी विचारों की बगिया में सुनहरी धूप लाता है तब काव्य-प्रासाद के मरकतमणि जटित झरोखों एवं गवाक्षों से शब्दाक्षर समूह मानवमात्र को आह्लादित करने लगता है। आपके विचार सुनहरी धूप बिखेरते हैं।

आप उच्चकोटि के सुनहरी काव्यधूप बिखेरने वालों में शामिल हैं, जिसमें पाठकों को भले ही तात्कालिक आह्लाद न मिले परंतु सूक्ष्मावलोकन से सार्वकालिक आह्लाद उन्हें मिल ही जाता है। आपकी अधिकांश रचनाएँ समस्त वाहवाहियों से परे होती हैं। आपके मानस के प्रांगण में ज्योतिर्मय सोच रूपी रथ को विचारों के अश्व खींचते हैं जिसपर शाश्वत सुख प्रदान करनेवाली मानवता सवार रहती हैं।

क्षणिक वाहवाही बटोरने का साधन यदि कोई कवि/लेखक अपना लेते है तो वे सिर्फ पुरस्कारों, आत्मश्लाघाओं, वाचनाओं, सीरियलों, चलचित्रों, डॉक्यूमेंट्री आदि तक सीमित हो जाते हैं। आपकी सारी की सारी रचनाएं क्षणिक वाहवाहियों से परे होती हैं। उन रचनाओं में गूढ़ता एवं दुरूहता यदि विद्यमान भी होती हैं तो मानवीय-मानस को चातुर्दिक अन्वेषणाओं की ओर उन्मुख करती रहतीं हैं। ताकि उससे जिज्ञासा की पिपासाएं शांत हो सके।

आपके काव्य-रथ के चूड़ पर नवजीवन-संचरणकारी मीनध्वज फहराती रहती है। आपकी कहानियों के वातावरण में जहरव भर जाता है। आपके शब्दों एवं अक्षरों से, जिसकी थूथने लंबी और नथुने विशाल होते हैं, निकलनेवाली कविताओं एवं कहानियों के श्वास-प्रश्वास सदैव गतिशील वेग से निकलते रहते हैं। आपकी कविताएँ, कहानियाँ आदिक नख

से शिख तक मुस्कानमयी, मनमोहक परंतु सौम्य परिधान पहने रहती हैं। आपके आलेखों, लघुलेखों आदि में दुंदुभी की आवाजें निकलती रहतीं हैं और स्वर-पैंजनिया खनकती रहतीं हैं। जोकि समस्त मानव समाज को जाग्रत करता है। आपकी हर रचना सुखांतमयी शब्द नीलम की पंजनियों से आवेष्टित होती है। आपकी रचनाओं में वर्णाक्षरों की देवियां अर्ध-निमीलित नेत्रों से झाँकते हुए सम्यकीकरण की पुल परिपुष्टता प्रदान करतीं हैं। आपकी रचनाओं में स्वर्ग से उतरती हुई अप्सराएं भी सजीव प्राणदायिनी सूर्यरश्मि की सी प्रतीत होती हैं। और जिनके आशीष से यह धरती लहलहा उठती है। यदि आपकी रचनाओं पर कोई विनयावनत होकर आत्मसात करने की कोशिश नही करे तो उसे गूढ़ संदेश नहीं मिल पायेगा। थोड़ी देर के लिए हस्त-थाप भले ही उससे झंकृत जो जाएगा, परंतु हृदय-थाप शून्य रह जायेगा। आपकी रचनाओं को समझने के लिए दिव्यदृष्टि की भी जरूरत नही है बल्कि सिर्फ शाश्वत एवं मानवतावादी दृष्टि की जरूरत है।

∆ काव्य एवं कथात्मक विश्लेषण - II

डॉ सुशील दाहिमा 'अभय' जी के प्रकृति से ओतप्रोत काव्य की नज़ाकत सदैव उत्तम तहजीब के साथ-साथ नफीस नफ़ासत लिए रहता है। और जिसमें शब्दाक्षरों की जमा-सरमाया संचित न होकर संचरनशील रहती है। आपकी प्रकृत्यात्मक कविता में अनिमेष झाँकने का मन तो करता ही है साथ-साथ काव्य-वाटिका में प्रविष्ट होकर पूर्णतया रमने का मन करता है।

कुछ बानगियाँ-

"रात में शशिकर धूमिल सा,
तारों का यौवन बुझा बुझा।
बंद हवाओं की खटिया पर
हर करवट मन उलझा सा।"

('टुकड़ों में बंटा मन' पुस्तक से)

"मैं प्रकृति हूँ,/श्रद्धाभक्ति,/आद्याशक्ति हूँ।
अद्भुत अलौकिक,/हूँ अनुपम।
सरि-कलकल की मधुसरगम।
हरीतिमा वनप्रान्तर की,
गिरि-पर्वत के तुंगशिखर पर,/उलग्ना-सी
सुंदर नारी प्रतिछाया हूँ।
नित्य अभिनव जगतिमाया हूँ।
रविरश्मियाँ करती मेरा षोडश श्रृंगार।
आँचल मेरा प्राणीहितार्थ विस्तृत साकार।

पर..हे मानव, तू कितना निर्मम रे!
निरंकुश,अत्याचारी स्वभाव।
बारबार चेताती,
दण्डित करती बारबार, /पर
तेरे उर भरा कूट कर
केवल स्वार्थभाव।
....
हाँ, मैं प्रकृति हूँ!/जननी हूँ/तो
संहारिणी आद्याशक्ति हूँ।
मैं चिर शाश्वत विषामृत प्रकृति हूँ!
मैं बस ईश-प्रकृति हूँ !!

('साँझ के आँचल तले' पुस्तक से)

आपकी कविताओं में पाया जानेवाला सार्वकालिक आह्लाद, काव्य-धर्मतत्त्व को समझने वाले प्रगल्भ साहित्यकार को सचमुच आह्लादित कर जाता है। आपके द्वारा रचित काव्य-देहरी पर पहुँच कर पाठकों में काव्य-रसपान की आतुरता इतनी बढ़ जाती है कि आह्लादकारी उच्छ्वासें भी चटकारी ले उठतीं हैं।

एक बानगी-

"अरि ओ घटा,
मत इतना इतराओ।
यौवन दामनिया,
मत इतना चमकाओ।
....
तरस खाओ री,
करूँ गुहार श्यामला!
आग नहीं,
प्रेमामृत भाव जगाओ।"

('साँझ के आँचल तले' पुस्तक से)

आपकी काव्य-रचनाएँ क्षणिक गुदगुदियां नहीं होती हैं। समस्त वाहवाहियों से परे होती हैं। काव्य में मीठापन यदि है भी तो मधुपर्क भाँति। और कड़ुवापन यदि है भी तो कसैला-औषधि भाँति। आपकी कविताओं का उद्देश्य भी छिपकर हीं सही तारोताजामय जल-प्लावित करता है।

कुछ बानगियाँ-

"रीती सी सपनों की गागर,
संवेदन सागर सूखे थे।

जलते सूरज की गर्मी से
सड़कों पर आनन रूखे थे।"

(टुकड़ों में बंटा मन)

"मेघप्रिया!
मत इतना उसे सताओ।
'अभय' को जी-भर"

आपकी कविताएँ, कहानियाँ, आलेख आदिक सौम्य-सभ्यताओं के भग्नावशेष पर चारुत्व प्रदर्शित करते रहते हैं। आपकी रचनाओं में संस्कृति-पीयूष का दृष्टांत सर्वत्र दृष्टिगोचर होते हैं। और जिसमें किंचित भी पर-निर्भर्त्सना न होते हैं। आपकी रचनाओं में सभ्यता एवं संस्कृति के आगमन की मुमानियत हरगिज नही होती। आपकी रचना-ड्योढ़ी पर या तो मानवीयता की इबादत होती है अथवा देशधर्म / मानवधर्म के प्रति सच्ची श्रद्धा समर्पित होती है। मानवीय दरिन्दगी के प्रति रोष भी प्रकट होता है आपके काव्यों में। तत्संबंधी बानगियाँ-

"पहले थीं ढेरों खुशियाँ, बहुत आनंद था।
बाग में नवखिला फूल था, मैं मकरंद था।
बादल थे, बिजलियाँ थीं और बरसातें भी;
कच्चीमाटी पर गिर 'अभय' सोंधीसुगंध था।"

(साँझ के आँचल तले)

"यह जमाना हर तरफ से मैला हो गया है।
वातावरण अधिकतम विषैला हो गया है।
धर्म, समाज, राजनीति औ आंगन में भी,
करेला नीम पर चढ़ कसैला हो गया है।"

(देशधर्म-2 / 'अँजुरी का अंगारा' से)

"कराहती इंसानियत से दुखियारा है देश।
बढ़ती हुई हैवानियत से दुखियारा है देश।
कत्ल होती है मासूमियत दरिंदों के हाथों,
यूँ दस्तके-कयामत से दुखियारा है देश।

(हालात / 'अँजुरी का अंगारा' से)

"उसकी लौटती काया का पीछा करती मेरी दृष्टि स्कूल की बाउंड्री के बाहर खड़े उस पेड़ पर जा टिकी, जहाँ कई उल्लू डालों पर उलटे लटके हुए थे"— ('पीला गुलाब' कहानी से)। वाह! इस कहानी में खंडित मानवीयता पर कितना सुंदर कटाक्ष किया है...आपने।

आपकी रचनाओं में सर्वत्र सजीवता दृष्टिगोचर होती है। आपके सृजन के प्राक्कालीन शिला-परतों पर भी मंद-भग्नता रूपी काई बिल्कुल ही नही चिपटती। यदि आपके रचनात्मक सोद्देश्यता का शरण ले लिया जाए तो उस सजीवता में न तो ऊहापोह और न ही

तिलिस्म दृष्टिगोचर होते हैं। सजीवताएं भी ऐसी हैं कि मेनहतकश के रक्षार्थ बिना हदें पार किए हुए वह कुछ कर गुजरें।

कुछ बानगियाँ-

"खिलता है टेसू साल में बस एक ही बार,
प्यार भरे दिलों को जी-भर हर्षाता है।
हाँ, दिलों में भी वही बनाता है जगह,
'अभय' अनूठी यादें जो छोड़ जाता है।"

(साँझ के आँचल तले)

"गरीबों के लिए देश में ज़मीं नही है।
फसल उगाने (के लिए) खेत में नर्मीं नही है।
गली-कूचों में भीड़ है नेताओं की,
पत्थर उछालो, मुद्दों की कमी नही है।"

(देशधर्म-5 / 'अँजुरी का अंगारा' से)

∆ व्यक्तित्व विषयक विचार–

मनस्विक पूर्वाभासों की खोज तभी संभव है जब विचारों में, समाज के उत्थान के लिए, उत्तेजकता हो। लेखन-परंपराओं का महात्म्य तभी तक कायम रहता है जब तक संसार में सभी के उत्कर्षवादी विचारों का सम्मान हो। चाहे उदीयमान लेखक हों या पूर्ण स्थापित लेखक हों, सभी के विचारों के सम्मानकर्ता का होना अत्यावश्यक है। उदीयमान एवं सुसंस्थापित लेखकों के विचारों के सम्मानकर्ताओं में आपका नाम अन्यतम रूप से लिया जा सकता है।

भारतीय जनता सदा से उत्कृष्ट विचारों के संपोषकों के लिए उत्कंठित रहीं हैं। उनकी उत्कंठाओं में सात्विकता का बीज बोने वालों में यदि आपका नाम लिया जाए तो अतिशयोक्ति नहीं होगी। निखिल भूमंडल के वासी आपको चाहने लगेगा यदि उन्हें आपकी हृदयांबुधि की गहराइयों का पता चल जाए। ऐसा ही है आपका पूर्ण व्यक्तित्व।

साहित्य के कलाकारों की रुचि विशिष्टीकरण से सामान्यीकरण की ओर होना चाहिए। और आप ऐसे ही कलाकार हैं। आप एक ऐसे कलाकार हैं जो सबको आत्म-प्रवंचना के शमन के लिए उत्साहित करते रहते हैं। प्रतिभा अग्रसर होने से इनकार कर देती है और मन ऊबने लगता है तब आप प्रतिभाओं को सच के धरातल पर लाने का माद्दा रखते हैं। प्रतिभाओं से विलग होना आपके स्वभाव में तो बिल्कुल नही है। उपेक्षित सहधर्मी रचनाकारों की सहायता करना आपके व्यक्तित्व को और भी चमत्कृत करके निखरता है। राष्ट्र-भारती के जागरूक रचनाकारों के मन को मोहने में आप माहिर हैं। न कोई जलयान और न ही नाव, फिर भी आप निरा डोंगी से ही नवांकुरों को साहित्य-पयोनिधि को पार कराने की क्षमता रखते हैं।

प्रलयंकारी साहित्यांधापनों में सर्वत्र परित्यक्त परंतु उद्भट साहित्यकारों को आप सन्मार्ग दिखाकर उनकी राह को निष्कंटक बना देते हैं। आप नवांकुर साहित्यकारों से ऐसा सलूक करते हैं कि उनमें प्रचंडतम धूमकेतु का सा तेज आ जाता है। ध्रुवतारा की भाँति विकट प्रतिभट को आप दिशा ज्ञान करा देते हैं जिससे कि वो कभी मृगमरीचिकामय मार्ग में भटकें नहीं। डगमगाए भी नहीं। आप नवांकुरों के जीवन के समर कोखत्म करके उसे सदा सदा के लिए अमर बना देने की क्षमता रखते हैं।

आपके सान्निध्य में आनेवाले नवांकुरों सहित उद्भट रचनाकारों की आस तड़प कर कभी दम न तोड़ेंगी। आप सभी साहित्यकारों को कलम से न्याय करना सिखाते हैं, छल से कभी नहीं। आपके सान्निध्य में रहकर किसी भी साहित्यकार का मुखमंडल न तो निस्तेज होगा और न ही ग्लानि से काला पड़ेगा। आपके व्यक्तित्व के सामने झूठ की जीभ काँपेगी और झूठ का प्राण भी हिलने लगेगा। आपके सान्निध्य में रहनेवाला हरेक साहित्यकार साहित्यिक-चरित्रबल से समाज में एक विशिष्ट स्थान बना लेगा, ऐसा हमारा विश्वास है। उद्भट रचनाकारों की साहित्य कनक-रचित निश्रेणियाँ आपका सान्निध्य पाकर उत्तुंगता को प्राप्त करेंगी।

सहारा और संबल एक-दूसरे का प्रतिपूरक होता है। जिसे सहारा मिले, कोई जरूरी नहीं कि उसे संबल भी मिल जाए। जिसे संबल मिले कोई जरूरी नहीं कि उसे सहारा भी मिल जाए। दोनों में सजीव, निर्जीव का सा संबंध है। सहारा सजीव है तो संबल निर्जीव। आपका सान्निध्य जो पा गया समझिए कि उन्हें हृदय से सहारा मिल गया और दिशानिर्देश के रूप में संबल भी। आपका सान्निध्य पाकर नवोदित एवं उद्भट रचनाकारों को साहित्य के अमर भुवन में विचरण करने हेतु उनका मन उद्वेलित हो जाता है। और उनके मानस-कुंज के वैचारिक-विहग चारों दिशाओं में उन्नताचार युक्त उद्बोधनाओं को संप्रेषित करने हेतु चहचहाने लगता है। आपके सान्निध्य में आनेवालों को विरंचि की जटिल मायाओं से सामना नहीं करना पड़ता है।

जीवन-जय के लिए करतब दिखाना जरूरी है और आपका सान्निध्य पाकर कोई भी रचनाकार अपना करतब दिखाने से वंचित नहीं रहता है। आप उनमें ऐसे देवोपम गुण भर देते हैं कि वे अपने कलम से चहुँओर रमणीक सुगंधियां बिखेरने लगते हैं। आप सुधीजनों/सत्याक्षरकारों को सुविधाओं और विपदाओं में अंतर करना बता देते हैं ताकि उनमें अपनत्व का अहं न आए और परत्व पर भी लेखन भारी न पड़े। आपके सान्निध्य में आते ही छल एवं प्रपंच दोनों नष्ट होकर पराथ्रकारी, परमार्थकारी स्वरूप ग्रहण कर लेता है। और अंतर-भावोद्रेक भी सहसा संयमित हो जाता है। आपके सान्निध्य में आनेवाला साहित्यकार कभी अधर्म मार्ग की ओर गमन नहीं कर सकता और न ही सत्पथ से कभी विचलित हो सकता है।

यदि आपका सान्निध्य मिल जाए तो-

"सुवरिष्ठ सुधीजन बन जाएंगे जगत का समुद्धारक।
हृदयनिष्ठ सुधीजन बन जाएंगे दलित त्यक्त-तारक।।"

∆ कृतित्वविषयक विचार–

साहित्य के मेदा में पाचनशक्ति बहुत है। साहित्य के मकरंद को सहृदय-मधुप कभी उसका पान किए बिना नहीं रह सकता। जलजात के हिलडोल को अनिमेष देखने की शक्ति सिर्फ सहृदय रचनाकारों में होती है। सहृदय सर्जक निर्लिप्त भाव से साहित्य-रस का पान करते हैं और वे रस को कदापि छलकने न देते हैं। सहृदय साहित्यकार सीधे ताकते, झाँकते हैं और कनखियों से देखना उन्हें कदापि पसंद नही। वे न किसी को कमतर आंकते हैं और न ही किसी को कमतर समझने की भूल करते हैं। सहृदय सुधीजन पुलककारी शब्द-शलभ को जगहितकारी प्रज्ज्वलित-दीपों के लिए समर्पित कर देते हैं। वे शून्य-मानस के भग्नावशेषों में सार्थक उत्थानकारी दलीलों को संस्थापित कर देते हैं। साहित्य के असली क्षितीस मानव-समाज के लिए अपंक अमर्त्य होते हैं। मानव-समाज के लिए असली साहित्यिक-क्षितीस हैं आप, जिन्हें 'अपंक देव' कहने में मुझे कोई अतिशयोक्ति न दिखती है।

आपकी समस्त कृतियाँ मांगलिक अरुणिमा सहेजें हैं। आपकी कृतियाँ गैरिक-वसन धारण करके एकांतता का शरण नही लेतीं बल्कि मानव-समाज के बीच रहकर खोखलेपन को, निस्तब्धताओं को भगाने का कार्य करतीं हैं। आप साहित्य का नीतिज़ हैं। साहित्य का नीतिज़ कभी भी मानवीयता की इयोढ़ी को नही लांघता। नीतिज़ों की समस्त कृतियाँ सिर्फ-व-सिर्फ विश्व कल्याणार्थ होती हैं। आपकी कृतियाँ मानव के समस्त ऊहापोहों को छाँटकर मानवीयता की इबादत करतीं हैं। व्यथितों एवं निराश्रितों की वेदनाओं को कम करती हैं। स्वच्छंदताओं पर पाबंदियां लगातीं हैं। नैसर्गिक अदब की संस्थापना करतीं हैं। आपकी कृतियों पर दृष्टिपात करनेवाले कभी ज्ञान-पिपासाओं के मुहताज नही होते।

जब उरों की अप्रतिहत धड़कनें त्रिभुवन में समाती हैं तब निरभ्र नील गगन की निर्झर मंजूषा में किसी कवि की दिक्काल प्रदर्शक कविताएँ समग्र रूपेण संचित हो जाती हैं। और जोकि अखिल ब्रह्मांड में डंका बजाते हुए, उत्तम नादध्वनि निरंतर सृजित करते हुए गुंजायमान होती हैं। काव्य-प्रदीप्त निश के अंचल में घूमते हुए एवं क्रीड़ा करते हुए, चेतना युक्त कवियों की कविताएँ गूढ़ कूजन सुनाती रहतीं हैं। जिस प्रकार वनों में हरीतिमा की घनावरणें, जलनिधियों में जल, ज्वालामुखियों की वह्नियाँ, शिलाओं से टकराती निर्झरिणी की टंकारें आदिक संपूर्ण भुवन को मुदित करते हैं; ठीक उसी प्रकार सहृदय कवियों के मानस-स्थल से निःसृत कविताएँ आप्रलयं निरंतर अखिल विश्व को हर्षोल्लसित करतीं हैं। आपकी सरजाएं भी ऐसी ही हैं।

ऊर्जस्वित फेनिल हरियाली जब वसुंधरा पर छा जाती है तब धरा के समस्त प्राणियों के रोम-रोम में मानवीयता रूपी ऊर्मियाँ तरंगित हो उठतीं हैं। प्राणाग्नि की विश्व-प्रणय तरंगें प्रज्ज्वलित होकर मानव-हृदय में अच्छी झंकृतियाँ कर उठतीं हैं। मानवप्रेम-वाणियाँ रूपाश्रितता से अरूपाश्रितता की ओर अग्रसर हो जाती हैं। सद्यःप्रस्फुटित कमल की भाँति

सर्वांतस् मन में शीतल शुचिता की खुशबू आ जाती है।

आप जैसे विशालहृदय कवि के काव्य-कंपित प्रमोद की अति से संसार में लोभ मोह की तंद्राएँ भंग हो जाती हैं। समस्त प्राणियों को अगोचर सुख मिलने लगता है। वातायन में प्रकृत्योल्लास उल्लसित हो उठता है। आपके काव्य-रवि की प्रखर प्रभा से आँधियाले में भी सर्वदिक्संचरणशील प्रकाश आ जाता है। वही प्रकाश सबको पथ प्रदर्शित करता है।

आप प्रकाश के भी पथ प्रदर्शक हैं। आपके कृतित्व पर प्रकाश डालना सिमटते हुए पीयूष-कण में जीवन-बूंद डालने के समान होगा... सूर्य की अभाओं के समक्ष दीपक की रोशनी दिखाने के बराबर होगा .. ब्रह्म की प्रवाहित लीलाधाराओं में कूपजल प्रवाहित करने के समान होगा। फिर भी, मुझे आपके कृतित्व पर प्रकाश तो डालना पड़ेगा ही।

मेरा मानना है आपका साहित्यिक हुनर महासर्ग-प्रलय में भी टस से मस नहीं हो सकता। आपका साहित्यिक कलाधर्म, मानव-रंगों में सराबोर व्यक्तियों को मानव-प्रेमाद्वैत-भवन में प्रविष्ट कराने का कार्य करता है। देश और समाज के लिए आपकी कृतियाँ तथा उन कृतियों की व्यावहारिक-शैली को कुछ उदाहरण सहित क्रमवार विचार लेते हैं: -

(I) ओड़िया भाषा के सुप्रसिद्ध कथाकार, प्रख्यात ओड़िया उपन्यासकार, ओड़िया निबंधकार, वर्ष 2012 के भारतीय साहित्य अकादमी (उड़िया लघुकथा श्रेणी में -- 'कांता ओ अन्यान्य गल्प' के लिए) पुरस्कार से सम्मानित, ओड़िया साहित्य अकादमी पुरस्कार से सम्मानित, ओड़िशा के 'फकीर मोहन सेनापति पुस्कार' सहित कई सम्मानों से सम्मानित श्री गौरहरि दास की कहानी संग्रह 'झूठ का पेड़' का आपने हिंदी अनुवाद किया है। श्री गौरहरि दास के 'झूठ का पेड़' कथा-संग्रह की सभी कहानियाँ मानवीय संवेदनाओं से ओतप्रोत हैं। एक कहानी ' मोक्ष' का आपके द्वारा किए गए अनुवाद का एक दृश्य-

"लक्ष्मी माँ के मन से सारी श्रद्धा छूमंतर हो गई...निशि, बांझ, रांड, बाउरानी कहीं की! फिर भी आकर उनका बरामदा छू लिया!... खबरदार, पहले तू बरामदे से हटकर खड़ी हो! रात में क्या तेरा बाप आकर घर-द्वार धोएगा? ...लक्ष्मी माँ ने ठान लिया कि चेमी बाउरानी को कदापि वे अपना पैर नहीं छूने देंगी..."

इसमें एक अछूत स्त्री (चेमी बाउरानी) जगन्नाथधाम की यात्रा से लौटी लक्ष्मी माँ (जोकि सवर्ण स्त्री है) की चरणधूलि लेना चाहती है। परंतु लक्ष्मी माँ एक अछूत स्त्री से पैर छुआने के ख्याल से ही परेशान हो जाती है। कथा के हिंदी अनुवाद में आपने सामाजिक विद्रूपताओं को उकेरा है।

'झूठ का पेड़' कहानी संग्रह की एक और कहानी 'उर्मिला' का प्रथम दृश्य -

"कितनी बार कहूँ, मैं उर्मिला नहीं, वनलता हूँ। उर्मिला-फुर्मिला यहां कोई नहीं है। वह...वह...तो...कब की मर चुकी! पापगर्भा... बदज़ात लड़की... मर गई कब की! आप कृपा कर यहाँ से चले जाइए!"

पुनः कहानी 'उर्मिला' का द्वितीय दृश्य -

"क्रोध और घृणा से मेरी मुट्ठियाँ भिंचने लगी। उस व्यक्ति के थोबड़े पर तड़ाक से एक चांटा जड़ देने का मन कर रहा था, पर चुपचाप खड़ा रहा। उसने इधर-उधर देखा, फिर किसी ललमुँहे बंदर की तरह बरामदे से कूदा और अंधकार में गुम हो गया।"

वाह! कितनी खूबसूरती से अनुवाद में आपने उर्मिला की व्यथा को उजागर किया है। शैली भी अप्रतिम है। सार्थक विचारों के अरूप आभा-तरंगें अर्पित करता हुआ सा विशिष्टिकृत चिंतन है।

उपरोक्त के अतिरिक्त ओड़िया शोधग्रंथ 'श्रीक्षेत्र व श्रीजगन्नाथ' का भी आपने हिंदी में अनुवाद किया है, जोकि हिंदी में इस संदर्भ की संभवतः पहली पुस्तक है। ओड़िया लघुकथाओं का सर्वप्रथम हिंदी अनुवाद 'क्षणिका' नाम से आपने किया था और जो डॉ धर्मवीर भारती द्वारा संपादित 'धर्मयुग' में डॉ प्रभाकर माचवे द्वारा अति-प्रशंसित भी है। इसके अतिरिक्त, अनेकानेक ओड़िया कहानियों एवं कविताओं का हिंदी में अनुवाद आपने किया है जोकि विभिन्न पत्र पत्रिकाओं में प्रकाशित हुआ भी है। हिंदी में डॉ राजेंद्र परदेशी एवं डॉ भास्कर शर्मा द्वारा संपादित 'प्रतिनिधि कहानियाँ' में छपी आपकी कहानी 'पीला गुलाब' बेहतरीन कहानी है। जिसकी चर्चा पूर्व में की जा चुकी है।

(II) आपने मौलिक रूप से 'श्री हनुमत-स्पर्शिका' भक्ति-काव्य लिखा है जोकि 'अभयदास' उपनाम से लिखा गया है। इस भक्ति-काव्य संग्रह में कर्माध्यात्मकता का देवापम विकास परिलक्षित है। और जोकि चैतन्य आत्मा को भक्ति के रग-रग में बसने को उत्साहित करती है। मनुष्य के समस्त जीवन का आधार बुद्धि है और बुद्धि में भक्ति-सहज प्रवृत्तियाँ होना नितांत जरूरी है। सर्वोच्च जीवन दर्शन सर्वदा भक्ति-संबुद्धि से संकेतित होता है। और जिससे कि मानवमात्र सहजांतरिक प्रवृत्ति की शक्ति से संपन्न हो जाता है।

एक बानगी-

"हे राम! तुम्हारे तुलसी ने मानस रच कर नाम दिया।
इससे पहले रामदूत ने राम राम को राम किया।"
"चंदन की आलोक प्रभा है राम नाम की रसमाला।
रूप हनु की 'अभयदास' को पीने दो अमरित हाला।"

(III) आपने मौलिक रूप से 'काई के फूल' कविता-संग्रह लिखा है जिसका ओड़िया अनुवाद श्री कुदरत अली कुदरत ने 'शिउली फूल' नाम से किया है। इस कविता संग्रह में उर्ध्वगामी एवं उड्डयनशील मनस्यता पर वृहद् काव्यात्मक परिचर्चा है। और जिसे पढ़कर कोई भी सुधीजन उदात्तीकृत आनंद की ओर उन्मुख हो जाएगा।

कुछ बानगियाँ -

"प्रतिज्ञा-वृत युग का
समेटे है मुझे भी/एक अंश में,
परंतु मैं तटस्थ नही हूँ।
अंश मेरा सहर से शाम

रात से सुबह तक बढ़ रहा है।"

(1967, 'प्रतिज्ञा-वृत्त' शीर्षक से)

"तुम नहीं लौटोगे
और लौट भी नहीं सकते !
मैं प्रतिक्षणोपरान्त
अपनी यादों की पर्तें चीर,
बनाकर कफ़न उनका
ओढ़ा देता हूँ तुम्हे,
ओ मेरे अतीत !!!"

('अतीत' शीर्षक से)

"क्यों जरूरी है कि द्वंद्व में उलझा जाए?
बेहतर है कि समझ को,
समझ कर अच्छी तरह समझा जाए।"

(1974, 'समझ' शीर्षक से)

(IV) आपने मौलिक रूप से 'टुकड़ों में बंटा मन' गीत-संग्रह लिखा है और यह आपकी द्वितीय काव्यकृति है। इस गीत संग्रह में मन मे उठनेवाले विचारों की अनुभूति के उद्वेगकर-सुखकर, दाहक-शीतल, कोमल-कठोर, मोहक-पीड़क, तरल-प्रगाढ़, मृण्मय-चिन्मय, सूक्ष्म-प्रबल, विशाल-लघु, उन्नत-अवनत आदिक अनेक स्वरूपों पर काव्यात्मक चर्चा है।

कुछ बानगियाँ-

"अब रूपशिखा झुलसाए क्या,
अब तेरी याद सताए क्या!
तुम तो हो ऐसी सरिता
जो बदला करती अपनी धारा।
बदल चुका है प्रेम तुम्हारा।"

('तुम क्या बदलोगी अब' शीर्षक से)

"बन गए हैं ठूंठ की परछाई से संबंध सारे।
स्नेह,आशा और ढाढ़स के बिना मरुथल किनारे।
वेदनाएं अब मिलेंगी हृदय के अभिलेख में।
संवेदनाएं घिर गई हैं स्वार्थ के परिवेश में।"

('संवेदनाएं घिर गई हैं' शीर्षक से)

"भोगा बसंत हमने जीभर अनचाहा पतझर झेला है।
इप्साओं के ढेऊ ढेरों पर जीवन केवल मेला है।
क्यों झूठा सच यह बार-बार ओढ़ा मन ने।

• xxxix •

बोलो, क्या पाया मैंने, क्या खोया तुमने।"

('शेष अर्पण' शीर्षक से)

(V) आपने मौलिक रूप से देशभक्ति परक 'अँजुरी का अंगारा' कविता संग्रह भी लिखा है। इस कविता संग्रह की कविताएँ किसी व्यक्ति के मन में असीम सुषमा की तृषा जगाकर उन्हें देशभक्ति की किरण-सेवित अत्युच्च शिखर पर पहुँचा देती हैं। देशभक्ति सर्वथा निरुद्देश्य आनंद की महिमा का आख्यान करने से हमें निरुत्साहित करता है और जिससे कि देश एवं समाज का उन्नत लक्ष्य प्राप्त हो सके।

कुछ बानगियां-

"स्वतंत्र भारत की पहली संसद याद करो।
अमरत्व प्राप्त नेताओं को फिर याद करो।
देवपुरुष निर्माताओं पर अब कब रोता देश?
फ्रेम-जड़ी धुँधली तस्वीरों को अब याद करो।"

('हालात' शीर्षक से)

"बरसाती मेढकों की तरह टर्राते हैं नेता।
वायदों का टनों बोझ भी बढाते हैं नेता।
वो रो रहा है गाँधी, कलप रहा है देश;
सड़क पर गुंडे, संसद में गुर्राते हैं नेता।"

('देशधर्म-4' शीर्षक से)

"मत फेंट अब राजनीति की ताश को।
आ चल देख मेरे संग आकाश को।
फिर रचेगा एक नया इतिहास संकल्प,
कवि कर साकार बूढ़े देश की तलाश को।"

('देशधर्म-8' शीर्षक से)

(VI) आपकी काव्यसर्जना 'साँझ के आँचल तले' में रचनाएँ ऐसी हैं मानो निस्तल समाधियों से निःसृत विस्मृतियाँ भी बाग-बाग हो गईं हो। चिर-विस्मृत किसी पुरातन ऋचाकर्ताओं या कवियों की अपूर्व ऋचाएँ या कविताएँ काल-गह्वर की निस्तब्ध निशा से निकलकर सुप्त-विस्मृत सुंदरता की रागिनी-घंटियां बजा देतीं हैं। यथावत आपकी भी रचनाएं हैं जोकि जनमानस में अनंतता की प्रशांत-महासागरीय धाराएँ बहाकर हुँकार राग छेड़ देतीं हैं। अतल, अनंत, अपार अंबर में साँझ शायद ही हो, लेकिन इसके पाठकों को वृहद्दिशाओं में शरणागत होने योग्य अंतिम-आँचल अवश्य मिलेगी। सहस्राब्दी, शताब्दी, संवत, वर्ष, महीना, दिन, मुहूर्त, क्षण अथवा पल भर भी शांति से आँचल छाया मिल जाए उसी में तृप्ति संभव है। आपकी इस रचना में, अंबर में उड़ता हुआ विशिख भी साँझ का अनंत छोर छोड़ आँचल छाँव पाकर स्थिर हो जाएगा और असीम शांति में खो जाएगा।

एक बानगी -

"आज की सुबह कुछ उदास नजर आती है,
अरी ओ पुरवा! कुछ खबर है 'अभय' उनकी।"
"हर समझाइश, समझौता तब व्यर्थ होता है,
जब जिद बनकर अहम चढ़ जाता है दिमाग पर।
साकार सपना भी बन जाता है पिरामिडी-ममी,
मुहब्बत भी 'अभय' सुलगती गुस्से की आग पर।"

(VII) आप 'ओड़िशा में हिंदी साहित्य व पत्रकारिता : उद्भव एवं विकास' के ऊपर शोध-लेखन भी किए हैं। 'उत्तरप्रदेश मासिक' में 'साहित्यांश / साहित्य भाग' प्रकाशित है। आप 'पुरस्तम पुरी' का भी संपादक ये रह चुके हैं। आप ओड़िशा के हिंदी दैनिक 'उत्कल मेल' का दायित्व बखूबी संभाला है।

'चिराग जलाओ अंधेरा है' पुस्तक में आपका संपादकीय एवं अन्य आलेख संग्रहित हैं। यह साहित्य जगत में देदीप्यमान नक्षत्र की भांति है। इस पुस्तक का एक आलेखांश आगे है, जोकि वर्ष 1988 में 'राउरकेला एक्सप्रेस' में आपके संपादकीयत्व में छपी थी। "आज हम कितने स्वार्थी हैं ..... घर परिवार हो या बाजार, सर्वत्र स्वार्थ का विराट दर्शन होता है ...... राम जाने यह स्वार्थ हमें कहाँ ले जाकर छोड़ेगा।"

∆ डॉ अभय को मिले सम्मान पर चर्चा–

हम सभी बचपन में कुछ न कुछ पुरस्कार जीते ही हैं। किसी पर्व-त्योहार के मौके पर टोली बनाकर लोकगीत गाए हैं। और तद्गायन वादन हेतु वाहवाहियाँ रूपी सम्मान भी पाए हैं। स्वतंत्रता दिवस, गणतंत्र दिवस, गांधी जयंती आदि के मौके पर गीत, नृत्य, काव्य, कथा लेखन के माध्यम से कम से कम एक कलम या पेंसिल का पुरस्कार अवश्य हम सभी पाए होंगे। शुद्ध-शुद्ध राष्ट्रगान और राष्ट्रगीत गाने के लिए भी कॉपी, किताब, कलम, पेंसिल आदि का पुरस्कार जीते हीं होंगे। कुछ लोग रंगमंच पर नाटक खेलकर वाहवाही अथवा किसी अन्य रूप में पुरस्कार, प्रमाण-पत्र आदिक पाए होंगे। कुछ लोग सम्मानित व्यक्तियों से शाबाशी पाए होंगे। कुछ लोग कॉलेज या यूनिवर्सिटी में टॉपर बनकर सम्मान पाए होंगे। कुछ लोग कॉलेज की पत्रिका में कविता कहानी लिखकर वहाँ अपना नाम छपा देख खुश हुए होंगे अर्थात् सम्मानित महसूस किए होंगे।

कहने का तात्पर्य है कि हर व्यक्ति किसी न किसी रूप में सम्मान का भूखा होता है। माता-पिता अपनी संतानों को बहुत आगे बढ़ता देखकर खुश होते हैं और इसमें उन्हें आत्मसम्मान के साथ तुष्टि भी मिलती है। यदि वही संतान सिर्फ चरणस्पर्श कर लेता है तो उन्हें परम-तुष्टि मिल जाती है और वे समझ जाते हैं कि उन्हें दुनिया का सारा पुरस्कार, सम्मान मिल गया। कोई अनपढ़, अपढ़, ज्ञानवान संतान माँ-बाप की सेवा करता है तो उसी में उनका सम्मान है और माँ-बाप भी सम्मानित महसूस करते हैं।

और...और...और..सबसे बड़ी बात है कि प्रत्येक व्यक्ति खुद के नज़रों से अपने आपको सम्मान दे तो उससे बड़ा सम्मान दुनिया का कोई भी सम्मान नही होता है। स्वयं का सम्मान वही व्यक्ति दे सकता है जो भूलकर भी दूसरों पर कभी छींटाकशी नही करते। स्वयं के सम्मान से बढ़कर दुनिया का कोई भी पुरस्कार नहीं । चाहे हम कितना भी ज्ञानसंपन्न, धनसंपन्न, बलसंपन्न हों अथवा दुनिया का हरेक महान से महान व्यक्ति हमें जानता हो; पर यदि हम अपने आपको सम्मान नही देते तो संसार का सारा सम्मान दिखावा है। और असली सत्य से परे है। शून्य है। स्वयं का सम्मान हमें आत्मसंतुष्टि के चर्मोत्कर्ष पर पहुँचा देता है। ऐसे ही आत्मतुष्ट और आत्मसम्मानित शख्स हैं - साहित्य के महापुरुष डॉ सुशील दाहिमा 'अभय' जी। मेरी समझ से इनकी संबलात्मक शख्सियत के सामने दुनिया का सारा पुरस्कार एवं सम्मान छोटा पर जाएगा। ये जब नवोदित साहित्यकारों को संबल एवं सहारा दोनों प्रदान करते हैं, वही इनका खुद का दुनिया का सबसे बड़ा सम्मान मिल जाता है। फिर भी, इन्हें मिले बाह्य सम्मानों / पुरस्कारों पर चर्चा करना मेरा साहित्यिक धर्म है।

तो आइये, संक्षेप में इन्हें मिले पुरस्कारों / सम्मानों को वर्षवार, क्रमवार देखते हैं: -

(1) आपको सर्वप्रथम वर्ष 1976 में 'राष्ट्रभाषा प्रचार समिति' वर्धा (महाराष्ट्र) द्वारा 'राष्ट्रभाषा रत्न' की उपाधि प्रदान की गई।

(2) वर्ष 2005 में 'भारत संचार निगम लिमिटेड', भारत सरकार (तत्कालीन 'संचार एवं सूचना प्रौद्योगिकी' के अंतर्गत, अब 'संचार मंत्रालय' के अंतर्गत) के राउरकेला डिवीजन द्वारा आपको 'हिंदी सेवा सम्मान' दिया गया।

(3) वर्ष 2006 में 'वेदव्यास गौशाला समिति' राउरकेला द्वारा हिंदी में उल्लेखनीय योगदान के लिए आपको 'स्वर्णमणि' सम्मान दिया गया।

(4) वर्ष 2007 में 'संगम साहित्य', तिरोड़ी (जिला - बालाघाट, मध्यप्रदेश) द्वारा हिंदी साहित्य में उल्लेखनीय योगदान के लिए इन्हें 'कलमवीर' उपाधि प्रदान की गई। वर्ष 2007 में ही आपको 'उत्कल मेल सम्मान' भी प्रदान किया गया।

(5) वर्ष 2008 में 'हिंदी साहित्य सम्मेलन' प्रयाग (वर्तमान प्रयागराज जिला, उत्तरप्रदेश) द्वारा आपको 'सारस्वत सम्मान' प्रदान किया गया। वर्ष 2008 में हीं आपको राउरकेला के ओड़िशा साहित्य संस्था 'स्वयंप्रभा' द्वारा 'स्वयंप्रभा सम्मान' प्रदान दिया गया।

(6) वर्ष 2009 में विक्रमशीला हिंदी विद्यापीठ (ग्राम-इशीपुर गांधीनगर, प्रखंड-पीरपैंती, जिला- भागलपुर, बिहार) द्वारा आपको 'विद्यावाचस्पति' की उपाधि दी गई।

(7) वर्ष 2010 में 'संकल्प संस्थान' राउरकेला (ओड़िशा) द्वारा आपको 'सारस्वत संकल्प शिरोमणि सम्मान' प्रदान किया गया। वर्ष 2010 में ही आपको आपकी कविता-संग्रह 'काई के फूल' पर 'महर्षि मार्कण्डेय विश्वविद्यालय' मुलाना (जिला - अंबाला, हरियाणा) द्वारा 'एम.फिल्.' की डिग्री दी गई।

(8) वर्ष 2011 में आपको विक्रमशीला हिंदी विद्यापीठ (ग्राम-इशीपुर गांधीनगर, प्रखंड- पीरपैंती, जिला- भागलपुर, बिहार) द्वारा 'विद्यासागर' की उपाधि दी गई और इसी वर्ष आपको देहरादून से 'साहित्यवाचस्पति' उपाधि भी मिली।

(9) वर्ष 2012 में पंजाब कला साहित्य अकादमी द्वारा आपको 'विशिष्ट अकादमी सम्मान' दिया गया। इसी वर्ष आपको ब्राह्मण अंतरराष्ट्रीय (संस्था), रायपुर, छत्तीसगढ़ द्वारा 'साहित्य-रत्न' उपाधि प्रदान किया गया। फिर इसी वर्ष 'तुमसर साहित्य मंच' तुमसर (जिला - भंडारा, महाराष्ट्र) द्वारा आपको 'सारस्वत सम्मान' प्रदान किया गया। पुनः इसी वर्ष वैशाखी साहित्य संसद, राउरकेला द्वारा आपको 'पं. सत्यनारायण तिवारी स्मृति सम्मान' दिया गया।

(10) वर्ष 2013 में आपको 'गणेश शंकर विद्यार्थी पत्रकारिता सम्मान' (जिला- बस्ती, गोरखपुर संभाग, उत्तरप्रदेश) से नवाजा गया।

उपरोक्त के अतिरिक्त आपको मिले अन्य सम्मानों में ओड़िशा के सुप्रसिद्ध सामाजिक सेवा संस्थान 'राजस्थान परिषद', राउरकेला द्वारा वर्ष 2019 का 'समाज रत्न' सम्मान दिया गया। 'विप्र फाउंडेसन', ओड़िशा द्वारा आपको 'अहोभाग्य सम्मान' से नवाजा गया है। इसके अतिरिक्त, ओड़िशा के विभिन्न ओड़िया साहित्यिक संस्थाओं द्वारा भी समय-समय पर आपको सम्मानित किया गया है।

∆ डॉ अभय के साहित्य का समाज पर प्रभाव–

अंधेरी रातों के बाद रुपहली रातों का आना तय है। सजल चाँदनी की सुमंद लहरों में नहाना या तैरना किसे अच्छा नही लगता है, जहां घुप्प अंधेरी रातों की फूटी सलिल धाराओं में उगबुगाते हुए सांसारिक-नभ का किनारा दिख रहा हो। जब सुधामय-कर्म फूलों से धरती सुशुभित एवं सुसज्जित हो जाती है तब मिट्टी की शोभा अहर्निश जगती रहती है।

अच्छे मानव की कर्म-मृत्तिकाएँ देखकर स्वर्ग को भी ईर्ष्या हो जाती है, यदि उन कर्म-मृत्तिकाओं में दुभिया हरियाली छायी हो और उसपर उन्नत आचार-विचार रूपी शबनम की जाली बिछी हो। और वही जाली अनुशासन रूपी शीतल बूँदों से सत्य, त्याग व अहिंसा रूपी त्रिविमीय चित्र प्रत्यावर्तित कर रही हो। सत्कर्मी एवं अनुशासनप्रिय मानव की काया स्निग्धमय होकर निर्धूम शिखा-सी सुशोभित होती है। और जिसमें संसार की सुंदरता भी प्रतिबिंबित होती रहती है।

धरती के समस्त प्राणियों की वेदनाओं, पीड़ाओं, तृष्णाओं, अनिर्वचनीय क्षुधाओं आदि को छाँटकर परम अमरत्व समीरों सा सौरभ बहाने की शक्ति सिर्फ और सिर्फ अनुशासनप्रिय मानव में हीं हो सकती है। और ऐसी ही शक्तियों से युक्त हैं महान साहित्यकार हैं श्री सुशील दाहिमा 'अभय' जी। आप मानवप्रेम पुजारी हैं। हम सभी को ज्ञात है कि इस मर्त्यलोक में सब रोगों से कठिन है 'मानवप्रेम' रोग होत। 'मानवप्रेम' रोग जिस व्यक्ति में लग गया

उसे संसार की कोई भी शक्तियाँ डिगा नही सकती हैं। क्योंकि 'मानवप्रेम' का एकमात्र इलाज 'मानवप्रेम' रूपी दवा ही है। सभी देवियाँ, देवताएँ, यक्षादि 'मानवप्रेम' रोग के समक्ष नतमस्तक हो जाते हैं। कारण कि यह रोग शरीर के अंत हो जाने के बाद भी इस मर्त्यलोक में विद्यमान होता है। शाश्वत सिद्धि प्रसिद्धि रूप में।

यदि किसी साहित्यकार के रग-रग में 'मानवप्रेम' रोग बसा हो तो वह मानवीयता रूपी गंधों की सीमाओं से भी आगे हो जाता है। .मानव-समाज महीतल पर उन गंधों को चातुर्दिक फैलाने का कार्य अवश्य करेगा ताकि मनोमुग्धकारी मानवीयता अमरत्व को प्राप्त कर सके। आपकी रचनाओं में मनोमुग्ध करनेवाली मानवीयता विद्यमान है। आपकी सारी रचनाओं में मृषाओं एवं तृषाओं पर गहरी चोट की गई हैं, जिससे कि मानवीयता की सुषमाएँ चहुँओर निखरती, बिखरती रहें। आपके साहित्यिक मानवीयता की पुतली में 'मानवप्रेम' तस्वीर शाश्वत-रूपेण खड़ी दिखती हैं। और जिसमें से आँखें मानव-मानव में रागात्मक प्रेम बढ़ाने के लिए निहारती रहती हैं। आपकी साहित्यिक आभाएँ किसी भी व्यक्ति के मुखमंडल पर मुस्कान लाए बिना तदस्थापित नहीं रहतीं।

आपके साहित्य में पाए जानेवाले मानवीयता को महसूस करते ही स्वर्ग की तंद्राएँ फट जाएंगी और समस्त सिद्धियों की नींदें भी उचट जाएंगी। आपका साहित्य-संसार, समाज पर ऐसा प्रभाव डालेगा कि धरती सुरपुर (स्वर्ग) भाँति हो जाएगी। आपके साहित्य से समाज के समस्त पीड़ाओं का अंत होगा। और वैयक्तिक, सामाजिक मन की उद्वेलित तरंगें सिर्फ 'मानवप्रेम' की धाराओं में ही सदा सदा के लिए कलकल छलछल करती रहेंगी।

∆ उपसंहार–

आपके काव्यों, कथाओं, आलेखों, अनुवादों आदिक में खूबसूरती-युक्त देश-दयासिक्त अभिव्यक्तियां सर्वत्र दृष्टिगोचर होतीं हैं। साहित्यिक-प्राणवायु की महाशून्यता में सतत संचरणमय समीर भरनेवाले साहित्यकार हैं आप। महाशून्यता की अवस्था मे भी आपकी साहित्यिक गुरुत्वाकर्षण-शक्तियां नवोदित कलाकारों को इस प्रकार आकर्षित करतीं हैं जैसे कि ऊषा की आभाएँ एवं प्रकाशमयी सूर्य-रश्मियां। हमें ये अंतर्दृष्टि देते हैं।

आपकी रचनाओं, कृतित्व, व्यक्तित्व पर प्रकाश डालने के लिए गंवरु प्रमोद की लेखनी छोटी पड़ जा रही है। अतः आप हीं के दर्द-भरे शब्दों को उकेरित करते हुए आगे के अल्फाजों पर शांति-पर्द ओढ़ाने की कोशिश कर रहा हूँ -

"'अभय' तुम्हारे दर्द से क्या फर्क पड़ता है किसी को,
दफन कर दे दिल में या ओढ़ा दे कफन अल्फाज का!"

~ गंवरु प्रमोद (प्रमोद कुमार)
पटना (बिहार), भारत
दिनांक : 22/09/2022

आमुख

सुशील दाहिमा 'अभय' : संक्षिप्त संपादकीय परिचय

1. अनुशिष्ट पत्रकार, साहित्यकार का नाम : डॉ. सुशील दाहिमा 'अभय'

2. जन्मतिथि : 12 अगस्त 1945

3. जन्म स्थान - राजगांगपुर, जिला-सुंदरगढ़, ओड़िशा

4. प्रकाशित साहित्य -

* श्रीहनुमत-स्पर्शिका (भक्ति काव्य) 1997 ई.

* क्षणिका (ओडिआ लघुकथाओं का सर्वप्रथम हिन्दी अनुवाद संग्रह डॉ. धर्मवीर भारती द्वारा संपादित साप्ताहिक धर्मयुग में डॉ. प्रभाकर माचवे द्वारा प्रशंसित (1971)

* काई के फूल (कविता संग्रह) 2009 ई.

* टुकड़ों में बँटा मन (गीत संग्रह) 2010 ई.

* शिउली फूल शीर्षक से कुदरत अली कुदरत,
ओड़िआ साहित्यकार द्वारा 'काई के फूल' ओडिआ में अनुदित व प्रकाशित 2010 ई.

* 'दधिमती स्तोत्रम्', एक प्राचीन, जर्जर पुस्तिका का कामठी(नागपुर)से संग्रह व संपादन कर प्रकाशन (2011 ई)

* ब्रह्मशक्ति (स्मारिका) का संपादन (2011ई.)

* कही - अनकही (ओड़िआ के सुप्रसिद्ध पत्रकार,लेखक,संपादक,डॉ. पीतवास मिश्र के ओडिआ आलेख- संग्रह 'नाना कथा नाना व्यथा' के हिन्दी संस्करण का संपादन (2012 ई.)

* अँजुरी का अंगारा - देशात्मक काव्य संग्रह (2014)

* चिराग जलाओ अंधेरा है (आलेख संग्रह) 2014 ई.

* श्रीक्षेत्र व श्रीजगन्नाथ (डॉ. जन्मेजय चौधरी के ओडिआ शोधपरक ग्रंथ, पृष्ठ 323 का हिन्दी अनुवाद , 2017 ई.

* किरचन एक स्वप्न की (कविता संग्रह) 2022 ई.

* कविता संग्रह 'काई के फूल' पर कविता रानी द्वारा महर्षि मार्कण्डेश्वर विश्वविद्यालय, मुलाना (अम्बला) हरियाणा से एम. फिल

2009 –10 ई

* गीत संग्रह 'टुकड़ों में बँटा मन' पर जितेन्द्र पानू द्वारा उच्च शिक्षा और शोध संस्थान, दक्षिण भारत हिन्दी प्रचार सभा, धारवाड़ (कर्नाटक) से एम. फिल्, 2014 –15 ई

* 'ओडिशा में हिन्दी साहित्य का उद्भव और विकास' शोध आलेख उत्तर प्रदेश मासिक, लखनऊ में प्रकाशित

*'ओडिशा में हिन्दी पत्रकारिता : उद्भव एवं विकास' शोध प्रबन्ध का लेखन जारी

*सांझ के आंचल तले (मुक्तक, कतआ, रूबाई, चतुष्पदी संग्रह) आगामी प्रकाशन

5. प्राप्त पुरस्कार / सम्मान आदि का विवरण -

* 1976 'राष्ट्रभाषा-रत्न' उपाधि राष्ट्रभाषा प्रचार समिति, वर्धा, महाराष्ट्र द्वारा

* 1988 संकल्प संस्थान शिरोमणि सम्मान, राउरकेला

* 2005 'हिन्दी सेवा सम्मान', भारत संचार निगम, राउरकेला

*2006 'स्वर्णमणि सम्मान', वेदव्यास गौशाला , राउरकेला

* 2007 - 'कलमवीर' उपाधि, साहित्य संगम, तिरोड़ी, बालाघाट, मध्यप्रदेश

*2007 ओड़िआ तथा हिंदी समाचार पत्र समूह, दैनिक उत्कल मेल द्वारा 'उत्कल मेल सम्मान'

*2008 'स्वयंप्रभा सम्मान', ओडिआ साहित्य संस्था 'स्वयंप्रभा, राउरकेला, ओडिशा

*2008 'शाश्वतामृत सम्मान, राजगोपाल संस्कृत महाविद्यालय, अयोध्या, उ. प्र.

* 2009 - 'विद्यावाचस्पति' उपाधि, विक्रमशीला हिन्दी विद्यापीठ, भागलपुर, बिहार

* 2008 - 'सारस्वत सम्मान, हिन्दी साहित्य सम्मेलन, प्रयाग, उत्तर प्रदेश.

*2010 'साहित्यवाचस्पति उपाधि, देहरादून, उत्तराखंड

*2010 महर्षि मार्कण्डेश्वर बिश्वविद्यालय, मुलाना, अम्बाला, हरियाणा से इनके कविता-संग्रह 'काई के फूल' पर एम.फिल्

* 2011 - 'विद्यासागर उपाधि, विक्रमशीला हिन्दी विद्या- पीठ, भागलपुर, बिहार

*2011 सार्वजनिक सारस्वत अभिनंदन, ब्राह्मण कल्याण सभा, राउरकेला, ओड़िशा

*2012 - साहित्य-रत्न' उपाधि, ब्राह्मण अन्तर्राष्ट्रीय, रायपुर, छत्तीसगढ़

+2012*सारस्वत सम्मान, तुमसर साहित्य मंच, तुमसर (नागपुर), महाराष्ट्र

* 2012 'विशिष्ट अकादमी सम्मान, पंजाब कला - साहित्य अकादमी, जलंधर, पंजाब

* 2012- 'पं. सत्यनारायण तिवारी स्मृति सम्मान बैशाखी साहित्य संसद, राउरकेला, ओड़िशा

* 2015 - 'जदुमणि दास स्मृति प्रतिभा सम्मान', जदुमणि दास मेमोरियल फाउन्डेशन, भुवनेश्वर,ओड़िशा(ओड़िआ हिंदी साहित्य समन्वय तथा पत्रकारिता हेतु)

* 2015 - 'मनुमुक्त स्मृति सम्मान, हिसार, हरियाणा

* 2016 - 'सारस्वत सम्मान' श्रीदाधिच परिषद, कोलकाता

* 2016 - 'अहोभाग्य सम्मान' विप्र फाउंडेशन, ओडिशा

* 2017 - 'सारस्वत सम्मान, लायंस क्लब ऑफ राउरकेला

* 2018 - 'डॉ. मनुमुक्त मानव नागरी सम्मान' नारनौल, हरियाणा

*2019 'सारस्वत साहित्य सम्मान, प्रतिश्रुति, ओड़िआ साहित्य संस्था,राउरकेला,ओडिशा

* 2019 - विप्र गौरव सम्मान, विप्र फाउंडेशन, ओडिशा

*2019 'समाज रत्न' उपाधि, राजस्थान परिषद, राउरकेला,ओडिशा

　　* 2020 - 'विशिष्ट अभिनंदन, राउरकेला इस्पात संयंत्र (सेल)

*2021 इंडियन जर्नलिस्ट यूनियन अवार्ड,

*2023 छत्तीसगढ सक्रिय पत्रकार संघ द्वारा ओडिशा में 1971 में हिन्दी पत्रकारिता के बीजारोपण तथा हिन्दी, हिन्दी साहित्य, हिन्दी पत्रकारिता के लिए आजीवन समर्पण हेतु "अभिनंदन पत्र सहित स्नेहाभिनंदन, बिलासपुर में आयोजित समारोह में।

* इनके अलावा ओड़िशा की अनेक संस्थाओं द्वारा अभिनंदित,उल्लेखनीय है. बिहार सांस्कृतिक परिषद,सरस्वती विद्या मंदिर, (राउरकेला), पंचायत कालेज (बरगढ़) डालमिया कॉलेज, राजगांगपुर,आदि

　　6. अन्य साहित्यिक उपलब्धियाँ

(क) * ओडिआ भाषा के सुप्रसिद्ध साहित्यकारों की रचनाएँ डॉ. सुशील दाहिमा अभय द्वारा हिन्दी में अनुदित व प्रकाशित-

1. डॉ.विनोदचन्द्र नायक –कविता

2. वैष्णव चरण सामल - आलेख

3. रवि पटनायक - लघुकथा

4. डॉ.वीणापाणी महान्ती - लघुकथा / कहानी

5. कैलाश लेंका -लघुकथा

6. डॉ.प्रसन्न कुमार पाटशाणी - कविता / लघुकथा

7. कृष्णचन्द्र भूर्या– लघुकथा

8.रत्नाकर चइनी - लघुकथा

9. प्रफुल्ल कुमार त्रिपाठी - लघुकथा

10. अखिलपति अवधूत - लघुकथा

11. प्रसन्नकुमार मिश्र - लघुकथा

12. जगदीश महान्ती - लघुकथा / कहानी 13.गौर पटनायक- लघुकथा

14. सदाशिव दास - लघुकथा

15. देवेन्द्रनाथ मानसिंह - लघुकथा
16. गोवर्धन पुजारी - लघुकथा
17. हुसैन रविगांधी - लघुकथा,
18. गौरहरि दास - 'झूरु का पेड़' कहानी संग्रह
19. सुशील कुमार पाणिग्राही-कविता
21. सुनंदा प्रधान - कविता
21. जन्मेजय चौधरी - श्रीक्षेत्र व श्रीजगन्नाथ (शोधग्रंथ)
22. पीतवास मिश्र -आलेख-संग्रह 'कही-अनकही' का संपादन
23. भगवान बेहरा-पुरस्तम पुरी का संपादन

(ख) विशेष-द्रष्टव्य –

*"सत्तर के दशक में;ओडिशा में हिन्दी काव्य गोष्ठी/अखिल भारतीय कवि सम्मेलन का शुभारंभ

*ओडिशा में अखिल भारतीय कवि सम्मेलन (हिन्दी) का सर्वप्रथम भव्य आयोजन। *भाषा-समन्वय की दृष्टि से ओड़िआ, हिन्दी, सादरी (आदिवासी क्षेत्रीय बोली) का सर्वप्रथम कवि-सम्मेलन का आयोजन।

*राष्ट्रभाषा के प्रचार-प्रसार तथा ओड़िआ हिन्दी समन्वय हेतु समर्पण भाव से अब भी 78 साल की उम्र में, क्रियाशील ।

सुशील दाहिमा 7(अंतिम)
- रायपुर (छत्तीसगढ़) के हिन्दी दैनिकों युगधर्म, नवभारत, महाकौशल आदि अखबारों का ओडिशा में क्रमवार प्रसार।

*ओडिशा में आप हिन्दी पत्रकारिता के आधार स्तम्भ है। स्व. आदित्य कुशवाहा, स्व. विजय पटेल के साथ 1971 में हिन्दी साप्ताहिक 'बढ़ते चलें' के प्रकाशन से इस अहिन्दी भाषी प्रदेश में हिन्दी पत्रकारिता की नींव रखी। इसके बाद 'उत्कल संदेश, 'उत्कल टाइम्स' का संपादन, प्रकाशन किया। इन्ही की प्रेरणा, प्रयास, से राउरकेला सहित अन्य शहरों से भी हिन्दी साप्ताहिक और पाक्षिकों का प्रकाशन हुआ।

*हिंदीतर प्रदेश ओडिशा में 60–70 के दशक में केवल ओड़िआ भाषा कट्टर समर्थक एक अखिल ओडिशा संस्था द्वारा हिंदी का उग्र विरोध रहा। उस विषम संघर्षकाल में दाहिमा जी ने स्व.भाई आदित्य कुशवाहा, स्व भाई विजय पटेल, डॉ.कृष्ण प्रजापति(सभी राउरकेला),तपस्वी लालतिवारी(झारसुगुड़ा), विश्वनाथ देहाती, नटवरलालअग्रवाल (संबलपुर), पृथ्वीनाथ साहू(बरगढ़) आदि को साथ लेकर पश्चिम ओडिशा में हिंदी साहित्य और पत्रकारिता का शंखनाद किया जिसकी गूंज आज सम्पूर्ण ओडिशा में हिंदी नाद का रूप ले चुकी है।हालांकि यहां यह सर्वाधिक उल्लेखनीय है कि दाहिमा जी कभी भी भारतीय भाषाओं के विरोधी नहीं बल्कि एक पूर्णतः भाषा समन्वयवादी दृष्टिकोण के साहित्यकार और पत्रकार हैं।

*साथ ही इन्होने पड़ोसी राज्य छत्तीसगढ़ (तब मध्य प्रदेश) के रायपुर से हिन्दी दैनिकों युगधर्म, नव भारत आदि अखबारों को लाकर, इन्हे प्रसारित कर हिंदी के लिए ओडिशा में कार्य किया। इन्ही का परिश्रम और हिन्दी के प्रति इनका समर्पण भाव रहा कि आज ओडिशा में हिन्दी साहित्य और पत्रकारिता लहलहा रहे है।

*ओडिशा के सर्वप्रथम पूर्णींग हिन्दी दैनिक राउरकेला एक्सप्रेस' के आप संपादक रहे। बाद में रंगीन हिन्दी दैनिक 'उत्कल मेल' का प्रकाशन इनकी प्रेरणा से ओडिशा प्रसिद्ध ओडिआ प्रकाशक, पत्रकार, डॉ पीतवास मिश्र ने अपने ओडिआ दैनिक के साथ उसी नाम, 'उत्कल मेल' के हिन्दी संस्करण का प्रकाशन नब्बे के दशक में, डॉ. दाहिमा के संपादन में शुरू किया। यह अखबार आज ओडिशा में राउरकेला और भुवनेश्वर संस्करण के रूप में नियमित छप रहा है। इस हिंदी दैनिक अखबार के संयुक्त संपादक का दायित्व आपने बखूबी संभाला है।

~ संपादक

1

शब्द-प्रतिशब्द

इतने लम्बे अरसे तक साथ रहने के बावजूद, आज उस व्यक्ति के विषय में लिखूँ, जिसे मैंने अत्यंत निजता और आत्मीयता की परिधि के भीतर जाकर सिर्फ देखा-परखा ही नहीं अपितु महसूसा भी है। 1970 आरंभ हो गया था और मैं उन दिनों मध्यप्रदेश के रायपुर नगर में 'नई दुनिया' से जुड़कर सम्पादकीय प्रशिक्षण ले रहा था। अपने लिखत-पढ़त को एक दिशा देने का प्रयास कर रहा था। उन दिनों 'हस्ताक्षर' के संयोजन में एक व्याख्यान माला चल रही थी। जिसमें रामकथा मर्मज्ञ डॉ. कॉमिल बुल्के, भाषाविद डॉ. प्रभाकर माचवे, डॉ नामवर सिंह, अभिनेता डेविड अब्राहम सहित कई मूर्धन्य साहित्यकार आये हुए थे। बातों-बातों में माचवे जी ने लघु पत्रिकाओं की चर्चा में कहा कि अहिन्दी भाषी राज्य ओड़िशा में भी राजगांगपुर जैसे छोटे से कस्बे से एक प्रादेशिक स्तर पर ओड़िया लेखकों की लघु रचनाओं को हिन्दी में अनूदित कर 'क्षणिका' जैसी पत्रिका निकाली गयी है। उसी दरमियान 'धर्मयुग' ने भी 'क्षणिका' के आमुख को छापा और समीक्षात्मक टिप्पणी दी थी। इसमें सुशील दाहिमा, राजगांगपुर, का नाम बतौर अनुवादक सम्पादक-प्रकाशक आया था। राउरकेला के पास ऐसी हस्ती रहती है बड़ा सुखद लगा था। सम्पर्क साधा और फिर तो अपने उन्मुक्त निश्छल व्यवहार से न सिर्फ मेरे, अन्य मित्रों और घर-परिवार में भी वह एक सदस्य बन गया। जब पत्रकारिता शुरू की तो उन दिनों हमारे यहाँ घोर भाषावादी माहौल था। हमारी हिन्दी पत्रकारिता को हल्दी घाटी के संघर्ष में मानो प्रताप को एक भामाशाह मिल गया था।

अपने शब्द-सामर्थ्य के अस्त्र-शस्त्र वह इतनी चतुराई से प्रयोग करता कि कठिनाईयाँ चाहें मुद्रण की रही हों अथवा मुद्राओं की वह भरसक साथ देता रहा। उन दिनों की निस्संगता को, जुड़ाव को, भटकाव को, उसकी अलमस्त आदतों को मेरे लिए भुला पाना हमेशा कठिन रहा है। समस्त विरोधाभासों, निरपेक्षताओं का सापेक्ष व्यक्तित्व बना रहा है, मेरा मित्र, मेरा भाई, मेरा साथी-सहयोगी सुशील दाहिमा ! एक समय ऐसा भी आया कि हम एक ही सड़क के दो किनारों पर चलते रहे परन्तु हमारे बीच जाने कौन सी और कैसी रेशमी डोर है जो कभी टूट नहीं सकी। जीवन में हर तरह और कोटि के लोग मिलते रहे हैं। हमारे बीच अन्तर

खड़े करने से लेकर वैमनस्यता की हद तक यह सब हुआ, हम भी तो आम आदमी हैं। हम लड़े भी, मौन रहे, तो कभी मुखर हुए। रास्ते बदल गये पर लक्ष्य एक रहा । एक कोमलमति कवि को पत्रकारिता के कीचड़ में खींच लाने का अपराध बोध मुझे ताज़िन्दगी मथते रहेगा, हे परमात्मा मुझे क्षमा करना ज़िन्दगी से जुड़े सपनों को पूरा करने में हम अपने सपने भूल जाते हैं।

समाज, परिवार, माँ-बाप, भाई-बहन, नाते-रिश्तेदार मी अपना दायित्व निर्वाह करते रहते हैं। इस कवि-गीतकार के अपने जीवन को अपने तरीके से अपनी ही शर्तों में जीने की ललक ने बड़े बारीक ढंग से तोड़ा है, एक ऐसे शीशे की तरह जो हर बार झन्नाहट के शोर में टूटता रहा है। जिस गीतकार के एक गीत ने मेरे टूट रहे दाम्पत्य को बचाने में निर्णायक भूमिका अदा की हो, उसे मैं शब्दों में बखान नहीं कर सकता। कभी राम तो कभी हनुमान, हर रूप में उससे जो बन पड़ा उसने किया है। मैंने पत्रकारिता छोड़ कर नौकरी कर ली। अपना अस्तित्व भुलाकर न चाहते हुए भी वह सब किया जिसके विरूद्ध रहा। इसने भी हारकर वही कुछ किया पर उसका स्वाभिमान उसे हर बार टोकता रहा, क्योंकि होइहें वही जो राम रचि राखा। घर की तुलसी पूजनीय होती है पर उसका मूल्य कितने लोग समझते हैं। एक प्रतिष्ठान की नौकरी, एक स्कूल की मास्टरी से लेकर ट्यूशनगिरी, एक बड़ा पत्रकार बनने की चाहत, विज्ञापन एजेन्सी चलाने का जज़्बा, एक दैनिक का सम्पादक बनने का सफर भी कितना त्रासद और अपमान, यातना की यात्रा बन गया इस कवि के लिए! पर इसकी जिजीविषा कभी मिटी नहीं। अभाव, पीड़ा, दुख, फाकामस्ती, फटेहाल जीने का दर्द भी उसे प्रेरित करता रहा। आपका 'अभय', मेरा सुशील, सबका दाहिमा जी कितना कुछ विषपायी की तरह उदरस्थ करता रहा है, उसे समझ लेना जीवन में नया मानस रच लेना होगा। उसका जीवन वाल्मीकि सन्त तुलसीदास और धूमिल जी की तरह रहा है, जिसने अपनी कलम कभी स्थगित नहीं होने दी। जाने कितनी धरोहरों, स्मृतियों और प्रेरणाओं को दीमक चाट गये । पर संघर्षों में जीवन अपनी पांडुलिपियाँ लिखता चला आ रहा है।

इसमें विस्तार से नहीं जाना चाहूँगा पर एक विशाल साथी-संगी, मित्र-परिचितों वाले, थैलीशाहों के बीच उठने-बैठने वाले को अपनी एकलौती बिटिया के विवाह के दिन भी उदास-अविचलित रूआँसा देखना किसे अच्छा लगेगा? अजीब है दौर मुट्ठियां बांधे रख जैसी पंक्ति से मुझे हौसला देने वाला, पीठ पीछे आलोचना सहता रहता है। हमारा सारा कुछ आभारी रहने में ही चला गया। हम भार ढोते रह गये, कारवाँ गुजर गया, गुबार देखते रहे। शब्द-दर-शब्द, अक्षर-दर-अक्षर उसके संघर्ष की यादें मुझे रुलाती रही हैं। शायद बच्चनजी के शब्द सटीक हैं कि क्या भूलूँ-क्या याद करूँ !!!?

~ स्व.आदित्य कुशवाहा
पानपोस बस्ती, राउरकेला (ओडिशा)

(ओडिशा में हिंदी पत्रकारिता के जन्मदाता स्व.आदित्य कुशवाहा द्वारा वर्ष 2009 में 'काई के फूल' के लिए लिखित/प्रकाशित– सं.)

2

आत्मीयता, वाक्पटुता, स्पष्टवादिता की प्रतिमूर्ति : डॉ.सुशील दाहिमा अभय

जीवन-यात्रा में कई बार अचानक कुछ ऐसे व्यक्ति मिल जाते हैं, जिनसे प्रथम मुलाकात में ही न केवल आत्मीय संबंध बन जाता है, बल्कि वे हमारे सहयात्री भी हो जाते हैं। ऐसे ही एक व्यक्ति हैं डॉ. सुशील दाहिमा 'अभय', जिनसे राउरकेला (ओडिशा) में आयोजित एक कवि-सम्मेलन के मंच पर मेरी संयोगवश प्रथम मुलाकात हुई थी। इनकी आत्मीयता, वाक्पटुता और स्पष्टवादिता ने मुझे बहुत गहरे तक प्रभावित किया तथा यह हमेशा के लिए बन गये मेरे 'भाई साहब'।

वर्ष 2005 या 2006 की घटना है। वरिष्ठ साहित्यकार डॉ. मधुसूदन साहा के माध्यम से मुझे हरियाणा संघ, राउरकेला (ओडिशा) द्वारा हरियाणा सीनियर सेकेंडरी स्कूल के रजत जयंती-समारोह में विशिष्ट अतिथि के रूप में आमंत्रित किया गया था। उसी दिन, रात्रि में मेरे सम्मान में एक बहुभाषी राष्ट्रीय कवि-सम्मेलन भी रखा गया था। डॉ. साहा कवि-सम्मेलन का संचालन कर रहे थे और मैं तथा दैनिक 'उत्कल मेल' के संपादक और कवि सुशील दाहिमा 'अभय' उनके दाईं ओर बैठे थे। हम दोनों बीच-बीच में बतियाते रहे तथा सुशील दाहिमा के 'अभय' रूप का परिचय भी मुझे मिलता रहा। लेकिन इस कवि-सम्मेलन में एक अप्रत्याशित घटना घट गई। राउरकेला के ही एक तथाकथित 'दोहा-सम्राट्' ने मेरे सर्वाधिक चर्चित बीस दोहे अपने नाम से पढ़कर खूब वाहवाही लूटी। मैं बहुत हैरान और परेशान होकर भी सब देखता-सुनता रहा, क्योंकि मेजबान की प्रतिष्ठा के कारण मैं इस संबंध में न कुछ बोल सका और न ही इस संदर्भ में मैंने कोई आपत्ति दर्ज करवाई। कवि-सम्मेलन समाप्त होने के बाद, मंच से उतरते समय उसी महापुरुष ने मुझसे कहा कि मुझे यह जानकर बड़ी प्रसन्नता हुई कि आप भी मुझ जैसे ही दोहे लिखते हैं। मुझे क्रोध तो बहुत

आया, लेकिन मैं तब भी चुप रहा। अगले दिन हिसार लौटने पर, विद्यालय द्वारा प्रकाशित रजत जयंती-स्मारिका को जब खोलकर देखा, तो मैं हतप्रभ रह गया। स्मारिका के बीच के दो पृष्ठों पर, बायें पृष्ठ पर मेरे बीस दोहे उसी महानुभाव के नाम से और दायें पृष्ठ पर मेरे बीस दोहे मेरे नाम से छपे थे। अब बात असहनीय हो गई थी। अतः मैंने तुरंत फोन द्वारा विद्यालय प्रबंधक समिति के अध्यक्ष को सारी जानकारी दी और डॉ. दाहिमा को भी सूचित किया। मेरी बात सुनते ही दाहिमा जी में परशुराम जी की आत्मा प्रवेश कर गयी। बोले, "सारी जानकारी मुझे लिखकर भेजें। मैं उसे 'उत्कल मेल' के प्रथम पृष्ठ पर प्रकाशित करता हूं और निकालता हूं इस चोर की सारी कविताई। आपके दोहे पढ़-पढ़कर बड़ा दोहा-सम्राट् बना फिरता है, पर है पक्का चोर।" लेकिन मैं दाहिमा जी को समाचार लिखकर भेजता, उससे पूर्व ही सचिव महोदय का फोन आ गया। उन्होंने पूरी घटना के लिए मुझसे क्षमा-याचना की और स्मारिका से चोर कवि का नाम हटाने का आश्वासन दिया। साथ ही, उस चोर कवि से भी क्षमा-याचना करवाई और भविष्य में फिर कभी ऐसा दुष्कर्म न करने का वचन लिया। उनके अनुरोध पर मैंने भी इस अप्रिय प्रकरण को वहीं समाप्त कर दिया। कुछ दिनों बाद मुझे डाक से स्मारिका की दूसरी प्रति भी मिल गई, जिसमें उस चोर कवि का नाम हटा दिया गया था। (स्मारिका की दोनों प्रतियां मेरे पास आज भी सुरक्षित हैं।) लेकिन मेरे निर्णय से दाहिमा जी संतुष्ट नहीं थे। अतः चोर को बिना उचित दंड दिये छोड़ देने पर उन्होंने मुझसे अपनी नाराजगी भी जताई।

इस घटना के बाद हम दोनों एक-दूसरे के बहुत निकट आ गये। लगभग डेढ़ दशक के समय ने हमारे संबंधों को बड़ी गहराई और नये आयाम प्रदान किये। दाहिमा जी की संस्तुति पर मुझे न केवल प्रतिष्ठित 'उत्कल मेल सम्मान' प्राप्त हुआ, बल्कि 'उत्कल मेल' समाचार-समूह के स्वामी पीतवास मिश्र जी से भी मेरा घनिष्ठ संबंध बन गया, जिसके कारण 'उत्कल मेल' सम्मान चयन-समिति का राष्ट्रीय अध्यक्ष बनने का सौभाग्य मुझे मिला। समिति के अध्यक्ष के नाते मैं कई वर्षों तक 'उत्कल मेल' सम्मान-समारोह में पहले राउरकेला और फिर दिल्ली जाता रहा। इसी कारण राउरकेला मेरे लिए गृह-नगर जैसा बन गया और हमारे संबंधों की पुस्तिका में नई-नई उपलब्धियां दर्ज होती गईं। मैंने डॉ. दाहिमा को प्रेरित कर इनके दो काव्य-संग्रह अपने प्रकाशक से प्रकाशित करवाये तथा दोनों काव्य-संग्रहों पर अपने निर्देशन में एमफिल् हेतु शोधकार्य करवाया। मैंने अपने ट्रस्ट द्वारा इन्हें दो बार सम्मानित भी किया, पहली बार हिसार में और दूसरी बार नारनौल में। मेरी संस्तुति पर कई अन्य संस्थाओं ने भी इन्हें विशिष्ट सम्मान और मानद उपाधियां प्रदान कीं। हमारे इन्हीं संबंधों के चलते मुझे इनकी काव्यकृति के विमोचन-समारोह में मुख्य अतिथि के रूप में सहभागिता करने तथा इनकी तीन कृतियों के साथ डॉ. मधुसूदन साहा, डॉ. पीतवास मिश्र, डॉ. मंजू महापात्रा आदि की पुस्तकों की भूमिका लिखने का सुअवसर भी प्राप्त हुआ। इसी क्रम में दाहिमा जी के प्रयास से मेरी प्रतिनिधि कविताओं का संग्रह उड़िया भाषा में अनूदित होकर 'शब्द रो शर-शज्या' नाम से प्रकाशित हुआ। मुझे यह कहते हुए कोई संकोच नहीं है कि

दाहिमा जी जैसे कृतज्ञता-भाव रखने वाले व्यक्ति बहुत कम होते हैं। मैंने इनके लिए थोड़ा-बहुत जो कुछ किया है, उसे यह कई गुणा करके मानते हैं। अक्सर कहते हैं-"दो ही व्यक्ति हैं, जिनका मेरे जीवन में बड़ा महत्त्व है और वे हैं डॉ. मंजू महापात्रा तथा डॉ. रामनिवास 'मानव'। इन्होंने मेरे लिए जो किया है, उसे मैं कभी भुला नहीं सकता।" मैं इसे दाहिमा जी की सदाशयता ही मानता हूं।

प्रारंभिक घटना-क्रम तथा वैयक्तिक संबंधों के उल्लेख के उपरांत डॉ. दाहिमा के व्यक्तित्व और कृतित्व के कुछ अन्य विशिष्ट पहलुओं की चर्चा भी नितांत आवश्यक है। बहुमुखी प्रतिभा के धनी डॉ. दाहिमा ने अपनी धारदार लेखनी द्वारा ओडिशा के हिंदी-साहित्य और पत्रकारिता, दोनों क्षेत्रों में महत्त्वपूर्ण भूमिका निभाई है।

'क्षणिका' डॉ. दाहिमा की प्रथम प्रकाशित साहित्यिक कृति थी, जिसमें उड़िया-लघुकथाओं का हिंदी अनुवाद इन्होंने प्रस्तुत किया था। तत्पश्चात् इन्होंने 'काई के फूल', 'टुकड़ों में बंटा मन', 'अंजुरी का अंगार' तथा 'श्री हनुमंत स्पर्शिका' जैसी अनेक मौलिक काव्य-कृतियों द्वारा ओडिशा के हिंदी-साहित्य में एक नवीन अध्याय जोड़ा। इनकी अधिकतर कविताएं सागर-मंथन से निकलने वाले मोतियों से कम मूल्यवान नहीं हैं। लगभग पांच दशकों के इतिहास को अपने भीतर समेटे इनकी काव्य-कृतियों में अपने समय की सच्ची साक्षी विद्यमान है। अपने युग और परिवेश की प्रामाणिकता को रेखांकित करती इनकी कविताओं में चित्रित टुकड़ा-टुकड़ा सत्य को जोड़कर देखने पर एक पूरा युग-सत्य जीवंत हो उठता है। व्यष्टि से समष्टि की ओर अग्रसर कवि-चेतना समग्रता में जीवन-यथार्थ को एक नया आयाम प्रदान करती है, जो चिरपरिचित होते हुए भी व्यापक और विशिष्ट है। डॉ. दाहिमा का अनुवादक-रूप भी कम उल्लेखनीय नहीं है।इन्होंने अनेक उड़िया साहित्यकारों की विविध रचनाओं तथा कृतियों का हिंदी में अनुवाद कर उड़िया-हिंदी के बीच सेतुबंध का कार्य भी बखूबी किया है। इनके 'ओडिशा का हिंदी-साहित्य : उद्भव और विकास' तथा 'ओडिशा की हिंदी-पत्रकारिता : उद्भव और विकास' शीर्षक दो शोधपरक ग्रंथ प्रकाशनाधीन हैं। प्रकाशनोपरांत ये दोनों ग्रंथ हिंदी-साहित्य की महत्त्वपूर्ण उपलब्धियां सिद्ध होंगे, ऐसा मुझे विश्वास है।

डॉ. दाहिमा की सृजनात्मक प्रतिभा का दूसरा पहलू है इनकी पत्रकारिता, जिसका महत्त्व इनके साहित्य से कतई कम नहीं है। सन् 1971 में आदित्य कुशवाहा और विजय पटेल के साथ ओडिशा में हिंदी-पत्रकारिता का विधिवत् श्रीगणेश करने वाले डॉ. दाहिमा ने रायपुर से प्रकाशित 'बढ़ते चलें' तथा राउरकेला से प्रकाशित 'उत्कल संदेश' (दोनों साप्ताहिक), राउरकेला से प्रकाशित 'उत्कल टाइम्स' (पाक्षिक) तथा 'राउरकेला एक्सप्रेस' (दैनिक) जैसे समाचार-पत्रों के संपादक के रूप में इन्होंने पत्रकारिता को प्रतिष्ठित किया। 'युगधर्म' तथा 'नवभारत' जैसे प्रमुख दैनिकों से जुड़कर भी उत्कल प्रदेश की हिंदी-पत्रकारिता को नई ऊंचाई और विशिष्ट पहचान दी।

विगत लगभग दो दशकों से आप दैनिक 'उत्कल मेल' में कार्यकारी संपादक का दायित्व संभाल रहे हैं। दाहिमा जी, अपने उपनाम के अनुरूप, स्पष्टवादी तथा निर्भीक व्यक्ति हैं, स्वाभिमान इनमें कूट-कूट कर भरा है, इनके सामाजिक सरोकार भी बड़े गहरे हैं। पत्रकारिता को इन्होंने एक मिशन तथा व्यवस्था-परिवर्तन का माध्यम माना है। डॉ. दाहिमा के लिए पत्रकारिता सिद्धांतों का सौदा, ब्लैकमेलिंग का साधन तथा स्वार्थ-सिद्धि की सीढ़ी कभी नहीं रही। निश्चय ही, दाहिमा जी निष्पक्ष और रचनात्मक पत्रकारिता के प्रबल पक्षधर तथा कलम के सच्चे सिपाही हैं। समय-समय पर विभिन्न समाचार-पत्रों में इनके द्वारा लिखे गये लेख तथा अग्रलेख इनकी पत्रकारिता की प्रामाणिकता की गवाही देते हैं। इनके चयनित लेखों और अग्रलेखों का संकलन 'चिराग जलाओ, अंधेरा है' शीर्षक से प्रकाशित हो चुका है। इससे इनकी संपादकीय दृष्टि, सामयिक चिंतन तथा सामाजिक सरोकारों का पता चलता है।

निष्कर्ष यह कि डॉ. सुशील दाहिमा 'अभय' ने व्यक्ति और सर्जक, दोनों रूपों में अपनी श्रेष्ठता को सिद्ध किया है। अभिनंदन-ग्रंथ के प्रकाशन पर इन्हें बधाई देते हुए, अपने दोहों के माध्यम से इनके विषय में मैं इतना ही कहना चाहूंगा-

काव्य-कला में सिद्ध हैं, मन में जग की पीर।
विपदा में भी तुम जिये, बनकर संत कबीर।।

०००

हिंदी-उड़िया के बड़े, पत्रकार निर्भीक।
सत्य और सिद्धांत की, सदा चले हैं लीक।।

०००

जीया सदा अभाव को, रहे मगर आजाद।
तभी आज के दौर में, लगते हैं अपवाद।।

~ डॉ. रामनिवास 'मानव'
नारनौल (हरियाणा) / पचेरी बड़ी (राजस्थान)
मोबाइल : 8053545632

3

अग्निम अनुभूतियों का चितेरा कवि 'अभय'

जीवानुभूतियों की कलात्मक अभिव्यक्ति को कविता कहते हैं। वस्तुतः काव्यानुभूति भावुक मन की वह साधनापीठ है जहाँ से सिद्धि की मंदाकिनी प्रवाहित होती है। सांस्कृतिक चेतना को मुखरित करने वाली कविता सामान्य जन-मानस को संवेदनशीलता की वह भूमि प्रदान करती है जहाँ मनुष्य सद्भाव, सौहार्द्र एवं सहनशीलता की त्रिवेणी में स्वयं अवगाहन करने लगता है। सार्वभौमिकता उसकी कर्म-भूमि बन जाती है और लोकमंगल की कामना सर्वोत्तम आनुभूतिक अभीष्ट।

यह सर्वविदित है कि सांप्रदायिकता कट्टरता को जन्म देती है और आदमी को आदमी का दुश्मन बना देती है। आज की राजनीति समसामयिक सोच के हर क्षेत्र में दुर्नीतियों का यही खेल खेल रही है। साम्प्रतिक कविता मनुष्य को दुर्नीतियों से उबारने के प्रयास में अपनी कार्यशीलता और प्रतिबद्धता का परिचय देती हुई प्रतीत होती है। डॉ० सुशील दाहिमा 'अभय' की काव्यकृति 'अंजुरी का अंगारा' इसी सोद्देश्यता की भावभूमि पर खड़ी एक समर्थ रचनात्मक प्रतीति है, जिसमें साम्प्रदायिक भावबोध की विविध आयामी अभिव्यक्ति दृष्टिगत होती है। प्रस्तुत संग्रह में काव्यविधा के कई रूप एक साथ देखे जा सकते हैं। मुक्तक, कतात, गीत, कविता, ग़ज़ल, नई कविता आदि काव्य विधा के सारे रूप और अभिव्यक्ति के समस्त स्वरूप से रूबरू होने के बाद मुझे यही अनुभव हुआ कि कवि का हृदय देश की वर्तमान दशा को देखकर पूरी तरह विक्षुब्ध हो उठा है। उनकी आँखों के आगे राजनीति नंगा नाच दिखा रही है। कालाबाजारी चरमसीमा पर है, महँगाई जेबकतरे की भूमिका में है और मनुष्य बहशीपन की सारी सीमाएं लांघ कर वहाँ पहुँच गया है जहाँ जानवर भी जाने में शर्माते हैं। अधंगी कमसीनों का अपहरण, चार-पाँच साल की बच्चियों का बलात्कार, मुफलिसी में जी रहे लोगों के पसीने की कमाई के साथ धोखाधड़ी, शहीदों के ताबूत की खरीदारी में घोटाला, कालाधन के लिए तमाम काले कारनामे करने वाले नेताओं के भ्रष्ट आचरण को देखकर कवि का रोम-रोम अग्निम आक्रोश से भर जाता है और वह गांधी की

प्रतिमा के आगे अपनी अंजुरी में दीपक लिए जब पहुँचता है तो देखता है कि दीपक अंगारा बन गया है। व्यभिचारियों के प्रति आक्रोश की यह प्रतीकात्मक अभिव्यक्ति कवि की अपनी विशिष्टता है। आज का प्रत्येक संवेदनशील व्यक्ति देश और समाज के मूल्यों की गिरावट को देखकर इस कदर बौखला गया है कि सत्य और अहिंसा की प्रतिमूर्ति के आगे अपनी अंजुरी में अंगारा लिए यह कहने के लिए विवश हो गया है कि- "मेरी अंजुरी में दीपक तो नहीं जलता अंगारा रखा है जिसे चौराहे के गांधी के सम्मुख रखने बढ़ा था, किन्तु गोली मार कर तोड़ दी गई है मेरी टांगें। आज दिवाली है और मैं अपने ही खून से लथपथ हूँ मेरी अंजुरी का अंगारा अब भी सुलग रहा है और गांधी अब भी है खामोश!"

जिस गणतंत्र को महात्मा गांधी ने सत्य, अहिंसा और सत्याग्रह के बल पर गढ़ा था, वहाँ अब चप्पे-चप्पे में असत्य, हिंसा, अन्याय, व्यभिचार, अराजकता, बलात्कार आदि का नग्न प्रदर्शन हो रहा है तो देश के प्रति श्रद्धा और सहानुभूति रखने वाला संवेदनशील कवि अपनी वाणी को कैसे विराम दे? राष्ट्र के पहरेदारों की बदमिजाजी देखकर कवि मन में बौखलाहट भर जाती है, संसद से लेकर सड़क तक भ्रष्टाचार फैलाने वाले नेताओं के काले कारनामों को देखकर उसका राष्ट्रवादी हृदय दर्द से कराह उठता है। क्योंकि प्रत्येक सार्वभौमिक संचेतना से सम्पन्न संवेदनशील व्यक्ति के हृदय में राष्ट्र की अवधारणा 'श्री वैराष्ट्रम' की होती है अर्थात् उनकी दृष्टि में समृद्धियुक्त ओजस्वीजन समुदाय ही राष्ट्र है। अतः जब-जब जन समुदाय को राजनैतिक दुष्कर्म के कारण अपमानित एवं प्रताड़ित होना पड़ता है रचनाधर्मी कवि-मानस में हस्तक्षेप की जिज्ञासा स्वयं उभरने लगती है। 'परोपकाराय पुण्याय, पापाय परपीड़नम्' के सांस्कृतिक बोध से भरे हृदय में सृजन के लिए भाव-तरंगे स्वयं आंदोलित होने लगती हैं, सांस्कृतिक चेतना का स्वर अपने आप झंकृत होने लगता है और राष्ट्रीयता के मंत्र कण-कण में अनुगुंजित होने लगते हैं। राष्ट्र प्रेम अन्ततः मानव प्रेम ही है। जब कभी देश की जनता के प्रति सत्ता क्रूर होती है, संतरी अत्याचारी हो जाते हैं और न्यायपालिका राजनीतिज्ञों के चंगुल में फंसकर बाहुबलियों का साथ देने लगती है तो अंजुरी पर भावों के अंगारे स्वयं उभर आते हैं और अभिव्यक्ति का अंदाज खुद-ब-खुद अग्निम हो उठता है-

"सत्ता की वर्दी तले कराहती है इंसानियत, चौक के गुंडों का अब खिलौना है आदमी।

पहचान कर अब 'अभय' पहचान होती है नहीं संबंधों के बाज़ार में बिकौना है आदमी।"

स्वार्थ सिद्धि के लिए चंद सिक्कों पर बिकने वाले आदमी की पहचान, समसामयिक सामाजिक एवं पारिवारिक परिप्रेक्ष्य में मानवीय मूल्यों के ह्रास की पहचान और महत्वाकांक्षा की पूर्ति के लिए ईमान तथा इंसानियत को ताख पर रखकर तलवे चाटने वाले चापलूसों की पहचान डॉ. 'अभय' के कवि मन की रचनाधर्मिता का अभीष्ट रहा है। 'काई के फूल' से लेकर 'अंजुरी का अंगारा' तक की उनकी काव्य यात्रा आदमी की इसी पहचान की यात्रा है। उन्होंने अपनी प्रथम काव्यकृति 'काई के फूल' में जिस युग सत्य की पहचान की थी उसकी ऊर्द्धगामी परिणति- है यह कृति 'अंजुरी का अंगारा'। वस्तु सत्य यह है कि अंजरी पर रखा यह अंगारा अब भी सुलग रहा है और आज के माहौल में मूल्यहीनता की हवाएं

जिस कदर तेज़ हो गई हैं कि अंगारों का सुलगना बिल्कुल स्वाभाविक लगता है। अराजकता, अन्याय, अनीति, अत्याचार आदि पाशविक प्रवृत्तियों को दिन प्रति दिन बढ़ते हुए देखकर अंगारा और अधिक दहकने लगता है-

"संघर्षों में घिरे हुए लोग अब डरे-डरे हैं, छाती पर ढेरों घाव, कई दाग गहरे हैं बढ़ रही है देश में अंधता राजनीति की सपनों की सुरंगों पर नागों के पहरे हैं।"

वैसे तो डॉ. सुशील दाहिमा 'अभय' प्रकृति और प्रेम के प्राणवंत कवि हैं किन्तु 'अंजुरी का अंगारा उनकी राष्ट्रीय कविताओं का संग्रह है जिसमें राष्ट्र चेतना के विविध आयामी चिंतन एवं देश की विभिन्न विकृतियों की चिंताएं हैं। कवि का अन्तर्मन राष्ट्रव्यापी विद्रुपताओं को देखकर विक्षुब्ध है, राजनीतिक निस्संगता, न्यायपालिका की पतनशीलता, जमाने का विषैलापन, मूल्यों का विघटन, घोटाले और हवाले का घिनौनापन, गरीबी और बेरोज़गारी तथा हवस और हादसों के ताण्डव से दुखी सृजनशीलता चाहती है कि आदमी और आदमी के बीच प्रेमभाव बढ़े, प्यार और मुहब्बत की पवित्र धारा प्रवाहित हो तथा 'ईद' और 'दिवाली घर-घर में समान रूप से मनायी जाए।

क्योंकि-

"उगती नागफणियाँ जहाँ फुलवारी नहीं होती, मतलब से तो 'अभय सच्ची यारी नहीं होती मत करो हिन्दवी मुसलमाँ को और शर्मसार, बेसबब फतवों से गंगा खारी नहीं होती।"
सच्चा मुसलमाँ मातृ विरोधी हो नहीं सकता,
सच्चा मुसलमाँ राष्ट्र विरोधी हो नहीं सकता!
लाख सर पटके जेहाद के नाम दहशतगर्द,
हिन्दवी मुसलमाँ राम विरोधी हो नहीं सकता!"

डॉ. 'अभय हिन्दी, हिन्दू, हिन्दू धर्म, राम, रामसेतु, राष्ट्रप्रेम, संस्कार और संस्कृति के प्रबल समर्थक हैं। उनका सम्पूर्ण मानव समाज से एकांत आग्रह है कि हमें यदि हिन्दुत्व को बचाना है, हिन्दू संस्कृति की रक्षा करनी है, आर्यावर्त को सही अर्थ में समझना है तो हमें निर्भीक होकर अपनी संस्कृति की रक्षा के लिए विवेकानन्द का संकल्प दुहराना ही होगा कि - "हम एक ऐसे धर्म से हैं जिसने दुनिया को सहनशीलता और सार्वभौमिक स्वीकृति का पाठ पढ़ाया है।" ऐसी संस्कृति को उसका उचितमान दिलाना ही कवि कर्म का सच्चा दायित्वबोध होना चाहिए, इसीलिए तो 'अंजुरी का अंगारा स्पष्ट शब्दों में उद्घोषित करता है-

"हिन्दू संस्कृति का मान रहना जरूरी है।
अब अधिकारों का मान रहना जरूरी है।
गंदगी नेताओं की तभी बंद होगी,
सर्वोपरि राष्ट्र सम्मान रहना जरूरी है!"

'अंजुरी का अंगारा का कवि भारतीय अस्मिता, धार्मिक निष्ठा, हिन्दू संस्कृति और आत्मवत् सर्वभूतेषु का निष्ठावान सर्जक है। हिन्दू संस्कृति अर्थात् भारतीय संस्कृति परम

एकत्व और परम् चैतन्य की ओर ले जाने वाली मनीषा है। जो लोग संस्कृति को संकीर्णता से जोड़ते हैं वे इसके निहितार्थ को ही नहीं समझते। वस्तुतः संस्कृति, संस्कार को जन्म देती है, आदमी को आदमी बनाती है और मनुष्य को निष्ठा और समन्वय का पाठ पढ़ाती है। यह हमारी अन्तर्दशा को नियंत्रित करती है जबकि संस्कार हमारी वाह्य प्रक्रियाओं के प्रकटीकृत स्वरूप को दर्शाता है। जिस कर्म से मनुष्य संस्कारवान बनता है, वही हमारी सांस्कृतिक चेतना है। आज का मनुष्य सांस्कृतिक चेतना से च्युत होकर अपसंस्कृति के नागपाश में इस कदर आबद्ध हो गया है कि उसके सारे मूल्यबोध न जाने कहाँ गुम हो गये हैं और वह दिन-ब-दिन पतन के गर्त में धँसता चला जा रहा है। स्थिति इतनी बदतर हो गई है कि राम पर रावण के गुर्राने के दृश्य रोज़ दिखलाई पड़ने लगे हैं-

"धर्म, संस्कृति पर खतरा मँडरा रहा है !
साम्प्रदायिकता से हर दल डरा रहा है!!
याद करो 'बापू' को उनका वह 'हे राम',
रामसेतु, राम पर क्यों रावण गुर्रा रहा है!!!"

यदि सूत्र वाक्य में कहा जाए तो कवि की यह कृति न केवल राम पर रावण के गुर्राने की पड़ताल करती है, बल्कि उस क्रियाकलाप की भर्त्सना भी करती है जो सामाजिक सौहार्द्र में सुराख करता है और भारत की सांस्कृतिक अस्मिता को मिटाने में योगदान देता है।

कभी-कभी कथ्य की प्रबलता में कलात्मक कुशलता पीछे छूट जाती है और अभिव्यक्ति अभिधात्मक हो जाती है। कलात्मकता के पक्षधर को यह भले ही पसंद न आये किन्तु कथ्य की सोद्देश्यता और कहन की बेबाक भंगिमा पाठक को अवश्य लुभायेगी। मुझे पूरा विश्वास है कि राष्ट्रप्रेम के प्रति प्रतिबद्ध पाठकों को डॉ. सुशील दाहिमा 'अभय' की प्रस्तुत कृति उनकी अन्यकृतियों की भांति पसंद आयेगी। एतह्र्यलम्।

~ डॉ मधुसदन साहा
सौरभ सदन, डी/90, कोयलनगर, राउरकेला-769014 (ओड़िशा)
फोन–9861564729

4

शब्द-साधक, श्री सुशील दाहिमा 'अभय'

प्रभावशाली व्यक्तित्व के धनी श्री सुशील दाहिमा 'अभय' जी किसी भी सृजनशील और भावप्रवण व्यक्ति को प्रथम साक्षात्कार में ही अपनी ओर आकृष्ट कर लेते हैं, एक तो उनका आत्मीय व्यवहार और दूसरा उनकी साहित्यिक तेजस्विता से प्रभावित हुए बिना कोई संवेदनशील व्यक्ति रह नहीं सकता। हिंदी साहित्य सम्मलेन, प्रयाग के विभिन्न अधिवेशनों में देश के कोने-कोने से, विभिन्न नगरों / महानगरों से, साहित्यकारों का जमावड़ा होता था, उन्हीं आयोजनों में से मेरी उनसे पहली मुलाकात 'प्रयाग अधिवेशन' में वर्ष 2008 ई. में हुई थी। सम्मलेन के तत्कालीन प्रधानमंत्री (अब कीर्तिशेष) श्रीधर शास्त्री जी अपने कड़क मिजाज तथा कठोर अनुशासन के कारण सम्मिलित प्रतिनिधियों में प्रीतिकर आतंक पैदा कर देते थे, यों उनका व्यवहार आयोजनों से हटकर बड़ा मधुर होता था। साहित्यमंत्री होने के नाते मैं सभा का संचालन करता था। 'प्रयाग अधिवेशन' में कुछ वक्ताओं के विचारों से सहमत न होकर सभागार में खड़े होकर सुशील दाहिमा 'अभय' जी ने अपना वैचारिक विरोध प्रकट किया किंतु शास्त्री जी ने स्वभाववश, किंचित उत्तेजित होकर सदस्यों से विरोध न प्रकट करने का फरमान सुना दिया। फिर क्या था, दाहिमा जी ने दहाड़ते हुए कहा कि 'शास्त्री जी, यह प्रबुद्ध रचनाकारों का एक खुला अधिवेशन है, एक प्रधानमंत्री के रूप आप बैठे हैं, आपको बातें सुननी होंगी और उनके निदान पर विचार करना होगा। पलभर के लिए सभा सन्न हो गई और मैं भी अवाक् हो गया। शास्त्री जी का पारा उतरा, बोले, ठीक है, संक्षेप में अपने मतांतर दस मिनट में आपलोग व्यक्त करें। मैं भी धीरे-धीरे सहज हो गया। आधे घंटे बाद सभा समाप्त हुई। प्रतिनिधिगण भोजनागार की ओर बढ़ने लगे। इसी बीच दाहिमा जी ने साथ चलते हुए मुझसे कहा कि, द्विवेदी जी! आप संचालन तो बहुत अच्छा करते हैं, परंतु शास्त्री जी की छाया आपके खुलेपन को बाधित कर देती है, संचालक जब तक दबावमुक्त होकर नहीं बोलता तब तक उसकी वाणी का अपेक्षित प्रभाव नहीं पड़ता। मैंने कहा, भाई! शास्त्री जी के अनुशासनात्मक आग्रह से मुक्त होना बड़ा कठिन है, कोशिश करूँगा कि उनके

आग्रह की सीमा को यथासंभव संयमित कर सकूँ। दाहिमा जी के साथ दो-तीन साहित्यकार और थे। दो दिवसीय अधिवेशन में जब भी समय मिलता, मैं दाहिमा जी से विचार-विमर्श का लोभ रोक न पाता और वे बड़े ही स्नेहिल रूप में बड़ी सहजता के साथ गंभीर बातें भी कह देते। इस अधिवेशन में उनकी निर्भीकता, तेजस्विता और सहृदयता का मैं कायल हो गया। जिसका सकारात्मक प्रभाव मैं आज भी महसूस करता हूं।

लगभग छह महीने के बाद एक दिन फोन पर दाहिमा जी ने मुझे सूचित किया कि 'अपनी पुस्तक 'काई के फूल', आज ही रजिस्टर्ड डाक से आपको भेज दिया है, जिसका लोकार्पण 22 अगस्त 2009, को राउरकेला में संपन्न होगा, इस समारोह में आपको आना है।' इस समाचार से मैं बहुत खुश हुआ कि एक तेजस्वी साहित्यकार से फिर मुलाकात होगी। निर्धारित कार्यक्रमानुसार निश्चित समय से पूर्व मैं राउरकेला रेलवे स्टेशन पर इक्कीस अगस्त शाम को ही पहुँच गया, वहाँ दाहिमा जी अपने दो मित्रों के साथ मिले, फिर हम लोग साथ-साथ राउरकेला के होटल में पहुँचे जहाँ विश्राम की बड़ी उत्तम व्यवस्था थी, हिसार (हरियाणा) से डॉ राम निवास 'मानव' का आगमन होटल में कुछ ही देर पहले हो चुका था। शाम को स्थानीय साहित्यकारों के साथ साहित्य के विभिन्न रूपों पर विशद चर्चा हुई, इन सारी गतिविधियों के केंद्र में दाहिमा जी रहे। दूसरे दिन स्थानीय समाचारपत्रों में 'काई के फूल' के लोकार्पण समारोह का कार्यक्रम एवं आगत अतिथियों का विशद परिचय प्रकाशित हो गया था। अब तक अनेक साहित्यिक मित्रों की मुलाक़ात एवं बातचीत से सुशील दाहिमा 'अभय' जी के रचनासंसार, उनके हिंदी विषयक विचार, तेवर और साहित्य के प्रति अटूट निष्ठा का पता चल चुका था। बिना किसी लाभ-लोभ, लाग-लपेट के उनकी सारस्वत साधना के प्रमाण के रूप में, अनेक प्रकाशित कृतियों, अहिंदी भाषी प्रांत (उड़ीसा) के राउरकेला नगर से हिंदी समाचार पत्र को, एक लंबी अवधि से अनवरत-प्रकाशन में सक्रिय सहयोग आदि कार्यों का उल्लेख किया जा सकता है। शाम को जब हम लोग लोकार्पण-समारोह में शामिल होने के लिए सभागार में पहुँचे तो वह लगभग भर चुका था। अगली पंक्ति, जो विशिष्ट लोगों के लिए आरक्षित थी, वह भी दो-चार को छोड़कर भर चुकी थी। नगर के अनेक संभ्रान्त महानुभावों, साहित्यप्रेमियों के अलावा जिला प्रशासन से जुड़े महत्वपूर्ण अधिकारियों की उपस्थिति, कार्यक्रम को आभिजात्य बना रही थी। मंच पर अनेक प्रतिष्ठित साहित्यकार, (जिनमें हिंदी-उड़िया के अनुवाद विशेषज्ञ भी थे) आसनासीन थे। संचालन का दायित्व स्वयं सुशील दाहिमा 'अभय' जी संभाल रहे थे। कई वक्ताओं ने 'काई के फूल' की परिचयात्मक-समीक्षा करते हुए उसकी प्रमुख विशेषताओं पर प्रकाश डाला। वास्तव में यह कृति दाहिमा जी की काव्यात्मक प्रतिभा का प्रतीक दस्तावेज है जिसमें जीवन के विविध पक्षों पर, सरल-तरल रूप में संप्रेषणधर्मिता के साथ अंतर्मन की अनुभूतियों को प्रस्तुत किया गया है, इसमें दाहिमा जी की काल्पनिक उड़ान नितांत वायवी नहीं है वह धरती से जुड़ी हुई है इसलिए आम आदमियों के सुख-दुख, रंगरूप, श्वेत-श्याम पक्षों का मार्मिक उद्घाटन करने में कविताएं पूर्णतया समर्थ प्रतीत होती हैं ये कविताएं, पाठकों से संवाद करती हुई महसूस होती हैं। 'काई

के फूल' में राग-रंग के अनंग-विलास का नहीं वरन् सृजन का शिव संकल्प समाहित है। मैंने अपने व्याख्यान में कुछ इसी तरह के भाव व्यक्त किए थे। डॉ राम निवास 'मानव' जी ने तो 'काई के फूल' की सघन अनुभूतियों को लक्ष्य करके उसे भावात्मक स्तर पर सुख-दुख का समवेत महाकाव्य कहा था।

इस समारोह में डॉ मानव जी और मेरा दोनों का जिस गर्मजोशी तथा सद्भावभूषित उच्छल रूप में अभिनंदन किया गया था, वह मेरे लिए अविस्मरणीय है। धन्यवाद ज्ञापन के समय दाहिमा जी ने हमलोगों के सम्मान में जो कुछ कहा, वह उनकी भावोर्मियों का ऐसा प्रवाह था जिसने शब्दार्थ की सीमा का सुखद-अतिक्रमण कर दिया था। कुछ बड़े रचनाकारों में यदाकदा उनका उदात्त-बोध, दूसरों के साथ अंतरंगता में अवरोध बन जाता है इसलिए वे मुक्त हृदय से आत्मीयों से नहीं मिल पाते हैं, परंतु सुशील दाहिमा 'अभय' जी इसके अपवाद हैं अपने नाम के अनुसार ही वे सुंदर, शीलवान एवं निर्भीक हैं। वे वय, विद्या, अनुभव तथा प्रतिभा में मुझसे बहुत श्रेष्ठ हैं फिर भी जिस शालीनता एवं उदारता से अपनी शुभकामनाओं की शीतल छाया प्रदान करते हैं वह मेरे जीवन-पथ का मांगलिक संबल है। ऐसे सारस्वत साधक को सादर अभिवादन। ईश्वर से प्रार्थना है कि दाहिमा जी को शतायुष्य की प्राप्ति हो।

~ डॉ ओंकारनाथ द्विवेदी
1359, पटेल नगर, सुल्तानपुर
पिन कोड- 228001 (उ. प्र.)
मो. 9452159090

5

मेरी नज़र में...दाहिमा भाई सा'ब की कविता

अपने बचपन से आजतक, अपने जीवन-पथ पर चलता हुआ कवि कई बार शान से राजपथों पर चलता है। कई बार पगडंडियों में उलझा है। कई बार टेढ़े-मेढ़े रास्तों में रास्ता भूला है। कई बार कंटकाकीर्ण मार्गों पर लहूलुहान हुआ है। कई बार बड़े-बड़े तूफानों से टकराकर अडिग रहा है। इस बीच कवि प्रेम के सावन में भीगा है, श्रृंगार में डूबा है और कई बार शाम की तन्हाइयों में कैद होकर कसमसाया है। इस बीच कवि को भोर ने प्रेरणा दी, दोपहर ने उर्जस्वित किया और संध्या ने शीतलता दी। इसके साथ ही कवि ने अपने अति संवेदनशील मन से कई बार प्रकृति के दर्द को भी महसूस किया है।

साथ ही कवि समाज और देश का एक जागरूक नागरिक भी है। यह सब हम कवि की कविताओं में पाते हैं जिन्हें कवि ने अपने अनुभवों की स्याही से लिखा है। 'काई के फूल' कवि के सीधे-सच्चे, सशक्त भावों की सरल अभिव्यक्ति है।

अपने मार्गदर्शक को प्रथम कविता समर्पित करता हुआ कवि, अगली कविता त्वमेव शरणं मम, व त्राहिमाम जैसे शब्दों का प्रयोग अपने जन्मदाता पिता के लिये कर उन्हें देवताओं का आसन देता है। यह कवि के व्यक्ति की उज्जवलता का ही द्योतक है। तीसरी कविता में कवि अपने आराध्य से, स्वयं के संशोधन की प्रार्थना करता हुआ अपने शब्दों के सुमन हार अर्पित करता है।

जो नगरी गवाह है कवि के बीते हुए यौवन की उसे कवि भुला नहीं पाया है, विरमित्रपुर में चाहता हूँ तुम्हे, कविता कवि ने उसी नगरी के नाम की है।

प्रश्न चिन्ह कविता में कवि के बचपन का मासूम चेहरा उभर आया है। मध्यान्तर कविता में कवि प्रेम की नई परिभाषा गढ़ता हुआ दिखाई पड़ता है -

जुड़ाव का दुःख, बिछड़ने से अधिक होता है।

'इसीलिए तो मेघ, दामिनी के संग अधिक रोता है।'

पर जुड़ाव के दुःख के साथ-साथ बिछुड़ने की टीस को भी कवि ने भोगा है और फिर शायद तभी जन्म हुआ होगा इन खूबसूरत पंक्तियों का -

'कोई सड़क बंजारे की अपनी नहीं होती'

इन्ही भावों में डूबता-उतराता कवि कहीं अधरों पर अतृप्त चुंबन टाँकता और कहीं तुम्हारी याद आती है कहता विरह में विदग्ध दिखाई पड़ता है । क्या दिया तुमने, पश्चाताप की एक रात, सूखते संबंध, अकेला और अंधेरे का सुख, आदि कविताएं कवि के इन्ही भावों का प्रतिनिधित्व कर रही हैं। कवि की रिक्तता कविता अपने आप में यादों से ठसाठस भरी है।

काई के फूल कविता में कविता सचमुच आज रोई भी, पछताई भी, कहकर कवि ने पाठक की संवेदनाओं को जैसे हाथ पकड़कर अपने पास बिठा लिया है। एक काला बिन्दु कविता में उदासियों के घेरे और शून्यता भी मुखरित हुई है। निजत्व का बोध कविता में अब लिखने से अधिक जीना अच्छा लगता है, जैसे नये ताजगी भरे भाव को कवि ने पिरोया है।

काई के फूल कविता संग्रह में देश की कई ज्वलंत समस्याओं पर भी कवि कलम चलाता हुआ दिखाई देता है । ठहरो छब्बीस जनवरी में कवि ने स्वतंत्रता के बाद भी बेकारी के दर्द को बड़ी तड़पन से उकेरा है। विधायिका, कार्यपालिका और न्यायपालिका को बड़ी निर्भीकता से भ्रष्टाचार की पालिका बताते हुए कवि मीडिया के भी व्यापार में तब्दील हो जाने पर दुःखी है। भारत माता की करूण कराह कवि को मथ रही है और वह बोल उठा -

'सुन, कराहती भारत माता रो रही है,

चरणों को गंगाजल नहीं,

बेड़ियों की रगड़ से निकली रक्तधारा धो रही है।'

इसी तरह स्वप्न मंथन, हाशिये पर संस्तुति, और जनता की हार आदि देश प्रेम की कवितायें बड़ी ही सुंदर बन पड़ी है। कुंद जेहन उल्लू कविता में कवि धर्म की सच्ची परिभाषा देता हुआ नज़र आता है तो आदमी का मैं में कवि ने इंसान के अंदर छिपी विस्फोटक शक्तियों का खुलासा किया है। इतिबोध कविता में कवि ने जीवन पर अति दार्शनिक विचार दिये हैं और परम-तत्व से जुड़ जाने को ही सामर्थ्यवान होने की कुंजी माना है।

कवि जड़ता का पक्षधर नहीं है तभी तो जीवन परिवर्तन चाहता है कविता में कवि जीवन, जगत, धर्म आदि में परिवर्तन की लहर का सपना संजोता हुआ दिखाई देता है।

कवि ने सिर्फ प्रकृति का सौंदर्य ही नहीं देखा है बल्कि उसके अति संवेदनशील हृदय को पहाड़ों की चीख तक ने हिला डाला है। जिससे उसकी चेतना उद्वेलित हो उठी है। कवि की संवेदना की पराकाष्ठा को पाठक सहज ही यहाँ महसूस कर पाता है।

परदे कविता में कवि जीवन की बदसूरत नग्न सच्चाइयों का सामना करने के लिए तन कर खड़ा दिखाई देता है। कवि जोड़ने में विश्वास रखता है, तोड़ने में नहीं। तभी तो कवि ने समझौता कविता में तलाक कोई हल नहीं और पुनर्विवाह से प्यार की गारंटी सरल नहीं कहा है। कवि के भावों की उच्चता, पाठक एक हिन्दी सेवक की नियति कविता से पाता है जहाँ कि

एक रचनाकार का हृदय दूसरे रचनाकार के लिये तड़पता हुआ दिखाई पड़ता है। इसी तरह अंगारों का रक्त कविता में कवि किसी ग़रीब की तकलीफ पर रोता हुआ दिखाई देता है।

कवि खुद ज़मीन से जुड़ा व्यक्ति है क्योंकि उसकी कविताओं में मिट्टी का सौंधापन जगह-जगह पर पाठक महसूस कर पाता है। एक जगह तो मनीप्लांट की नई कोंपल और कवि की खाली जेब एक दूसरे का विरोध करते हुये नज़र आते हैं।

अपनी सहचरी को कवि ने अनेकों कविताओं में रचाया-बसाया है। उपेक्षा कविता में उनका अपने जीवनसाथी के प्रति गहन लगाव झलक रहा है।

अभी तक कवि को मैं एक पाठिका की नज़र से देख रही थी पर कवि से मेरा एक और संबंध है। और वो है, मेरे मुंह बोले बड़े भाई का। उन्होंने मेरी राखी की सदा लाज रखी है। 'अभय' उपनाम का गुण उनके प्रत्येक रक्त बिन्दु में समाया हुआ है। अस्तु, डॉ. सुशील दाहिमा अभय जी के बारे में मैं बस एक वाक्य कहना चाहूंगी कि ऐसे इंसान भगवान कभी-कभी ही बनाता है।

~ डॉ मंजू शर्मा महापात्र
राउरकेला (ओडिशा)

6

बलन्दी भी जिसका मुंह ताके वे हैं सुशील दाहिमा

बहुत बैचेनी, उत्कंठा के साथ पानपोस चौक के मामा पान दुकान पर खड़े, मैं और ओडिशा की हिंदी पत्रकारिता के प्रथम पुरोधा आदरणीय (स्व.) आदित्य कुशवाहाजी अपने अतिथि का इन्तज़ार कर रहे थे। अतिथि कोई और नहीं आदरणीय कुशवाहा जी के परम मित्र "सुशील दाहिमा" थे, जिनके राजगांगपुर से आने की सूचना हमें मिली थी! उनके बारे में बहुत कुछ सुना था, अक्सर सुनता रहा हूं! ओडिशा में हिन्दी पत्रकारिता के जनक आदित्य कुशवाहा जी के अनुसार - ''जनक तो मुझे कहा जा सकता है, परन्तु उसके भरण-पोषण, पालनहार का दायित्व सम्पूर्णरूप से दहिमाजी ने ही वहन किया है। वो न होते तो यह साप्ताहिक "बढ़ते चले "(ओडिशा का सर्वप्रथम हिंदी समाचारपत्र) का प्रकाशन संभव ही नहीं था!''

तत्कालीन प्रतिष्ठित 'धर्मयुग' पत्रिका का मैं नियमित पाठक रहा हूं। इसी 'धर्मयुग' में लब्ध प्रतिष्ठित साहित्यकार व तत्कालीन केंद्रीय साहित्य अकादमी के महासचिव, प्रभाकर माचवे के एक आलेख में "सुशील दाहिमा जी" का उल्लेख पढ़ने को मिला था, जिसमें उन्होंने दाहिमा जी की भूरीभूरी प्रशंसा की थी।ओडिया लघुकथाओं का अनुवाद कर 'क्षणिका' नामक एक पुस्तिका प्रकाशित की थी और उसी की चर्चा करते हुए माचवे जी ने अपने आलेख में सारगर्भित उल्लेख करते 'क्षणिका' के मुख पृष्ठ को भी उद्धृत किया था। उस आलेख को पढ़ने के बाद ही दाहिमा जी को देखने की लालसा लिए हम खड़े थे।

बस चौक पर आ कर रुकी। एक के बाद एक यात्री उतरते चले गये। अन्त में वे उतरे, जिनकी प्रतीक्षा हम कर रहे थे।दुबला-पतला,छरहरा बदन, गौरवर्ण, चेहरे से तेज टपकता हुआ, कुर्ता–पायजामा पहने,कांधे पर खादी का 'वींडोला' थैला लटकाए,वे हमारी ओर ही चले आ रहे थे,चौक की पंचम–होटल के पास स्थित मामा–पान दुकान की ओर... मैं एकटक उन्हे ही ताके जा रहा था।उनके व्यक्तित्व का आकर्षण कहें या चेहरे का नूर ,मुझे उनकी ओर खींच रहा था!पास आने पर कुशवाहा जी ने उनसे परिचय कराते हुए कहा था- "अभी-अभी लिखना आरम्भ किया है। साहित्य में अत्यधिक रुचि है। पत्रकारिता में भी है लेकिन उतनी नहीं। पर

हमारे साथ है।'' दाहिमा जी ने मेरे कांधे पर हाथ रखते हुए कहा था- ''बच्चा लड़खड़ायेगा, तो चलना सीख जाएगा ! ''मैं अभिभूत था !

अर्थाभाव और रजिस्ट्रेशन के अभाव में साप्ताहिक 'बढ़ते चलें' बन्द हो गया। तत्पश्चात फिर एक योजना बनी, 'उत्कल संदेश' के नाम से साप्ताहिक का प्रकाशन प्रारंभ हुआ।इसमें भी रीढ़ की हड्डी की भूमिका दाहिमा जी की ही रही।अर्थोपार्जन के साधन जुटाना, विज्ञापन लाना, पैसा वसूलने सहित संपादन का अधिकांशतः दायित्व भी दाहिमा जी पर ही था और मैं उनके पीछे पीछे, उनके यथार्थ मार्गदर्शन पर बहुत कुछ सीखते हुए, साथ दे रहा था।फिर एक समय ऐसा भी आया...अनावश्यक अनबन के कारण उपजे...और 'उत्कल संदेश' भी एक सप्ताह हठात बंद हो गया !!!

लेकिन कहते हैं न, कि पत्रकारिता का कीड़ा एकबार जिसको काट लेता है, वो मरते-मर जाये पर उसे अपने से अलग नहीं कर सकता।शुद्धरूप से हिंदी शिक्षक और साहित्यकार रहे दाहिमा जी इसके एक श्रेष्ठ उदाहरण हैं जो 1971 से 2023 में, अभी भी ओडिशा की हिंदी पत्रकारिता के शीर्ष पर विराजमान हैं। खैर...

मैं यहां इन सब का उल्लेख केवल और केवल इसलिए कर रहा हूं कि सुशील दाहिमा जी यदि साथ न होते तो ओड़िशा में हिन्दी पत्रकारिता का नामोनिशान नहीं होता। इसकी जड़ में यदि कोई साधक था तो वो सुशील दाहिमा ही थे !

एक अच्छे कवि, शायर के रूप में उनकी छवि उनको सबसे अलग करती है!कभी कविगोष्ठियों के संचालक, कभी गायक तो कभी तबलावादक तो कभी आर्केस्ट्रा के एंकर, तो कभी हिंदी नाटकों के अभिनेता और निर्देशक भी... पता नहीं किस किस भूमिका में अवतरित हो जाते दाहिमा जी, पूछिए मत ! लेकिन हाँ, हर जगह अपना लोहा मनवा लेते! सामाजिक प्रतिष्ठा में तो उन्हें अव्वल नंबर प्राप्त था। उनकी अमर पंक्तियां...

"संबंधों की परिभाषायें अब तलाश कर क्या होगा !?

नीड़ बना तो सज लेने दो 'अभय' उजाड़ कर क्या होगा !!?"

..स्वयं मैंने हजारों जगह उद्धृत किया है। उनकी कविता, उनके गीत किसी के कानों में पड़े तो वह वहीं खड़ा रह जाये !उनकी आवाज़ बहुत ही सुमधुर थी परंतु शायद 80/90 के दशक में किसी ने उन्हे पान के शौकीन दाहिमा जी को पान में धोखे से 'कुछ' ऐसा खिला दिया था कि उनकी आवाज़ पूरी तरह बंद हो गई थी।दाहिमा जी के पिताश्री चूंकि एक अतिविशिष्ट आयुर्वेद साधक और शोधक थे, उन्होंने अपनी चिकित्सा से आवाज तो दे दी परंतु वो सुमधुर मिठास...!!!

ओडिशा में हिंदी पत्रकारिता को नया आयाम देकर, एक नई ऊंचाई तक पंहुचानेवाला व्यक्ति जो छत्तीसगढ़ के रायपुर से प्रकाशित दैनिक 'युगधर्म', दैनिक 'नवभारत' को ओडिशा में लाकर स्थापित करने का कार्य किया, वहीं नये-नये युवाओं को प्रोत्साहित कर पत्रकारिता में लाने का भी किया।

ओडिशा के प्रथम पूर्णांग हिंदी दैनिक 'राउरकेला एक्सप्रेस' के भी आप ही कार्यकारी संपादक रहे हालांकि यह दैनिक कालांतर में विभिन्न कारणों से बंद होगया।संप्रति लगभग तीन दशक से वे राउरकेला से प्रकाशित रंगीन हिंदी दैनिक 'उत्कल मेल' के संयुक्त संपादक पद पर आसीन हैं।

मंचों पर गीत, ग़ज़ल, नज़्म,मुक्तकों से जहां आपने अपनी एक अलग पहचान छोड़ी है तो वहीं देश के सुप्रसिद्ध कवि "बाबा निर्भय हाथरसी" के एकमात्र वैध शिष्य के रूप में उनके नाम को भी रोशन किया है।

हर किसी मजलूम,मुफ़लिस के साथ खड़ा रहकर उसे यथायोग्य सहायता देने और दिलाने का आदर्श कार्य कर,समाज में अपनी एक विशेष जगह बनाची, जिसके कारण आज ली लोग उन्हें 'बाबा'कहकर सम्मान से पुकारते हैं।

लेकिन कहते हैं न कि हर रोशनी के पीछे एक अंधेरा होता है!इस सफल व्यक्ति के भाग्य में सब कुछ रहा, मिला अगर न मिल पाया तो एक चिरस्थिर जीवन....पूरी ज़िंदगी संघर्ष भरी...आर्थिक अभाव सहित बहुत कुछ टूटता बिखरता जुड़ता सा!!! यहां मैं यह भी उल्लेख करना चाहूंगा कि ईश्वरवजाब कुछ कमी करता है, तो उसे पूरा करने के लिए भी कुछ कदम उठाता है। यहां पर अगर मैं जिन्हे 'भाभी मां' कहता हूं, न होती तो...दाहिमा जी कब के टूट कर बिखर गए होते !!! उनके टूटने और बिखराव के कगार पर पहुंचने की आवाज़ मुझे हमेशा सुनाई पड़ती रही है और हर स्थित परिस्थिति में भाभी मां को मैंने उनके साथ खड़ा पाया है। एक धर्मपत्नी के नाते यह उनका कर्तव्य है, ये आप कह सकते हैं परन्तु कर्तव्य से बढ़कर मार्गदर्शक, धैर्य बंधाने,संघर्ष के लिए साहस,संकल्प,आशा,विश्वास देनेवाला साथी यदि मिल जाए तो जीवन की डगर तय करना सरल हो जाता है।यह ध्रुव सत्य है कि भाभी मां ही दाहिमा जी की जीवन संजीवनी रही हैं, आज भी हैं।

2009 में दाहिमा जी को अपने गृह मंदिर में अपने आराध्य हनुमान जी की पूजा करते समय अचानक 'मेजर हार्ट अटैक' हुआ था।दाहिमा जी का दृढ़ विश्वास है कि हनुमान जी की अनुकंपा से वे इस भयंकर घातक हमले से बच गए।बाद में नागपुर में उनका 18 घंटे सघन बायपास ऑपरेशन हुआ,हार्ट के ऊपर दो और नीचे दो नसें लगीं।इस बारे में दाहिमा जी ने बताया कि इतनी बड़ी धनराशि का खर्च...उनके अभिन्न मित्र राजेश्वर मिश्रा,बालसखा स्व.सोहन जोशी,अनुज स्व.कमलेश,भतीजा स्व. वेद और उनके कतिपय छात्रों ने उठाया था।वरना तो यह कार्य संभव ही नहीं होता।

जिस प्रकार सत्यवान को सावित्री ने काल से बचाया था,भाभी मां ने भी अस्पताल में एक ही जगह बैठ कर,बिना जल अन्न ग्रहण किए, पूर्णतः मौन रह हनुमान जी से दाहिमा जी के लिए प्रार्थना कर ,जबतक उन्होंने दाहिमा जी को वापस केबिन के शीशे से होशोहवास में नहीं देख लिया,वे अनवरत राम नाम का जाप करती रहीं थीं।दाहिमा जी मानते हैं कि "उन्हें पुनर्जीवन की प्राप्ति का माध्यम उनकी सुपत्नी है और कारण,अनुकंपा के रूप में हनुमान जी हैं!"

अंत में, एक सरल, सादगी भरा जीवन जीनेवाले गुरुदेव सुशील दाहिमा अभय जी के बारे में में बस इतना कहना चाहता हूं...

"तलाशो जुस्तजू को आजतक
हासिल नहीं समझा !
किसी मंज़िल को भी मैंने
कभी मंज़िल नहीं समझा !!
है कद्दावर कोई हमसे, तो
होगा, मानते हैं हम,
किसी इन्सान को ख़ुद से बड़ा जाहिल नहीं समझा !
हमारी कामयाबी का यही
इक राज़ है प्यारे ,
उसे आसान कर डाला
जिसे मुश्किल नहीं समझा!"

सादर चरणस्पर्श सहित...

~ डॉ.कृष्ण कुमार प्रजापति
प्रजापति भवन, राउरकेला,ओडिशा
मोब.+919437044680

7

पत्रकारिता और साहित्य के पुरोधा : डॉ सुशील दाहिमा अभय

भारतीय वांगमय और पाश्चात्य चिंतकों/विचारकों की दृष्टि में मानव प्राणी श्रेष्ठ बताया गया है। बुद्धि और बल के क्षेत्र में उसकी तुलना न तो अन्य किसी से की जा सकती है और न ज्ञान तथा कार्तभूमि पर। इसी परिप्रेक्ष्य में भारत वर्ष की साहित्य सम्पदा अत्यन्त विशाल और ज्ञानातीत है। इसकी गुधावी साधना के अनेक चमत्कारी रूपों का वर्णन हमें जहाँ, यहाँ देखने, सुनने और पढ़ने को सदा मिलता रहा है। ज्ञान-तिवेक की प्रथा से प्रभावित होकर मनुष्य की जन, मेधाशक्ति जागृत होती है तभी उसका रक्ता दीप प्रज्ज्वलित होता है एक श्रेष्ठ साहित्य सृजन के साथ ? अपने इसी श्रेष्ठ साहित्य राजन और अप्रतिम ज्ञान कौशल के कारण वह अग्रव्य होकर प्रणम्य हो जाता है। हमारे देश की उर्वरा भूमि पर बहुत से ऐसे लेखक हुए जिन्होंने मात्र दो चार ग्रंथों की ही रचना की किन्तु वे और उनकी कृतियाँ अमर हो गई। सृजनशील साहित्य साधक को किसी परिचय की आवश्यकता नहीं होती है; अपितु उनका साहित्य स्वयं बोलता है। अपनी स्वयं सिद्ध साधना के द्वारा वह समाज तथा राष्ट्र में शीघ्र लोकप्रिय हो जाता है।

उपरोक्त कथन के साम्यको अंगीकृत करते हुए यहाँ मैं ऐसे ही बहुआयामी व्यक्तित्व व कृतित्व के धनी तथा इस अभिनंदन ग्रंथ के उत्तापक डॉ. सुशील दाहिमा 'अभय' जो अहिन्दी प्रांत ओडिशा के राउरकेला से राष्ट्रभाषा हिन्दी की 56 वर्षों से अनन्य सेवा - भक्ति कर रहे हैं, फिर बात चाहे पत्रकारिता की हो या हिन्दी साहित्य की आपका 1971 से अब तक समान अधिकार रहा है। वे राउरकेला से प्रकाशित दैनिक उत्कल मेल में बतौर संयुक्त सम्पादक के रूप में तन्मयता से अपनी गहन गम्भीर और अनुभवी सेवायें दे रहे हैं। बढ़ती आयु और अनेकों झंझावतो के बावजूद भी आपको लेखकीय साहसिकताउन बाध गति से गतिमान है

जो निःसंदेह अनुकरणीय व प्रशंसनीय है। एक असाधारण व्यक्तित्व पर के सर छिड़कता है। इसके अतिरिक्त सामाजिक सेवा में भी आपकी रुचि आपके उदार व्यक्तित्व का जीवंत उदाहरण है। धार्मिक अनुष्ठान हो या साहित्यिक आयोजन इन सबमें भी आपकी भागीदारी आपके व्यक्तित्व का दिग्दर्शन करती है।

उपरोक्त कथन के सापेक्ष इस अभिनंदन ग्रंथ के नायक डॉ॰ दाहिमा जो आयु के आखरी पड़ाव में हैं अपनी कठिन दैनिक दिनचाय से रिक्त होकर साहित्य और पत्रकारिता की जिला से साधना करते हुए अपने घर-परिवार, समाज व देश का नाम रोशन करते हुए कर्मपथ पर बढ़े चले जा रहे हैं। आपका कर्म पर अटूट विश्वास है। अतएन आप प्रशंसा से परे हैं। कहा जाता है कि- "सुख की गंगा यूँ ही नहीं उतरती। उसके लिए मनुष्य आगीरथ साधना करता है। वह अपना भाग्य पॉलेस किसी से लिखवाकर नहीं लाता, वरन स्वयं लिखता है। डॉ॰ दाहिमा इसके ठीक पर्याय हैं।

अब एक बानगी उनके व्यक्तिगत जीवन पर :- आपका जन्म राजगांगपुर, जिलासुन्दरगढ़ के अन्तर्गत (उडिसा) प्रतिष्ठित दाधित पुजारी परिवार में 12 अगस्त सन् 1945 को हुआ। आपकी शिक्षा-दीक्षा राजगांगपुर (सुन्दरगढ़) में हुई। तदपश्चात रोजी-रोटी की तलाश में आप राउरकेला आ गये और पत्रकारिता को अपना मिशन बनाकर यहीं के होकर रह गये। पत्रकारिता और साहित्य के विशिष्ट योगदान के लिए आपको अनेको संस्थानों द्वारा अलंकृत किया जा चुका है। कहने का तात्पर्य डॉ॰ दाहिमा जी पारिजात का वह सुरक्षित प्रसून है जो स्वर्गगिक सुख का त्याग कर पृथ्वीलोक में अपने कार्यक्षेत्र की अभिव्यक्ति की खुशबू से धरा को महका रहे हैं।

शास्त्र सम्मत यह सिद्ध है कि कुछ शक्ति अपनी पितवंशी अतुल सम्पदा के कारण अश के हकदार बन जाते है किन्तु कुछ लोग अपनी प्रतिभा अपने गुणों के कारण स्तुत्य होते हैं। संस्कृत का निम्न श्लोक इस बात की पुष्टी करता है- "गुणाः सर्वत्र पूज्यन्ते पितृनंशी निरर्थकः। वासुदेव नमस्यति वसुदेव वहीं डा॰ दाहिमा जी इसके अनुपम उदाहरण है जिन्होंने न मानवः कथित क्षेत्र में खुद अपनी प्रतिश अजित की। हाँ इतना जरूर कहूँगा कि इनकी निद्रधन्द्ध सेवा भावना कर्तव्यपरायणता सब इनके पारिवारिक संस्कारों की देन "ईमानदारी और है। यही कारण है कि इन्होंने सर्वदा एक निष्कासी कर्मयोगी बनकर अपने पदो को अपनाया। गीता के निम्न श्लोक से भी इस बात की पुष्टी की गई है. "यस्तिवन्द्रियाणी मनसा नियम्यार भतेडर्जुन। कर्मेन्दियो: कर्मभग मसक्त सं विशिष्यति।।"

अंत में, उनके भावी जीवन और सदापर्णी स्वास्थ्य की कामना करते हुए निष्कर्षतः उल्लेख्य है कि डॉ. सुशील दाहिमा ‘अभय’ जी के जीवन-दर्शन से संबंधित उपरिवत् जीवन मृत को अंगीकृत करने के लिए एक वृहत अभिनंदन ग्रंथ के प्रणयन का बीड़ा आपके शुभचिन्तकों ने उठाया है, मैं उन्हें भी हृदयतल से आशीर्वाद व शुभकामनाएँ ज्ञापित करता हूँ और आशा करता हूँ कि संपादित अभिनंदन ग्रंथ की अंतरीय सामग्री का सर्वत्र स्वागत होगा

तथा ग्रंथ सर्वग्राह्य व प्रेरणापुञ्ज बढ़कर दीपवत कार्य करेगा।
सादर सद्भावनाओं सहित आपका....., शुभाकांक्षी

~ डॉ० चन्द्रसिंह तोमर,
आमवाला (ऊपर) पोतपोवन सालापानी,
देहरादून-248008 मोबाइल- 9411575129/6397044282

8

एक निराला 'राउरकेला का' : डॉ दाहिमा जी

इस्पात नगरी राउरकेला का मंगल भवन इलाका। यहीं मुख्य सड़क से एक पतली सड़क निकलती है, जिसे बनिया गेट या प्लांट साइट रोड कहते हैं। यह सड़क रिंग रोड से जुड़ती है। इस सड़क में अधिकांस ट्रांसपोर्ट संबंधी दुकानें हैं। इसी में कभी "राउरकेला एक्सप्रेस" का दफ्तर हुआ करता था। जिसमें मैं गुरुदेव के साथ सम्पादन का कार्य किया करता था। वर्ष 1987-88 । समय, रात के बारह से एक का समय। हम दोनों गुरु शिष्य अगले दिन के एक्सप्रेस का सम्पादन करते हुए शब्दों के साथ खेल रहे थे, तभी अचानक खबर मिली कि, हमारी दफ्तर से 100-200 मीटर की दूरी पर हत्या हो गयी है और मृत शरीर सड़क पर बेसुध पड़ी है। मेरी तो सांस ही अटक गयी। मन ही मन सोच रहा था अब सर बोलेंगे जाओ खबर लेकर आओ। फिर खबर कैसे लिखी जाएगी आदि आदि। तभी गुरूदेव का आदेश आ ही तो गया। अपने चिर परिचित अंदाज में कहा- अरे विश्वकर्मा बैठे क्यों हो जाओ रिपोर्ट लेकर आओ। सर मैं... मैं अबे हँसते हुए और धोड़ी नाराजगी जाहिर करते हुए बोले.. मरने वाला तो मर गया। पहले जाओ देखो तो हालत क्या है, स्थिति परिस्थिति क्या है। डरने वाली कोई बात नहीं । पत्रकारिता करते समय जिस दिन डर गए, पत्रकारिता नहीं कर सकते। निडरता, पत्रकारिता की पहली सीढ़ी है। कड़क और साहस भरे शब्द सुनकर मैं भी पेड-पेन लेकर प्लांट साईट की गली में चल पड़ा सहमते सहमते। 'हत्या हो गयी है' वाकई सुनने में और उसे देखने में बहुत अंतर होता है।

रात्रि के एक डेढ़ बजे का समय। चारों तरफ सन्नाटा। सारी दुकानें बंद। इक्के दुक्के लोग प्लांट से ड्यूटी करके वापस लौट रहे थे। कुछ एक दो ट्रक खड़े थे। धीरे धीरे सहमें क़दमों से हादसे वाली जगह पहुंचा। डर और भय दोनों ही लग रहे थे। तभी सामने नजर पड़ी और कलेजे पर पत्थर रखकर मृत शरीर को देखने लगा । 30-35 वर्ष का व्यक्ति। रंग सांवला। कद मध्यम। पेट फूल गया था। सिर पर चोट के निशान थे। सिर से खून भी रिस रहा था दोनों पैरों पर भी आघात किया गया था। वह मर चुका था। किसी ने हत्या

करके सड़क पर फेंक दिया था। सब कुछ हूबहू लिखकर दफ्तर की ओर जा ही रहा था कि गुरुदेव भी आ गए। मेरा डर खत्म हो गया। तब तक पुलिस भी आ चुकी थी। रिपोर्ट सर को दिखाया आशीर्वाद मिला मोगाम्बो खुश हुआ। फिर कुछ समाचार युक्त शब्दों को जोड़ घटाकर समाचार तैयार हो गया। गुरुदेव की यह पहली सीख थी। निरालों की निराली बात। साहित्य का मर्म और साहित्य की गंभीरता का पाठ अगर डॉ अर्जुन शतपथी जी से पढ़ा था तो साहित्य में सृजनात्मकता और निडरता का पाठ डॉ सुशील दाहिमा ने सिखाया। आज साहित्य क्षेत्र में मेरी अगर कोई पहचान है तो, वह सिर्फ इन दो महान गुरुओं के कारण।

राउरकेला एक्सप्रेस में काम करते हुए बहुत आनंद मिल रहा था। फिर साथ में अगर सुशील दाहिमा जैसा व्यक्ति हो तो फिर क्या कहने। आप में इतनी ऊर्जा आ जाएगी कि आप कुछ भी कर सकते हैं। क्योंकि गुरुदेव एक तरफ सुशील' है तो दूसरी और 'अभय भी। आज तक मैंने कभी किसी से उन्हें डरते हुए नहीं देखा। एक ऐसा व्यक्तित्व जिसके बारे में कहां से शुरू करें कहां से खतम, यह समझना मुश्किल है। जिस प्रकार किसी बगीचे में जाओ तो मन प्रफुल्लित हो उठता है, मन दुखों को भूलकर सुख सागर में हिलोरे लेने लगता है, या किसी मंदिर में जाओ तो मन ईश्वर भक्ति में डूबकर नाद सौंदर्य के बैकुंठ धाम में पहुंच जाता है, ठीक उसी प्रकार अगर आप दाहिमा जी के संपर्क में जितने देर भी रहेंगे उतने समय तक उनका एक अदृश्य प्रभाव पड़ता रहेगा। एक अजीब तरह का सुख प्राप्त होता रहेगा। मजे की बात तो तब होती है कि, आप समझ नहीं पायेंगे कि किस समय मुंह से क्या निकल जाय। वह भी मधुर गालियों के साथ। उनका अंदाज इतना निराला होता है कि, वे गालिया जो मीठी चाशनी से निकल रही होती है जो सुनने पर कड़वापन की जगह मधुर लगने लगती हैं। अगर आप उनके साथ कुछ समय तक रहे और उनकी गालियां अबे साले आदि नहीं सुनी तो समझ लीजिए उनका आशीर्वाद आपको नहीं मिला तथा दूसरी ओर समझ लें कहीं कुछ गड़बड़ अवश्य है। या, तो सर की तबियत खराब चल रही है या किसी चिंता में डूबे हैं।

राउरकेला में गुरुदेव के सान्निध्य में दो तीन वर्षों तक रहा। उस समय में राउरकेला के सेक्टर-एक में रहता था। उसके बाद बरगढ़ जिले में हिन्दी प्राध्यापक की नौकरी मिल गई। सर का स्थूल संपर्क टूट गया। लेकिन मोबाइल ने हमारी दूरियों को कम कर दिया। राउरकेला एक्सप्रेस का दफ्तर छूट गया। रात आठ बजे से लेकर तीन बजे तक गुरुदेव के साथ बैठकर शब्दों का खेल, प्रूफ रीडिंग, टाइपिस्ट के साथ ब्लॉक बनाना, किस समाचार को कहां रखना है, किस ब्लॉक को कहां सेट करना है, विज्ञापन आदि बहुत कुछ गुरुदेव दाहिमा जी से सीखी और सिखाया भी उन्होनें कुम्हार की तरह ठोंक पीटकर। आधी रात के वक्त बनिया गेट की चाय पिलाकर। आखिर निराले जो थे। इस समय जो अभिनंदन ग्रंथ छपने जा रहा है, इसकी कल्पना अर्जुन शतपथी जी के अभिनंदन ग्रंथ निकलने के पश्चात् सर के साथ बैठकर हो गयी थी। परन्तु घर परिवार, नौकरी, जिम्मेदारी, बीमारी आदि के कारण रुक गई। बरगढ़ आने के बाद राउरकेला में जब भी कोई कार्यक्रम होता, तब अवश्य मुझे याद करते। मुझे भी राउरकेला में अच्छा लगता जहां मैंने जीवन के 25 वर्ष बिताये

थे। वासुदेव चमन जी हाँ मधुसूदन साहाजी डॉ मंजू शर्मा, कुशवाहाजी, सिंघल जी, प्रजापति और संतोष श्रीवास्तवजी आदि तमाम साहित्यकारों से मुलाकात हो जाती एवं आगे लिखने की लबालब प्रेरणा मिलती। अमर भवन, शुभम होटल में प्रायः साहित्यिक कार्यक्रम होते। संकल्प संस्थान कोपलनगर के कार्यक्रम प्रायः शुभम होटल में होते थे। आज भी हो रहे है। जो रेलवे स्टेशन के बिलकुल करीब है। मुझे भी दो बार कविता पढ़ने लिए आमंत्रित किया गया था।

मित्रों! लिखने का एक समय होता है. उस समय कलम बड़ी तेजी से चलती है। स्वयं रचनाकार को भी पता नहीं चलता की क्या यह उसी ने लिखा है। कुछ समय बाद जोश ठंढा हो जाता है। बीमारी जिम्मेदारी, झझट प्रपंच इतना बढ़ जाता है कि कलम की गति धीमी पड़ जाती है। 2005 से 2014 के बीच मैने लगभग 6/7 पुस्तके सम्पादित अनुदित की। जिसमें पूज्यगुरुवर डॉ मधुसूदन साहा जी और डॉ अर्जुन शतपथी जी का बहुमूल्य सहयोग रहा। इसी क्रम में बरगढ़ के दयालाल जोशी जी की ओड़िया कहानी पुस्तक "मृत्युशिविर" का हिंदी अनुवाद मैंने किया था। इस कार्य के लिए उत्कल मेल की तरफ से " रूपांतरण सम्मान' प्रदान किया गया। जिसका आयोजन अमर भवन में हुआ था। मंच संचालन गुरुदेव कर रहे थे। पहली बार राउरकेला के मंच पर अपनी स्वरचित कविता पढ़ी। चेम्बर ऑफ़ कामर्स. राउरकेला की ओर से भी एक बार मुझे सम्मानित किया गया था। वैसे तो राउरकेला एक्सप्रेस में काम करते वक्त कई कविताएँ लिख चुका था। जिसे गुरुदेव ने बारबार नया रूप दिया। जब वे कविता को नया रूप देते तब वह मेरी समझ में नहीं आता। बाद में समझ में आती, धीरे-धीरे। अभी उनकी स्तर तक पहुंचा नहीं था। इस दौरान कई बार अरे बेटा अबे साले तुम तुम यार विश्वकर्मा। अदि कई विशेषणयुक्त मधुर सम्बोधन उनके कमांडिंग अंदाज में निकल चुके होंगे। आप सोचेंगे कि सर तो क्रोधित हो रहे हैं। परन्तु ऐसा नहीं है। यही तो "दाहिमाशैली है। कोई नया व्यक्ति तो उनकी इस अदा को एकदम से समझ नहीं पायेगा। उलटे उसके मन में गुरुदेव के प्रति नकारात्मक भावना आजाएगी लेकिन उनसे अत्यधिक संपर्क वाले जानते है कि वे झिड़कियाँ गाली नहीं होती वल्कि गुलाब के कांटे होते हैं। जो चुभते तो हैं पर गुलाब की खूबसूरती देखकर दर्द का आभास नहीं होता। यही तो गुरुदेव का 'निरालापन' है।

अपने क्रन्तिकारी अंदाज के कारण ही शायद उन्होंने अपना उपनाम 'अभय रखा हो। कारण जो भी हो, पर वे वास्तव में 'अभय' ही हैं। एक समय था जब 'जनसत्ता' हिंदुस्तान' जैसे राष्ट्रीय अख़बार में आपकी तूती बोलती थी। बेखौफ होकर लिखते। डंके की चोटपर लिखते। किसी पत्रकार और पत्रकारिता के लिए यह आवश्यक भी है। आज भी वही अंदाज उनके साहित्य में भी दिखाई देता है। आजतक कभी उन्हें किसी से डरते नहीं देखा। अबे डरना क्या कोई चोरी की है कि डरू। एस. पी. डी. एस. पी. कोई भी हो सत्य तो सत्य है। जब कुछ गलत नहीं किया फिर डरना क्यों। इसलिए तो मुझे बनियागेट में आधी रात को हत्या की वारदात का रिपोर्ट लेने भेज दिया। अपने साथ साथ मुझे भी 'अभय दान दे दिया। आज भी राउरकेला में ऊँची ऊँची पदवी वालो को उनके सामने नतमस्तक होते देखा जा सकता है।

राउरकेला एक्सप्रेस हो या उत्कल मेल अभय' कलम से भी कड़क आवाज भी कड़क उम्र के अंतिम पड़ाव पर भी उसी गुरुदेव को देखता हूँ। जिसे 30 वर्ष पूर्व देखा था। बिलकुल वही अंदाज, वही दाहिमा । उत्कल मेल को आपने अपने बच्चे की तरह सींचा है। जो, में समझता हूँ पिछले 30-35 वर्ष से अनवरत पढ़ा जा रहा है। नतीजा यह है कि राउरकेला में उत्कल मेल और डॉ सुशील दाहिमा एक दूसरे की पहचान बन चुके हैं। धन्य है आपकी पहचान धन्य है आपका निरालापन।

इसी बीच मेरी एक पुस्तक "भोजपुरी लोकगीत" प्रकाशित हुई। मैं चाहता था कि उसका लोकार्पण गुरुदेव के हाथों हो। वह भी राउरकेला में। मेरे अनुरोध पर निराले गुरुदेव ने लोकार्पण का बीड़ा उठाया। उनका यह उपकार में आजीवन भूल नहीं सकता। वरना कहां में बरगढ़ वासी तथा आयोजन राउरकेला में। "बिहार सांस्कृतिक परिषद" वसंती नगर राउरकेला में 'भोजपुरी लोकगीत' का लोकार्पण हुआ। मैं समय पर पुस्तको सहित राउरकेला पहुँच गया। गुरुदेव ने शुभम होटल में ठहरने की व्यवस्था की थी। सारे आयोजन की रूपरेखा, अतिथियों के ठहरने की व्यवस्था, किसे बुलाना है, किसे नहीं खाने पीने की व्यवस्था आदि तमाम आयोजन के पीछे गुरुदेव खड़े थे। यह दाहिमाजी के त्याग का ही नतीजा था कि लोकार्पण समारोह बड़े उत्साह के साथ आरम्भ हुआ एवं उसी गर्मजोशी के साथ संपन्न भी हुआ। उस दिन में गुरुदेव का आजीवन ऋणी हो गया। कहां तो मुझे उनका सहयोग करना चाहिए। उलटे वही मेरा सहयोग कर रहे थे। सबको भोजपुरी लोकगीत की एक पुस्तक भेंट की गयी। समारोह के पश्चात मेरी वाणी मौन हो गई। क्या कहूं इस महान त्यागात्मा को। वास्तव में उन्होंने अपने दधीचि वंश का परिचय दे दिया था। जो त्याग महर्षि दधीचि ने किया था, देवताओं के लिए अपनी हड्डियों का दान करके कुछ वैसा ही त्याग गुरुदेव ने मुझ जैसे नाचीज के लिए किया। इसलिए अगर मैं उन्हें 'कान्तिकारी दधीचि' कहूँ तो कोई अतिश्योक्ति नहीं होगी। इतना ही नहीं इसी समारोह में भागलपुर से डॉ प्रेमचंद पांडेय (संपादक "नव अंजोर" घोघा, भागलपुर) आए थे। उन्हें 'भोजपूरी लोकगीत' की एक प्रति भेंट स्वरुप दी गयी। गुरुदेव के आशीर्वाद से वह पुस्तक भागलपुर विश्वविद्यालय के कुलपति के पास पहुंची। उन्होंने उसे पढ़ा। उनकी पत्नी इतनी प्रभावित हुई कि तुरंत कुछ प्रतियां उनके पास भेजनी पड़ी। कुलपति महोदय ने फिर प्रसत्र हो कर एक दिन कॉलेज जाते वक्त मुझे फोन करके यह सूचना दी कि सम्बतपुर विश्वविद्यालय ने आपको डॉक्टरेट की उपाधि दी है, लेकिन हम आपको डी लिट की उपाधि देना बाहते हैं। वाह गुरुदेव, आपका आशीर्वाद सर आँखों पर। मेरी खुशी का कोई ठिकाना न था। समेटे नहीं सिमट रही थी। और मन ही मन गुरुदेव के आगे दण्डवत हो गया। कैसे शुक्रिया अदा करें। किस प्रकार करें। किन शब्दों में करें। हृदय के बेकुंठ धाम में पहुँच कर। हे गुरुवर, सिर्फ इतना ही कह सकता हूँ कि आपके निरालेपन का जवाव नहीं।

दिन बीतता गया। कोरोना के ठीक पहले एक दिन अचानक गुरुदेव का कॉल आया। अरे बाबू विश्वकर्मा सम्बलपुर रेडियो स्टेशन में एक काव्य संगोष्ठी करनी है. हिंदी पखवाड़े के

उपलक्ष्य पर। एक कविता लेकर आओ। मैं तो यह सोचकर मन ही मन प्रफुल्लित हो रहा था कि एक बार पुनः गुरुदेव के दर्शन होंगे। निष्ठित तारीख पर गुरुदेव गुरुमाँ सहित समलेश्वरी एक्सप्रेस से पहले ही पहुँच चुके थे। मैं अपनी प्यारी स्कूटी से दस बजे तक आकाशवाणी सम्बलपुर पहुँच गया। मेरी प्रसन्नता का ठिकाना उस समय न रहा। जब मैंने गुरुदेव के साथ, चमनजी झारसुगुड़ा से डॉ मीना सोनी भी पधारी थीं। और डॉ दाहिमा जी के दर्शन करके तो मैं स्वयं को सौभाग्यशाली समझ ही रहा था। संचालन सर ही कर रहे थे। उसके बाद नाश्ता पानी का जब समय हुआ, गुरुमाँ ने स्वयं द्वारा बनाई गई पूड़ी और हलवा साथ में शायद आलू चने की सब्जी हम सबको खिलाई। सच मानिये इन क्षणों को मैं आजीवन भूल नहीं सकता। वाकई निराले हैं आप। कब कहां मुलाकात हो जाय।

एक समय की बात है। जब 'राउरकेला एक्सप्रेस', दैनिक पत्र में सर के साथ काम चल रहा था। उस समय पता चला कि संपादक का काम इतना आसान नहीं होता। पाठक तो दो मिनट में पढ़ लेता है। लेकिन उसके दो मिनट के लिए शब्दों के साथ कितना पापड़ बेलना पड़ता है. यह संपादक ही समझ सकता है। और दाहिमा जी ठहरे शब्दों के खिलाडी। क्या लिखा जाय, कौन सी 'हेडलाइन' दी जाय कि पेपर हाथ में आते ही पाठक ठिठककर पढ़ने लगे। खैर यह सब रोज का काम हो गया था। इसी बीच 26 जनवरी आने वाली थी। रात को राष्ट्रपति का सन्देश देश के नाम प्रसारण होने वाला था। पहले भी कई बार रेडियो पर, बाद में टी वी पर राष्ट्रपति का सन्देश सुना था। फिर वही सन्देश दूसरे दिन पेपर में पढ़ने को मिलता। आज 25 जनवरी थी। रात को 8 बजे राष्ट्रपति का सन्देश प्रसारित होने वाला था। तभी गुरुदेव का आदेश आया - विश्वकर्मा, आज तुम्हें राष्ट्रपति का सन्देश लिखना है। फिर संपादन करना है। मैं सोचने लगा राष्ट्रपति का सन्देश इतनी जल्दी-जल्दी कैसे लिख पाउँगा। मैं तो सार्ट-हैण्ड भी नहीं जनता। अंग्रेजी की थोड़ी बहुत हो जाती पर हिंदी का कैसे लिखूँ। खैर रात आठ बजे प्रसारण शुरू हो गया। मैं भी चुनौती को ग्रहण करके सन्देश के साथ साथ कलम चलाने लगा। कुछ लिखता कुछ छोड़ता। लगभग 20 मिनट तक भाषण चला। एक दम घसीटे अक्षरों में जैसा पाया वैसा लिखता गया। उस 20 मिनट में मेरे पसीने छूट गए। यह एक नया अनुभव था। आखिरकार गुरुदेव की मदद से काट छांट कर सन्देश को अंतिमरूप दे दिया गया। मुझे लगा मैंने किला फतह कर लिया। टाइपिस्ट ने टाइप कर दी। दूसरे दिन पहले पृष्ठ पर राष्ट्रपति का सन्देश राउरकेला एक्सप्रेस में छपकर पाठकों के हाथों में चला गया। एक अजीब तरह का सुख मिला। मन अत्यंत प्रफुल्लित हुआ। यह भी एक विद्या थी। जो गुरुदेव ने सिखाई थी कि, किसी के भाषण को कैसे संपादन किया जाता है।

मेरे आनंद और उत्साह की सीमा समय न रही। जब डॉ सुशील दाहिमा जी ने हमारे बरगढ़ में अपने बरण कमलों को रखा। बात कुछ ऐसी थी कि हमारा 'फुलवारी' नामक एक व्हाट्सअप ग्रुप है। जो कुछ लोगों का 'पांडवग्रुप' है। जिसमें लगभग सभी शिक्षक है। कोई स्कूल, कोई कॉलेज, कोई बैंक और कुछ पोस्ट ग्रेजुएट। सब कुछ हिंदी में पोस्ट किया

जाता है। साहित्य की निस्वार्थ सेवा और प्रचार प्रसार हमारा उद्देश्य है। जिसमें राजनीति को छोड़कर सारे विषय जिसमें निर्धारित विषय पर व्याख्यानमाला, दर्शनमाला, जयंती, सांस्कृतिक, धार्मिक और पखवाड़ा जैसे कार्यक्रम वर्ष भर चलते है। बहुत दिनों से बरगढ़ में मंचीय काव्य संध्या की मांग उठ रही थी। उधर गुरुदेव भी कई बार पहल कर चुके थे। यार विश्वकर्मा तुम यार इतना लिखते पढ़ते हो। कभी बरगढ़ में कोई कार्यक्रम क्यों नहीं करते। हमें भी कंस की नगरी में कविता पढ़ने की इच्छा हो रही है। फिर क्या था नेकी और पूछ पूछ। एक दिन शुभ मुहूर्त में फुलवारी के सदस्यों ने बैठक की। समय तारीख निर्धारित की गयी। गुरुदेव को फोन किया। गुरुदेव की प्रसन्नता का ठिकाना नहीं और मैं आसमान में उड़ रहा था। सर का स्वागत कैसे करूँ क्या करूँ, कहाँ ठहराऊं, क्या खिलाऊँ। मारे उत्साह और जोश से मरा जा रहा था। बिलकुल शबरी वाली हालत हो गयी थी। निश्चित दिन सुबह 9 बजे सर का फोन आया-सुनो बाबू, हम राउरकेला से निकल चुके हैं एवं मेरे साथ वासुदेव चमन, प्रदीप झंझट झारसुगुड़ा से आलम महोदय और सम्बलपुर से एक नवोदित कवि आदि भी आ रहे हैं। हमने महाराजा होटल बुक कर दिया था। हमारी तैयारी भी जोरों पर थी। ऐसा कार्यक्रम बरगढ़ में लगभग 50 सालों पश्चात होने जा रहा था। बैनर, मानपत्र, चाय नाश्ता, गुलदस्ते, स्टेज, सजावट, माइक साउंड आदि तमाम व्यवस्था हमारे सहयोगी सत्यमेय त्रिपाठी जी, सदाशिव जी, चितरंजन जी, और बाकी अन्य कर रहे थे निश्चित समय पर "बहु भाषीय काव्य संध्या" शुरू हुई पहले स्थानीय कवि फिर राउरकेला के कवियों की बारी थी। स्थानीय कवियों का सञ्चालन में जबकि राउरकेला से पधारे कवियों का स्वयं गुरुदेव कर रहे थे। फिर जब अपनी ओजस्वी वाणी से गुरुदेव ने अपनी ललकारती अंदाज में, निराली शैली में चार पंक्तियों के मुक्तकों को विखेरना शुरू किया, तो बरगढ़ के श्रोताओं के तालियों की गड़गड़ाहट से हमारा समारोह सफल हो गया। फिर तो कवि दाहिमा की मोहित कर देने वाली स्पष्ट उच्चारण एवं क्रांतिकारी अंदाज प्रदीप झंझट के चटपटे हास्य व्यंग्य चमनजी के मोतीचूर के लड्डू का आभास कराते गीत गजल तथा कमलप्रभा कपानी व रेणु अग्रवाल की सुमधुर गीतों ने श्रोताओं को अंत तक बांधे रखा। जो बेसुध होकर चाय पान करते हुए मूर्तिवत काव्य संध्या का आनंद ले रहे थे। हालांकि समय बढ़ता जा रहा था। रात्रि, धीरे धीरे सन्नाटे में परिवर्तित होती जा रही थी। होटल जाकर भोजन भी करना था। अतः कार्यक्रम को जल्द समाप्त करना जरुरी हो गया था। पर वह दिन बरगढ़ के इतिहास में (साहित्य) अविस्मरणीय पन्नों में अंकित हो गया। बहुत दिनों तक इस काव्य सध्या की गूंज सुनाई देती रही किन्तु मेरा ध्यान तो सिर्फ अपने गुरुदेव की ओर ही लगा रहा। जो बरसों बाद उनके दिव्य दर्शन कर रहा था। उनसे बातें करके खुश था. आवाज सुनकर प्रसन्न था। वही चिरपरिचित आवाज, चिर परिचित शब्द अरे बेटा, अरे बाबू, अब साले तू तो मेरे को मरवायेगा। आदि सुन सुनकर उनका आशीष मन ही मन ग्रहण कर रहा था । आखिर निराले लोग निराले ही रहते हैं।

मित्रों, इस आलेख में मैंने दाहिमाजी के सिर्फ व्यक्तित्व पक्ष पर ही प्रकाश डाला है। क्योंकि मुझे कहीं न कहीं ऐसा महसूस होता है कि व्यक्ति के व्यक्तित्व का प्रतिबिम्ब ही

उसके कृतित्व में झलकता है एवं गुरुदेव के व्यक्तित्व की झांकी ही इतनी व्यापक और विस्तृत है कि भारतवर्ष का लगभग हर प्रान्त उससे अच्छी तरह वाकिफ है। जिस विचित्र और निराले व्यक्तित्व को याद करके ही चेहरे पर मुस्कान आ जाती है। आपको ऐसा लग रहा होगा कि जब इतना व्यापक व्यक्तित्व है डॉ दाहिमा जी का तो वे कैसे दिखते होंगे। शायद बड़ा ही हट्टा कट्टा वजनदार आवाज सूट बूट पहने कोई बहु तबड़ा हैवीवेट व्यक्ति होगा। या कोई जेंटलमैन लुक वाला व्यक्ति होगा। जी नहीं, सच तो यही है कि 1987 से आज तक पैंट शर्ट पहने उन्हें देखा ही नहीं शायद आप में से किसी ने देखा हो तो अच्छी बात है। दिखने में दुबले पतले । इकहरा शरीर, गेहु आं रंग, हल्का गुलाबी कुर्ता, सफेद पायजामा, पुस्तकें, पत्रिका, पेपर से भरा उनकी पहचान बनता कंधे पर कपड़े का ही थैला, पैरों में साधारण चमड़े के चप्पल, माथे पर तमाम चिंता और अनुभव की लकीरें है। यही हैं ऋषि तुल्य, राउरकेला से राजगांगपुर तक सर्वपरिचित दाहिमाजी। जब कहीं यह व्यक्ति चुपचाप बैठा होगा तो आपको लगेगा कि साधारण सा आदमी मामूली कुली पायजामा पहने किसी दैनिक समाचार पत्र का पन्ना पलट रहा होगा। पास जाकर जब आप उनसे बाते करने लगेगे। देश दुनिया की साहित्यिक खबरें, साहित्यिक गुटबाजी, उत्कल मेल की धारा प्रवाह चची उनकी ललकारती आवाज हके की चोट पर निकलती जाएगी। फिर आपका घंटा दो घंटा कैसे बीत जायेगा पला ही नहीं चलेगा। वैसे तो गुरुदेव को दुखी होते बहुत कम देखा था। पारिवारिक कारणों से कभी कभी चिंतित देखा था। परन्तु कोरोना महामारी ने सर को बहुत ही दुखी कर दिया। पहली बार उन्हें निराशा और दुःखी होकर बातें करते देखा था। बहुत टूटे और बुझे दिखाई दे रहे थे। आय का स्रोत बंद हो रहा था। उनकी बातें सुनकर मुझे भी बहुत दुख हुआ कमबख्त कोरोना ने आम आदमी की कमर ही तोड़ कर रख दी। रोजगार बंद होते जा रहे थे

सहृदय पाठकों किसी को पतले-पतले पानी नशा होता है तो किसी को हरे-हरे नोट का नशा होता है. गुरुदेव को भी एक मामूली सा नशा था। वह था, गुड़ाखू करने का नशा । शायद यही उनकी साहित्य संजीवनी थी। जब गुरुदेव कमर में गेरुआ गमछा पहनकर दाहिने हाथ की तर्जनी ऊँगली में गुड़ाखू लेकर ब्रश की तरह मुहँ में रगड़ने लगेंगे, तब मित्रों क्या बताऊँ उस समय का आनंद देखने वाले को कुछ अलग तरह का ही होता है। पहले तो ताराछाप गुड़ाखू डिब्बे को हाथ में लेकर गुड़ाखू निकालते निकालते कहेंगे जानते हो बाबू विश्वकर्मा जिंदगी में मैंने बहुत संघर्ष किए हैं। बहुत धक्के खाये हैं। परन्तु कभी किसी के आगे झुका नहीं। फिर चहलकदमी करते हुए गुड़ाखू करने लगेंगे और करते करते कहेंगे- यार बाबू आज साहित्य के क्षेत्र में इतनी गुटवाजी होने लगी है कि साहित्य और पत्रकारिता दोनों ही अपनी दिशा खो बैठे हैं जिसे देखो वही अपने को रचनाकार और कवि मान बैठा है। न किसी को वर्तनी का ज्ञान है, न छंद का न ही मात्राओं का और न ही उनके प्रयोग का। जी सर सही बोल रहे हैं। तभी कटक से फोन आएगा। फिर गुड़ाखू करते हुए फोन उठाएंगे और ह महंती बाबू, आपण परा जाणीछन्ति में केते व्यस्त लोक। मूं आपणंकु........ रविवार कौणसी हालतरे आसी पारिबी नाहीं। मूं राजस्थान जाउछि गोटे कार्यक्रम रे। आयुष्मान कह कर फोन रख

देंगे। गुड़ाखू चल रहा है। फिर मेरा हालचाल पूछेंगे। अबे अपना तो बता। बहू बेटियाँ कैसी हैं। आपका आशीर्वाद है। तभी मारवाड़ी युवा मंच राउरकेला से फोन आएगा। उन्हें फिर मारवाड़ी भाषा में ही जवाव देंगे।

यहां मैं बता देना चाहता हूँ कि गुरुदेव अंग्रेजी, हिंदी, मारवाड़ी, गुजराती, अरबी, फारसी, हरियाणवी, राजस्थानी भाषा के जानकार हैं। और बोल भी लेते हैं। इधर गुड़ाखू अपने आपको धन्य समझ रहा है। इसी बीच कई बार डॉ अर्जुन शतपथी सर, वासुदेव चमन जी, आदित्य कुशवाहा, डॉ मंजू शर्मा महापात्र का नाम स्मरण कर चुके होंगे। तब तक गुड़ाखू अपना काम कर चुकी होगी। फिर कुछ देर.....कुर्सी पर बैठे जायेंगे तथा दुःख प्रकट करते हुए कहेंगे -बाबू आज पत्रकारिता का स्तर बहुत गिर गया है। पत्रकारिता में अब साहित्य दिखाई नहीं देता। फिर जनसत्ता की कुछ यादें ताजा करेंगे। फिर हँसते हुए कहेंगे जिसे देखो वहीं माइक पकड़कर अपने को पत्रकार कहने लगा है और यार पाठक भी क्या कम है। उन्हें विचारात्मक साहित्य की जगह मसालेदार चटपटी स्वाद वाली खबर चाहिए। मूर्खी को बलात्कार की खबर चाहिए। नारी शोषण की खबर पढ़ेंगे । साहित्य से कोई मतलब नहीं। साला खबर नहीं होकर जैसे चाट पकौड़ी गोलगप्पा हो गया। अब बेचारा संपादक भी क्या करे। क्या शीर्षक लगाए कि, उसके अखबार की बिक्री बढ़े । गुड़ाखू अब अपने अंतिम चरण में है। फिर प्यार से कहेंगे सुन बे ध्यान से सुन ऐसा है मेरी कविताओं की एक डायरी है। उन्हें अच्छी तरह काट छांट कर सजाकर लिखना है। और फेयर करके छपाना है और यह काम तू ही कर सकता है। तब तक हाथ मुंह धो चुके होंगे एव हजार बाते भी गुड़ाखू के माध्यम से हो चुकी होती है। इस प्रकार उनके गुड़ाखू करने का ढंग भी उनके व्यक्तित्व की तरह निराला है। गुड़ाखू महाराज भी मैं समझता हूँ अपने को परम सौभाग्यशाली समझता होगा कि, कितनी देश दुनिया की बातें सुनने को मिल रही थी। वरना लोग तो मुझे दो मिनट में धोकर पानी में बहा देते हैं। गुस्ताखी माफ हो सर क्योंकि आप निराले हैं।

अंततः मैं यही कहना चाहता हूँ कि श्री गंवरू प्रमोद जी ने गुरुदेव के उपर पुस्तक बनाने का बीड़ा उठाया है, वे धन्यवाद के पात्र हैं,हालांकि मैं अभी तक उनसे परिचित नहीं हूं,बस गुरुदेव के शब्दों से ही जाना है कि वे एक विरल साहित्यिक व्यक्तित्व हैं,मिलने की भी इच्छा है...पर देखें कब !?लेकिन गंवरू भाई, साहित्य जगत सदियों तक आपको याद रखेगा क्योंकि दाहिमाजी जैसे व्यक्ति के व्यक्तित्व और कृतित्व पर पुस्तक नहीं बनती तब साहित्य जगत अधूरा रह जाता । आज गुरुदिवस पर कबीरदास की पंक्तियों को दोहराते हुए एवं पूज्य गुरुदेव के निरालेपन को नमन करते हुए अपनी लेखनी बंद करता हूँ।
"सब धरती कागद करूँ लेखनी सब बनराय
सात समुंद की मसि करूँ, गुरु गुन लिखा न जाय "

~ डॉ राधाकृष्ण विश्वकर्मा,
भुक्ता, बरगढ़ -ओडिशा-768045
मोबाईल: 9337311721

9

डॉ सुशील दाहिमा अभय : एक अद्वितीय पहचान

व्यक्तिगत परिचयः -

भारतीय साहित्य के अनेक रूपों में अपनी अद्वितीय पहचान बनाने वाले डॉ सुशील दाहिमा, जिनका चिरपरिचय 'अभय' से जुड़ा हुआ है, एक अमूल्य रत्न हैं। उनका जन्म 12 अगस्त 1945 को ओडिशा के राजगांगपुर में हुआ था। उनका साहित्यिक यात्रा से जुड़ा हर पहलुवन अत्यंत महत्वपूर्ण है।

डॉ सुशील दाहिमा 'अभय' का व्यक्तित्व अत्यधिक विशेष और अद्वितीय है। उनकी व्यक्तिवादिता में वह रस घुला हुआ है जो उन्हें एक अमूर्त रूप में बना देता है। उनके व्यक्तित्व में कोई भी अनुद्योग नहीं है, और यह भी उनके सौंदर्यपूर्ण रूप को नकारात्मकता से मुक्त करता है। डॉ सुशील दाहिमा 'अभय' का व्यक्तित्व विविधता से भरपूर है, लेकिन उसमें किसी भी तरह का अनुद्योग नहीं है। वह एक ही पल में हृदयवादी और समष्टिवादी होते हैं, जिससे उनका व्यक्तित्व अद्वितीय बनता है। उनकी व्यक्तित्वशक्ति न केवल हृदय के क्षेत्र में है, बल्कि उनका संपूर्ण व्यक्तित्व समष्टि की दिशा में भी समृद्धि करता है। इससे उनका साहित्य एक नए स्तर पर पहुंचता है, जो दर्शकों को समष्टि में समर्थन करने का अद्वितीय अनुभव कराता है।

डॉ सुशील दाहिमा 'अभय' का व्यक्तित्व निरंतर अस्तित्व-मानवता के अलावा कुछ नहीं है। उनका व्यक्तित्व उदात्त और विचारशील होने के साथ-साथ जीवन के सभी पहलुओं को समर्थन करने में समर्थ है। उनका व्यक्तित्व जीवन की सभी चुनौतियों, चिंताओं और अंधकारों के साथ सहजता से मुकाबला करने की क्षमता रखता है। डॉ सुशील दाहिमा 'अभय' का व्यक्तित्व मिथ्या आचरण से पूरी तरह मुक्त है। उनकी सार्थक इच्छाएं और क्रियाएं दुनिया के हित में ही होती हैं और उनकी सभी क्रियाएं नैतिकता और उद्दीपन के साथ संबंधित होती हैं। उनकी दृष्टि विश्व के हित के प्रति है, जिससे उनका व्यक्तित्व न केवल उनके आत्म-प्रबुद्धता में बल्कि पूरे समाज में भी प्रेरणा स्थापित करता है।

साहित्यिक यात्रा: -

डॉ सुशील दाहिमा 'अभय' की साहित्यिक यात्रा एक रोमांटिक सागा की तरह है, जिसमें साहित्य के समुद्र में डुबकी लगाने के बाद वे नायक बन गए हैं। उनकी कविता-संग्रह 'काई के फूल' ने साहित्य की आसमानी ऊँचाइयों को छूने का संदर्भ दिया है। उनके गीत-संग्रह 'टुकड़ों में बंटा मन' ने भारतीय संगीत की धुनों में बसी भावनाओं को साझा किया है। उनके रचनात्मक उत्साह ने राष्ट्रीय और सामाजिक विषयों को छूने का साहस किया है, जैसा कि 'अंजुरी का अंगारा' और 'चिराग जलाओ अंधेरा है' में दृष्टि प्रस्तुत करते हैं। उनका नवीन कविता-संग्रह 'किरचन एक स्वप्न की' ने उनकी साहित्यिक प्रतिष्ठा को और बढ़ा दिया है। 'श्रीहनुमतस्पर्शिका' उनके भक्तिभाव को प्रकाशित करती है। उनका संपादनकारी कार्य भी एक उद्भावना की तरह है, जैसे 'दधिमति स्तोत्रम्' और 'ब्रह्मशक्ति' स्मारिका का संपादन। उन्होंने लघुकथा और कहानी संग्रहों का संपादन किया है, जैसे 'कही-अनकही' और 'पुरस्तम पुरी'। उनका संपादनकारी योगदान साहित्यिक जगत में एक विशेष स्थान प्रदान करता है।साथ ही ओडिशा में पत्रकारिता के क्षेत्र में उनका अभूतपूर्व योगदान एक पितामह की भूमिका में है। वे 78 वर्ष की आयु में आज भी मूलतः ओड़िआ प्रकाशक द्वारा लगभग दो दशक पूर्व दाहिमा जी की सद्प्रेरणा से प्रकाशित हिंदी दैनिक 'उत्कल मेल' का संपादन भार सम्हाल रहे हैं।

डॉ सुशील दाहिमा 'अभय' ने हिंदी साहित्यकारों की रचनाओं का हिंदी में श्रेष्ठ अनुवाद प्रस्तुत किया है, जिससे उनका साहित्यिक प्रभाव और भी बलवान हुआ है।इनमें ओड़िआ साहित्यकार डॉ.जन्मेजय चौधरी के श्रीजगन्नाथ पर लिखित/प्रकाशित शोधग्रंथ 'श्रीक्षेत्र और श्रीजगन्नाथ ' तथा ओड़िआ के सुप्रसिद्ध कथाकार,साहित्य अकादमी से पुरस्कृत श्रीगौरहरि दास के कहानी संग्रह 'झूठ का पेड़' का हिंदी अनुवाद किया है।उल्लेखनीय है कि ओड़िआ लघुकथाओं का सर्वप्रथम हिंदी अनुवाद संग्रह 'क्षणिका' नाम से भी सत्तर के दशक में आपने किया है जो डॉ.धर्मवीर भारती द्वारा संपादित 'धर्मयुग' में डॉ.प्रभाकर माचवे द्वारा प्रशंसित है।इस संग्रह की कई लघुकथा का प्रकाशन भी कमलेश्वर द्वारा संपादित 'सारिका' में हो चुका है।दाहिमा जी ने अनेक ओड़िआ कविताओंका भी हिंदी अनुवाद प्रस्तुत किया है।आप हिंदी–ओड़िआ भाषा के बीच एक मजबूत सेतु हैं। उन्होंने अपने साहित्यिक और सामाजिक योगदान के लिए कई सम्मानों को प्राप्त किया है, जैसे 'राष्ट्रभाषा रत्न', 'स्वर्णमणि सम्मान', और 'कलमवीर', विद्यावाचस्पति, विद्यासागर उपाधियाँ, पंजाब कला साहित्य अकादमी से विशिष्ट अकादमी सम्मान आदि आदि। उन्हें अनेक साहित्यिक समारोहों और संगोष्ठियों में भी सम्मानित किया गया है।

डॉ सुशील दाहिमा 'अभय' का साहित्यिक योगदान एक महत्वपूर्ण योगदान के रूप में है, जो हमारे समृद्धि और साहित्य के क्षेत्र में एक निष्कलंक चेहरे के रूप में महत्वपूर्ण है। डॉ सुशील दाहिमा 'अभय' ने गत सातवें दशक में ओडिशा के सर्वप्रथम राष्ट्रीय हिंदी कविसम्मेलन का आयोजन करके एक इतिहास की रचना की है।देश के लब्धप्रतिष्ठित कवि

निर्भय हाथरसी, काका हाथरसी, नीरज जी, बालकवि बैरागी, भारतभूषण, रमाशंकर अवस्थी आदि अनेक उनके आमंत्रण पर ओडिशा आचुके ।इतना ही नहीं, दाहिमा जी ने हिंदी, ओड़िआ, उर्दू सहित स्थानीय आदिवासी बोली 'सादरी' के प्रसिद्ध रचनाकारों को भी एक मंच दिया है।इन आयोजनों ने उनकी साहित्यिक दृष्टि और संवेदनशीलता को प्रकट किया है। उनका समर्पण न केवल साहित्य के क्षेत्र में बल्कि हिंदी काव्य और साहित्य के प्रोत्साहन में भी है, जो एक समृद्धि भरे समय की शुरुआत है।

ओडिशा में हिंदी पत्रकारिता के आधार-स्तंभ के रूप में डॉ सुशील दाहिमा 'अभय' ने अपनी महत्वपूर्ण भूमिका निभाई है। उनकी संवादशीलता, विचारशीलता और विद्या के साथ-साथ राष्ट्रभाषा के प्रचार-प्रसार में उनका सहयोग ओड़िशा को हिंदी साहित्य और समाचार के क्षेत्र में समृद्धि दिखाता है। उन्होंने 'बढ़ते चलें', 'उत्कल संदेश', 'उत्कल टाइम्स और अन्य हिंदी दैनिकों, जिसमें 'युगधर्म' की प्रमुख भूमिका रही, के माध्यम से हिंदी साहित्य और पत्रकारिता को ओड़िशा में प्रसारित किया और एक नए सांविदानिक दृष्टिकोण की शुरुआत की। डॉ सुशील दाहिमा ने हिंदी पत्रकारिता में अपने उत्कृष्ट नेतृत्व के माध्यम से ओड़िशा को उच्च स्थान पर पहुंचाया है। उनके संपादकीय साहस और उदार दृष्टिकोण ने ओड़िशा के लोगों को नई राह दिखाई है और हिंदी समाचार पत्रिकाओं के माध्यम से राष्ट्रभाषा के प्रचार एवं प्रसार में अपना योगदान दिया है।

चलते चलतेः -

अपनी अनवरत साहित्यिक यात्रा में, डॉ सुशील दाहिमा 'अभय' का जीवन प्रतिध्वनि करता है, जैसे कि एक रोमांटिक कविता नायक अपने भावनाओं को आगे बढ़ाता है। उनकी गतिविधियाँ ज्वार-भाटे की भूमि में तैरती हैं, और इनमें रात की धरा को रौंगतें दिखाई देती हैं। उनका दृष्टिकोण उन्हें सोचने और लिखने में सुगम बनाए रखता है। उनका साहित्यिक व्यवहार एक आधुनिक समय की रूपरेखा का हिस्सा है, जो युवा पीढ़ी को आकर्षित करेगा।

डॉ सुशील दाहिमा 'अभय' की पत्रकारिता उनके व्यक्तित्व की अनुकृति है, जो जग-धीरकता का केंद्र है। उनके शब्दों से निर्मित विचार और आलोचनाएं आने वाले समय की सोचने की प्रक्रिया को चित्रित करेंगी। इससे आने वाली पीढ़ियों के बीच एक समर्थन स्थापित होगा, जिससे नई दिशाएँ खोजने की प्रेरणा होगी। उनका निरहंकारी व्यक्तित्व एक विश्वाणु समान है, जो आने वाले समय में धरा के सभी आत्म-अणुओं को प्रेरित करेगा।

~डॉ विशाल श्रीवास्तव 'नादान'

24, 19 क्रास रोड, अब्बा अप्पा लेआउट, 7 मैन रोड, बीटीएम 2 स्टेज, बैंगलोर-560076, मोबाइल - 7678311756

10

इनसानियत की एक जीती-जागती तस्वीर : डॉ सु.दा. अभय

भैया जी से मेरा संपर्क उनकी कविता संकलन "काई के फूल" के माध्यम से हुआ था जो बाद में पारिवारिक संपर्क बन गया। उनकी बहुमुखी प्रतिभा, उनके आकर्षक व्यक्तित्व और संघर्षपूर्ण जीवन से प्रेरित होकर मैं उनसे बहुत अधिक प्रभावित होता चला गया। दूरियाँ घटती गईं और नज़दीकियाँ बढ़ती गईं। क्रमशः वे मेरे राम और मैं उनका लक्ष्मण बन गया। मेरी नज़र में वे इनसानियत की एक जीती-जागती तस्वीर हैं। वे राजस्थानी पूजक ब्राह्मण परिवार से हैं, बहुत ही नैष्ठिक ब्राह्मण और पूजा-पाठ के बहुत ही पाबंद इनसान। अपने धर्म का उचित पालन करते हुए दूसरों के धर्म का भी वे सम्मान करते हैं। मेरे जानने में वे कट्टर सांप्रदायिकता से कोसों दूर हैं और इनसानियत के असल पुजारी हैं। मैं अपने दावे का प्रमाण देते हुए नीचे एक घटना की अवतारणा देता हूँ:

मध्यप्रदेश के बालाघाट में एक कवि सम्मेलन में योग देने के लिए भैया जी और मैं दोनों रेलगाड़ी से सफर कर रहे थे। हमारे बगल में एक मिलिटरी अफसर भी बैठे हुए थे। हमारे कार्यकलाप को वे बड़े गौर से निहार रहे थे। हम में से एक था चुटिया और तिलकधारी नैष्ठिक ब्राह्मण तथा दूसरा था दाढ़ी और टोपीवाला सात्विक मुसलमान। साहित्य पर चर्चा करते-करते हम दोनों आपस में भिड़ जाते। हम दोनों के बीच ज़ोरदार तर्क-वितर्क होता। कभी वे जीत जाते तो कभी मैं। कभी दोनों जीत जाते और दोनों हार भी जाते। जब पूजा का समय हो जाता तो मैं उन्हें याद दिलाता और नमाज़ के वक्त पर वे मुझे जगा देते। वास्तव में यह किसी भी आदमी को अचंभा में डालनेवाला काम था। मेरे लिए भैया जी के मन में प्यार और उनके लिए मेरे मन में श्रद्धा देखकर कोई भी इनसान आश्चर्यचकित होने के साथ-साथ ईर्ष्यालु भी हो सकता था।

उनका स्टेशन करीब आ रहा था और वे अपना सामान समेट रहे थे। इतने में हमारे साथ सफर कर रहे मिलिटरी अफसर ने हमसे पूछा- भई, मैं सुबह से आप लोगों की एक्टिविटीज को देख कर हैरान हूँ कि आप कैसे लोग हैं! यह मेरी समझ से परे है। बड़े गौर से मैं आप लोगों को पढ़ रहा था मगर मैं कुछ समझ नहीं पाया। ज़माने के हालात को देखते हुए, आखिर यह कैसे संभव है कि दो अलग धर्म और विचारधारा के लोग इस तरह प्यार- मुहब्बत और भाईचारा के साथ चल सकते हैं! क्या मैं आपलोगों के बारे में कुछ जान सकता हूँ? मैंने भैया जी की तरफ देखा और उत्तर देने के लिए खामोशी के साथ उन्हें इशारा किया। उन्होंने कुछ इस तरह से उत्तर दिया- सर, हम दोनों इनसान हैं, लोग हमें हिंदू और मुसलमान समझते हैं मगर हम दोनों मानवता के पूजारी हैं। भैया जी के उस उत्तर से मैं हक्का-बक्का रह गया। आश्चर्य प्रकट करते हुए मिलिटरी अधिकारी भी भैया जी की तरफ देखते रहे और मन ही मन वे उनकी बातों का विश्लेषण करते रहे। फिर उन्होंने कहा- आज के दौर में जब नफरतों का बाज़ार गर्म है तब आपलोगों ने प्यार-मुहब्बत, भाईचारा और सदभावना का जो अजूबा नमूना पेश किया है उसे देख कर मैं हैरान हूँ। काश हमारे देश में रहनेवाले सभी लोगों के मन में यही भावना जाग जाती तो हमारा देश पूरे मानवसमाज के लिये एक आदर्श बन जाता! मैं आपलोगों का मन से आदर करता हूँ और सविनय प्रणाम भी करता हूँ। स्टेशन आ चुका था। हमसे विदा लेते हुए वे जाने लगे। मैं कुछ भावुक हो गया था। भैया जी से लिपट कर रोने लगा, उनकी आँखें भी खुशी के आँसुओं से डबडबा रही थीं। लोग हमारी तरफ आँखें फाड़-फाड़ कर देख रहे थे। सहज हो जाने के बाद भैया जी ने फिर से बातें कर के माहौल को सामान्य करने का प्रयास किया। वे बड़े अच्छे गायक भी हैं। वे महात्मा गांधी जी का यह लोकप्रिय प्रार्थना,

"रघुपति राघव राजा राम

पतित पावन सीता राम

ईश्वर अल्लाह तेरो नाम

सबको सनमति दे भगवान", गुनगुनाने लगे और स्रष्टा व सृष्टि पर गौर करते करते मेरी भी आँखें लग गईं। उसी हालत में हमारा सफर आगे को बढ़ता रहा।

तुमसर स्टेशन आ चुका था। हमें स्वागत करने के लिए भाई प्रमोद साहु जी, जो राष्ट्रीय स्तर के हास्य कवि थे, प्लेटफॉर्म में उपस्थित थे। हमें देखकर वे आनन्दित हो गए और हाथ हिलाकर हमारा अभिनन्दन किया। हम गाड़ी से उतरे। स्वागत संभाषण तथा आपस में लिपटने और चिमटने का पर्व समाप्त हुआ तो हम प्लेटफॉर्म के बाहर निकले।

जैसा कि मैंने भैया से सुना है, उनके पिताजी अपने ज़माने के प्रसिद्ध और लोकप्रिय आयुर्वेदशास्त्री रहे हैं। वे निर्मल हृदय थे और जाति-धर्म के भेदभाव से परे लोगों की सेवा करते थे। राजगांगपुर के मुसलिम समुदाय के साथ उनका बहुत अच्छा संपर्क था। वहाँ दोनों संप्रदाय के लोग मिल-जुल कर ईद-होली-दिवाली बड़े धूमधाम से मनाते थे। एक दूसरे के सुख-दुख में शामिल रहते थे। शायद उसी का प्रभाव भैया जी पर पड़ा है जिसके कारण वह इतना लम्बा-चौड़ा और विशाल हृदय रखते हैं जिसमें सब समा जाते हैं। चार पंक्तियों से मैं

अपनी बात शुरु करना चाहता हूँ:

सितारे हैं कितने बताऊँ तो कैसे

मैं सूरज को दीपक दिखाऊँ तो कैसे

रियाज़ी (गणित) मेरी इतनी अच्छी नहीं है

मैं औसाफ़ (गुण) उनके गिनाऊँ तो कैसे?

मेरा यह सौभाग्य है कि भैया जी सदृश एक स्वयं निर्मित व्यक्ति (selfmade man) और स्वाभिमानी पुरुष का सान्निध्य मुझे प्राप्त हुआ है। उनका जीवन संघर्षपूर्ण रहा है। बड़ी हिम्मत के साथ उन्होंने हर चुनौती का डटकर मुकाबला किया है। ईश्वर ने उन्हें एक के बाद एक परेशानी में डाला, किंतु वे आमिन रहे। और वे उन्हें अपना मुक़द्दर समझ कर उसी के भरोसे उन परेशानियों को आसानी से पार करते चले गए। वे दिल की बीमारी का शिकार हुए और जब वे धीरज से काम लिए तो ऊपरवाले ने उन्हें नयी जिंदगी से नवाज़ दिया। ईश्वर की कृपा से वे बड़ी उम्र में भी कार्य सक्षम हैं। वे शारीरिक रूप से दुर्बल ज़रूर दिखते हैं पर मानसिक रूप से बहुत ही शक्तिशाली हैं। हक़-बात कहनेवाला और हक़ के रास्ते पर चलनेवाला कभी भी किसी के आगे सिर नहीं झुकाता है। परिस्थिति की ताड़ना में अपने खून पसीने से सींचे 'उत्कल 'मेल' दैनिक संवादपत्र से भी उन्होंने बे-झिजक खुद को अलग कर लिया। एकलौती संतान रिचा बिटिया की बीमारी, उसके दाम्पत्य जीवन की अड़चनें, उसके बच्चों का पालन-पोषण और पढ़ाई के खर्च का बोझ उठाना, इन्तिहाई ज़रूरत के समय दोस्तों की बेरुखी और बुढ़ापे के हालत में आर्थिक संकट की कठिनाइयों के सामने उन्होंने कभी हार नहीं माना। एक फारसी सूक्ति- "हिम्मते मदीं मददे खुदा" अर्थात् साहसी पुरुष के साथ खुदा की मदद होती है की सत्यता को उन्होंने अपनी जिंदगी में प्रमाणित करके दिखा दिया है।

भैया जी के साथ जिसके जीवन का डोर बन्धा हुआ है उसके बारे में कुछ न कहना बहुत बड़ा अन्याय होगा और इस आलेख का लक्ष्य भी पूरा नहीं होगा। इस दुनिया में ऊपरवाले ने इनसान को जितनी भी नियामतें दी हैं उनमें से बीवी यानी पत्नी एक नम्बर पर आती है। चाहे वह जैसी भी क्यों न हो। क्यूँकि वही एक औरत है जो ज़रूरत पड़ने पर चार प्रकार, यथा माँ, बहन, बीवी और बेटी, की भूमिका निभा सकती है। एक बहुत बड़े ज्ञानी और सिद्धपुरुष, शेख सादी ने कहा है- ज़र (दौलत), जन (बीवी) और ज़मीन (भूमिखण्ड) आदमी को भाग्य से प्राप्त होते हैं। उन भाग्यशाली पुरुषों में से एक सौभाग्यशाली भैया जी भी हैं जिन्हें विजयलक्ष्मी जैसी बीवी मिली हैं। अच्छे और बुरे दिनों में वे अपने पतिदेव के कदम से कदम मिलाकर जिस तरह चली हैं और उनकी हौसला अफजाई की हैं, देख कर दिल से यह दुआ निकलती है कि ऊपरवाला हर किसी को उन जैसी पत्नी दे। विजया भाभी के व्यक्तित्व में एक माँ की झलक दिखाई देती है। उनके चेहरे से ममता का मधु टपकता रहा है। मेरी नजर वे एक आदर्श भारतीय नारी का जाज्वल्यमान उदाहरण हैं। अपने स्वभाव, अपनी सेवा, अपने सौहार्द और कुर्बानी से उन्होंने दाहिमा परिवार को उपकार के बोझ तले दबा दिया है जबकि वह उन्हें अपना कर्तव्य समझती रहीं हैं। मैं ऊपरवाले से विनती करता हूँ कि मेरे भैया-भाभी

की जोड़ी को लम्बी आयु प्रदान करें।

भैया जी की साहित्यिक कृति के बारे में कुछ कहना मेरे वश की बात नहीं है। वे तो ऑल इन वन यानी अनेकों में एक हैं। अपने नाम के साथ उनके काम का भी गंभीर संपर्क रहा है। वे सुशील होने के साथ साथ सु-संस्कारी, सु-साहित्यिक, सु-वक्ता, सु-संगठक, सु-शिक्षक, सु-शिक्षार्थी सु-पत्रकार और सुहृद भी हैं। शिक्षकता से उनके जीवन की शुरुआत हुई और वे जीवनभर शिक्षार्थी बने रहे। बड़ी उम्र में हिसार विश्वविद्यालय से पी.एच.डी की डिग्री हासिल करके वे डॉक्टर सुशील दाहिमा बन गए। अपनी मन मोहक बातों से दूसरों का दिल जीत लेना उनके बाएँ हाथ का खेल है। उस दिन की शाम मुझे सदा याद रहेगी। एक अज्ञात नम्बर से मेरे पास एक कॉल आया। कॉल करनेवाला उधर से बोल रहा था- कुदरत जी राउरकेला से मैं कवि सुशील दाहिमा वोल रहा हूँ। अपने एक दोस्त से आप का नम्बर लेकर एक खाश काम के लिए मैंने आप को कॉल किया है। वैसे तो हम एक दूसरे से ना आशना हैं मगर जहाँ तक अदब का सवाल है तो मैं आप को अच्छी तरह जानता हूँ। आपका ओड़िआ शेरी मजमुआ 'विची विचित्रा' के जरिये मैंने आपको जाना। मैं ने सुना है कि आप एक अच्छे तर्जमाकार भी हैं। आपसे मेरी यह मोदबाना गुज़ारिश है कि आप मेरे एक हिंदी शेरी मजमुआ का ओड़िआ में तर्जुमा कर के मुझे शुक्रिया का मौक़ा इनायत फर्माएँ तो बड़ी नवाज़िश होगी। उनकी सलीस उर्दू से मैं बेहद आकर्षित हो गया। मना करने के लिए मेरे पास कोई गुंजाइश बची नहीं थी। विनमता से मैंने कहा- सर जी, अपनी किताब भिजवाएँ। अगर उसमें से कोई एक भी कविता मुझे पसंद आ गई तो मैं इनशाल्लाह पूरी किताब का अनुवाद कर दूंगा। मेरी बात पर वे आश्वस्त हो गए और किताब भिजवाने का पता लेकर मुझे ख़ैरबाद कह दिया।

एक दिन पार्सल पहुँच ही गया। अंदर से 'काई के फूल' किताब निकली। मैंने उसे शुरू से आखिर तक पढ़ डाला। एक कविता 'जीवन' मुझे बहुत अच्छी लगी। मैंने अनुवाद करने की ठान ली और दाहिमा जी को इसकी सूचना भी दे दी। अभी तक वे मेरे भैया जी नहीं बने थे, बल्कि दाहिमा जी ही थे। 'काई के फूल' दिखाई नहीं देते पर भैया जी ने अपनी कविताओं के माध्यम से पाठकों को दिखा दिया है कि 'काई के फूल' होते भी हैं। किताब पर उनकी खूबसूरत फोटो देख कर मेरे दिल में सवाल पैदा हुआ कि बाहर से देखने में तो आदमी बड़ा सुंदर दिखता है, क्या वास्तव में अंदर से भी उतना ही खूबसूरत है? उनसे मिलने के बाद मैंने उनके वाक्य और कार्य से उन्हें पहचानने का प्रयास किया तो पता चला कि वे जितना बाहर से सुंदर हैं उतना ही अंदर से खूबसूरत हैं। मैं बड़ा ही भाग्यशाली रहा कि सुशील दाहिमा जैसा एक इनसान मेरी जिंदगी में दोस्त बनकर आया। निश्चितरूप से यह मेरे बाप-माँ की दुआओं की बरकत है। मेरे पिता जी कहा करते थे- बेटे, आखरी साँस तक विद्यार्थी बनके रहना क्यूंकि ज्ञान एक ऐसा दरिया है जिसे कोई भी पार नहीं कर सकता। किताबों से दोस्ती करना और हो सके तो किसी अच्छे इनसान से भी। एक अच्छा इनसान छायादार पेड़ जैसा होता है। उससे कोई फल मिले न मिले छाया तो मिलकर ही रहेगी। मुझे भैया जी से फल और छाया दोनों मिले, मैं जीवनभर उनका आभारी रहूँगा।

भैया जी के खयालों को अक्षुण्ण रखते हुए मैंने 'काई के फूल' का ओड़िआ अनुवाद करने का प्रयास किया और उसमें सफलता भी मिली। अनूदित किताब 'शिउली फूल' के नाम से छप गई जिसका विमोचन राउरकेला में हुआ। उस मौके पर उत्कल मेल दैनिक संवादपत्र के सौजन्य से एक भव्य कवि सम्मेलन का आयोजन भी किया गया था। हिसार यूनिवर्सिटी के प्राध्यापक तथा प्रख्यात हिंदी कवि डॉ रामनिवास 'मानव' जी का मुख्य अतिथि के रूप में आना हुआ था। उनसे भी परिचित होने का मुझे सौभाग्य मिला। अहंकार रहित एक विनयी आदमी, उनके अंदर ज्ञान का समुंदर उछल रहा था पर वे बाहर से बड़े ही शांत, शिष्ट और साधारण लग रहे थे। ज्ञानी पुरुषों की यही पहचान होती है। अनेक छात्रों ने उनके अधीनस्थ पीएचडी की डिग्री हासिल की है।उनके दोहों से मैं बेहद प्रभावित हो गया। मेरे दिल में उनके लिए जगह बन गई और वे मेरे अज़ीज़ बन गए। इस तरह मुझे और एक अच्छे इनसान से दोस्ती करने का सुयोग मिल गया। उनके अनुरोध पर उनकी एक हिंदी कविता संकलन 'सांझी है रोशनी' का भी मैंने ओड़िआ में अनुवाद करने का बेड़ा उठा लिया। राउरकेला के सफर में मेरे साथ मेरे सुख-दुख की साथी धर्मपत्नी भी थीं। दाहिमा जी के आग्रह पर हम वहाँ २-३ दिन ठहरे। उस दौरान उन्होंने हमें जिस तरह का आतिथ्यता प्रदान किया और अपनों जैसे व्यवहार किया तो हमारे दरमियान की दूरियाँ दिन-ब-दिन घटती गईं और नजदिकियाँ बढ़ती गईं। वे जब भी भुवनेश्वर आते तो हमारे ही घर रुकते और हमारे ही घर खाना खाया करते। रफ्ता रफ्ता पहचान दोस्ती में बदल गई, फिर दोस्ती पारिवारिक संपर्क में। इस तरह, दाहिमा जी का भैया जी में रूपान्तरण हो गया। वे मेरी पत्नी के जेठ और मेरे बच्चों के बड़े अब्बू बन गए। मेरे दोस्तों ने भी उन्हें बड़े भाई का दर्जा दिया है और उन्हें बहुत सम्मान देते हैं। संस्कृत के एक श्लोक में कहा गया है -

स्वगृहे पूज्यते मूर्खः स्वग्रामे पूज्यते प्रभु। स्वदेशे पूज्यते राजा विद्वान्सर्वत्र पूज्यते।।

अपने ज्ञान और अपनी गरिमा के लिए भैया जी को हर जगह इज्जत मिलती है। उनके स्वच्छ विचार और उच्च कोटी के आचार-व्यवहार के खातिर उन्हें सम्मान मिलता है। वे विद्वान हैं, इसमें कोई शक नहीं। आयु तो लगभग अठत्तर साल होगा। कौन जाने ऊपरवाले ने उन्हें कितनी लम्बी उम्र दी है। मेरे खयाल से वे अपनी कृति में अमर रहेंगे। ओड़िशा के वरपुत्र पंडित गोपबंधु दाश महाराज ने एक सवाल का जवाब देते हुए दो पंक्तियाँ कही थीं जिनका हिंदी अनुवाद कुछ इस तरह हो सकता है-
"मनुष्य की आयु वर्ष, मास, दिन और क्षण से नापी नहीं जाती बल्कि उसके कर्मों से नापी जाती है।"

भैया जी और भाभी जान को ऊपरवाला सुदीर्घ और निरामय जीवन प्रदान करें, इसी प्रार्थना के साथ में अपने कलम को विराम देता हूँ। जय भारत ! जय भारतीय !!

~ कुदरत अली कुदरत
काशाना-ए-इत, १७६/२४१, कोचिलापुर,
ओल्ड टाउन, भुवनेश्वर - ७५१००२, (मो) ९८६१४५१४८१.

11

साहित्य व हिंदी पत्रकारिता के यश : डॉ सुशील दाहिमा, मेरी नजर में

हिंदी साहित्य और पत्रकारिता के इस अहिन्दी भाषी क्षेत्र ओडिशा के पश्चिमी इलाका में सबसे चर्चित तथा प्रतिष्ठित सृजनकारों में डॉ सुशील दाहिमा ' अभय' के नाम को मैं नमन करते हुए यह कह सकता हूं कि वे ज़िंदगी से साहित्य और पत्रकारिता को जोड़ने वाले कलमकार माने जाते रहे हैं. मेरी नज़र में डॉक्टर सुशील दाहिमा इस अहिन्दी भाषी क्षेत्र, पश्चिम ओड़िशा के कोने - कोने में हिंदी पत्रकारिता और साहित्यिक लेखन कला को उच्च शिखर तक इस तरह फैलाया कि आज उनके बताए रास्ते पर कई पत्रकार पत्रकारिता को माध्यम बनाकर जीवन- यापन कर रहे हैं.

मैं दाहिमाजी को जितना समझ पाया हूं, उनके साहित्य और पत्रकारिता में समसामयिक समस्याएं पढ़ने को मिलती है. हालांकि मेरी मुलाकात उनसे 1977 में उनके निवास स्थान आदिवासी बाहुल्य क्षेत्र, सीमेंट नगर राजगांगपुर में हुई थी, जब मैं संबलपुर से प्रकाशित हिंदी साप्ताहिक पहले 'कटुक्ति' और बाद में 'अनाम भूमि' समाचार को लेकर उनसे विमर्श के लिए पहुंचा था. मैं तभी उन्हें जान गया कि लोगों से निकट का सरोकार रखने वाले चिंतनशील रचनाकार, कवि मन के सहृदय व्यक्तित्व डॉ. सुशील दाहिमा गहन दृष्टि के धनी व्यक्ति हैं. उन्होंने अपने साहित्य और पत्रकारिता के माध्यम से क्षेत्र के छोटे बड़े सभी पत्रकारों को आगे बढ़ाने में मदद की और इस लायक बना दिया कि आज दर्जनों पत्रकार इस अहिंदी भाषी इलाके में मर्यादा सहित पत्रकारिता कर रहे हैं. यह श्रेय श्रेष्ठ पत्रकार डॉ सुशील दाहिमा को जाता है. उनके इसी नजरिए की वजह से मैं उनका वंदन और अभिनंदन करता हूं. उनके लिखे साहित्य और पत्रकारिता की मैं जितना भी चर्चा करूं या विमर्श करूं बहुत कम है. मैंने जैसा उन्हें जाना और परखा, यदि अपनी बात कहूं तो ओडिशा में जो श्रेष्ठ और कालजयी

होने की क्षमता रखते हैं, डॉ दाहिमा उनमें प्रथम हैं.

उनका पूरा साहित्यिक व पत्रकारिता जीवन पूरी तरह लिटरेचर से गहरा जुड़ा हुआ है. वर्तमान और अतीत की जानकारी वे अपने सभी परिचित पत्रकारों को मित्रों को समय-समय पर देते रहते हैं. डॉ सुशील दाहिमा ने वक्त की नज़ाकत को गहराइयों में उतरकर देखा है और पश्चिम ओड़िशा के संबलपुर, झारसुगुड़ा, राउरकेला, बरगढ़ और बलांगीर के अनेक छोटे बड़े पत्रकारों को अपनी नजरों से परख लिया और उन्हें हर संभव हिंदी पत्रकारिता को आगे बढ़ाने के लिए मदद की.

हालांकि, मेरी मुलाकात उनसे इस दौरान कई बार हुई और मुझे सौभाग्य से उनके साथ पत्रकारिता के क्षेत्र में कार्य करने का मौका मिला. मैं उन्हें गुरुजी कहकर संबोधन करता हूं. इस बात को कहने में मुझे कोई संकोच नहीं है कि हिंदी पत्रकारिता के इस आयाम तक पहुँचाने में मेरे जैसे कई पत्रकारों को प्रशिक्षित कर डॉ सुशील दाहिमा ने कई साहित्यकारों, पत्रकारों को जीने लायक बना दिया है, आज सभी सुखी जीवन जी रहे हैं.

मुझे याद है डॉ सुशील दाहिमा ही थे कि उन्होंने कई कमजोर पत्रकारों को अपने ओजस्वी विचारों से संपन्नता देकर आगे बढ़ाया. उनमें कई नाम हैं, जैसे संबलपुर में देहाती विश्वनाथ, नटवरलाल अग्रवाल, झारसुगुड़ा में तपस्वी लाल तिवारी, बृजराज नगर में अंजनी शर्मा, राजकुमार शर्मा, बरगढ़ में पृथ्वीनाथ साहू, अनेक नाम हैं जिन्हें डॉ सुशील दाहिमा ने पत्रकारिता की ऊंचाइयों तक पहुंचाया.

मुझे याद है, एक बार मैंने उनसे कहा था कि आपकी कविताएं पत्रकारिता के साथ-साथ अपने पथ ढूंढने वाले बेचैन मन की अभिव्यक्ति है. उन्होंने अपनी साहित्यिक कविताओं के भीतर शोधकर्ता की तरह 'पोएट्री में रियलिटी' को खोजने की कोशिश की है.

ओडिशा में, हिंदी के अति विशिष्ट रचनाकारों में डॉ सुशील दाहिमा आज एक सुपरिचित नाम है. मैंने जहां तक उन्हें जाना है, उन्होंने जिस तरह से कविता, कहानी, के साथ पत्रकारिता को समालोचना के युग में बदलने का काम किया अपने आप में काबिले तारीफ है. डॉ सुशील दाहिमा की रचनाओं में छायावाद का प्रभाव तो है लेकिन कल्पना के स्थान पर यथार्थ को उन्होंने जगह दी है. पत्रकारिता पटल पर सर्वप्रथम उनका उदय 'बढ़ते चलें' और 'उत्कल संदेश' सप्ताहिकों हुआ था. बाद में दैनिक 'युगधर्म', दैनिक 'नवभारत',दैनिक 'लोकस्वर' से होता हुआ, अंत में दैनिक 'उत्कल मेल' तक आकर टिक जाता है, जिसके संयुक्त संपादक वे आज भी हैं.

मैंने उन्हें देखा है कि उनकी रुचि आज भी अध्ययन, अध्यापन, पत्रकारिता और सार्थक विषयों के लेखन पर टिका है. मैंने उनकी रचित कई कविताएं पढ़ी हैं, जो जीवन का यथार्थ प्रतिबिंबित करती हैं. मुझे याद है जब वे लिखने के लिए बैठते हैं तो पहले चाय फिर तंबाकू उनके लिए बेहद ज़रूरी है. समय-समय पर डॉ सुशील दाहिमा अपने पुराने मित्रों के साथ साहित्यिक चर्चाओं और कविताओं पर विमर्श भी करते हैं.

पत्रकारिता को लेकर मैं जब भी उनसे मिला. उनसे आत्मीय सम्मान जरूर मिला और मुझे आगे बढ़ाने में उन्होंने हर संभव मदद की. एक बार उनसे यह भी चर्चा हुई थी कि सत्य और यथार्थ को समझने के लिए व्यक्तित्व में निरंतर संशोधन या परिवर्तन करते रहने की आवश्यकता होती है और उन्होंने इस पर अपनी पूरी सहमति जताई थी. पत्रकारिता को लेकर विचार से चिंतन फिर निर्णय तक की लंबी यात्रा उन्होंने तय की.

मैं मानता हूं कि विभिन्न विषयों पर डॉ सुशील दाहिमा की अपनी स्वतंत्र दृष्टि है और वे अपने ख्यालों की बेलाग अभिव्यक्ति के लिए जाने गए. सबसे खासियत यह है कि जटिल जीवन संघर्षों में उलझे रहते हुए भी उन्होंने लेखकीय कार्य को बड़ी निष्ठा से किया. आज, जब मैं एक मुकाम पर हूं, मैं महसूस करता हूं कि मेरे भीतर मीठे पानी का कोई झरना है, जिसमें प्रेम को आत्मीयता से अधिक से अधिक उंडेलना है, अगर इसका कोई आदि स्रोत है तो वह है डॉक्टर सुशील दाहिमा!

मैं एक मित्रवत होने के नाते उनके संबंध में इतना ही कह सकता हूं, उन्होंने जिस स्वर्णिम लेखन व साहित्य की अमूल्य निधि हम जैसे लघु पत्रकारों को दी है, वह निस्संदेह अपने आप में बहुत बड़ी बात है. मैं उन्हें नमन करते हुए, सदा आभार व्यक्त करता हूं. जय हिंद.

~ देहाती विश्वनाथ,
हैदराबाद, तेलंगाना स्टेट.
मोबाइल - 99374 37686

12

उड़ीसा में हिन्दी पत्रकारिता के भीष्म पितामह : सुशील दाहिमा

ओडिशा में हिन्दी पत्रकारिता व राष्ट्रभाषा के प्रचार प्रसार की दयनीय अवस्था के अतीत का इतिहास सन्तोष जनक कतई न था। अब तो ओडिशा में हिन्दी साहित्य व पत्रकारिता, लहलहा रही है। यह भी सच्चाई है कि हिन्दी पत्रकारों को ओडिशा सरकार आज भी सरकारी मान्यता प्रदान करने की दिशा में पूरीतरह मौन व्रत धारण किये हुए हैं। जबकि हिन्दी पत्रकारिता को सही दिशा प्रदान करने में राउरकेला का प्रमुख योगदान रहा है। स्व. आदित्य कुशवाहा ओडिशा में हिंदी पत्रकारिता के कर्णधार थे तो भीष्म पीतामह हैं, वरिष्ठ पत्रकार साहित्यकार कवि डॉ. सुशील दाहिमा अभय। स्व. बिजय पटेल थे अभिन्न सहयोगी। दाहिमा जी के सत्प्रयास से पूरे पश्चिम ओडिशा में हिंदी के प्रथम साप्ताहिक समाचार पत्र 'बढ़ते चलें', फिर 'उत्कल संदेश' प्रकाशित/प्रसारित हुआ। हिन्दी पत्रकारिता के बढ़ते महत्व का आकलन कर, इसे आगे बढ़ने में ओड़िआ प्रकाशक/संपादकद्वय स्व पंडित रघुनाथ मिश्रा और डॉ. पितवास मिश्रा तथा 'उत्कल भूमि' नाम हिंदी साप्ताहिक के सम्पादक स्व सीताराम रूंगटा का प्रयास स्तुत्य ही नहीं अपितु चिरस्मणीय है।

डॉ. पितवास मिश्रा द्वारा हिंदी रंगीन दैनिक 'उत्कल मेल' का प्रकाशन विगत अढ़ाई दशक से निरंतर प्रकाशित होरहा है। दाहिमा जी आज भी इसके संयुक्त संपादक पद पर कार्यरत हैं।

सत्तर के दशक में हिन्दी पत्रकारिता को प्रोत्साहित करने का बीड़ा 'भीष्म पितामह सुशील दाहिमा जी ने उठाया। उन्होंने स्व. बबन प्रसाद मिश्र के संपादन में रायपुर (छत्तीसगढ़) से प्रकाशित दैनिक 'युगधर्म' के ओडिशा प्रमुख की जिम्मेदारी सम्हाल कर इस दैनिक को पश्चिम उड़ीसा का प्रमुख समाचार पत्र बना दिया था। दाहिमा जी के सार्थक परामर्श पर इस

दैनिक का स्वतंत्र ओडिशा संस्करण का प्रकाशन भी शुरू हुआ। इसे प्रमुख के रूप से दाहिमा जी ने पश्चिम ओडिशा के सभी प्रमुख शहरों तक पहुंचाया यथा राउरकेला, राजगांगपुर, कांसबहाल, सुंदरगढ़, झारसुगुडा, सम्बलपुर, बरगढ़, बलांगीर, टिटलागढ़, ब्रजराजनगर, बेलपहाड़ सहित कई अन्य शहरों में युगधर्म का प्रसार बढ़ाया। इस दौरान अपने संघर्षपूर्ण में अभियान में तपस्वी लाल तिवारी, बिशनाथ देहाती, स्व नटवरलाल अग्रवाल, पृथ्वीनाथ साहु,सतीश शर्मा को भी पत्रकारिता के मार्ग पर उतार कर "युगधर्म के प्रचार व प्रसार को शिखर तक पहुंचाने में सफल रहे। इसी दौर में दाहिमा जी ने अन्य पत्रकारों के साथ साथ आपातकाल की विभीषिका भी झेली।इसके बाद अचानक युगधर्म का प्रकाशन पूर्णतः बंद हो जाने के बाद,दाहिमा जी ने रायपुर से ही प्रकाशित दैनिक 'नवभारत' को ओडिशा लेकर आए और उसे दोबारा परिश्रम कर पश्चिम ओडिशा में फैलाया।जब कि पहले से कोलकाता से दैनिक विश्वामित्र, सन्मार्ग और दिल्ली से हिन्दुस्तान, नवभारत टाइम्स जैसे अखबार के डाक संस्करण भी सीमित संख्या में आ रहे थे।परंतु स्थानीय और क्षेत्रीय समाचारों की दृष्टि से दाहिमा जी और उनके सभी उल्लेखित साथियों ने नवभारत को भी एक मुकाम तक पहुंचाया।तब से आजतक नवभारत हररोज पढ़ा जाता है।

अपने संघर्षमय जीवन को झेलते हुए भी श्री सुशील दाहिमा जी का हिंदी और हिंदी साहित्य तथा पत्रकारिता के लिए हिंदीतर प्रदेश ओडिशा में किया गया उनका संघर्ष न केवल अतुलनीय और अविस्मरणीय है बल्कि अत्यंत ही खेदजनक भी है। पत्रकारिता को एक मिशन माननेवाले दाहिमा जी यदि थोड़ी सी 'चमचागिरी' राजनीतिबाजों की करते तो शायद आज उनका नाम राष्ट्रीय सम्मानों की सूची में शामिल होता!जब पांच दशक से अधिक हुआ, ओडिशा सरकार ने ही इस हिंदी के प्रति पूर्णतः समर्पित साधक को शासकीय मान्यता और सुविधा नहीं दी है तो यहां का कौन सा नेता और क्यों दाहिमा जी के नाम की अनुशंसा केंद्र सरकार में करेगा!

78 साल की आयु में वे आज भी हिंदी साहित्य और पत्रकारिता के लिए समर्पित और सक्रिय हैं।काश कोई तो होता जो उनके नाम की सार्थक अनुशंसा केंद्र सत्ता तक करता ! इस बारे में दाहिमा जी की ही पंक्ति उद्धृत कर रहा हूं..'प्रश्न चिंतित है कि उत्तर कौन देगा !?'

मेरा मानना है कि गुरुदेव दाहिमा जी का आध्यात्मिक प्रेम और गुरुमाता ही उनके विश्वास,संकल्प और उनकी सफलता की मुख्य कुंजी हैं। साहित्य साधक,सहज सरल आत्मीय पर एक महान व्यक्तित्व, कवि, कुशल उद्घोषक, संगीतज्ञ, पत्रकार व स्तम्भकार जैसी अन्य कई प्रतिभा से सम्पन्न मेरे गुरुदेव,दाहिमा जी के गौरवमय जीवन की सफलता एव दीर्घायु होने की प्रार्थना श्री जगन्नाथ महाप्रभु से करता हूँ।

~ तपस्वी लाल तिवारी
झारसुगुड़ा, ओडिशा
+91-9937117234

13

'चरैवेति' सूत्र-धारक महान योद्धा

डा. सुशील दाहिमा 'अभय' न केवल साहित्यिक लेखन के क्षेत्र में धुरंधर हैं बल्कि पत्रकारिता लेखन-क्षेत्र में भी पारंगत हैं। दोनों क्षेत्रों में आपकी एकसमान रूप से पकड़ है। तभी आप हर प्रकार से मानव-मनोविज्ञान की आलोचन की अपार क्षमता को धारण करते हैं। यदि हम इसे साइकोमेट्रिक्स अवधारणाओं के आधार पर विवेचना करते हैं तो आपके समग्र व्यक्तित्व एवं कृतित्व में पूर्णता पाते हैं। मनोविज्ञान के धरातल पर आपके व्यक्तित्व एवं कृतित्व को रखकर जिसने परखा, समझो वह वैश्विक विश्वसनीयता की कसौटी पर पूर्णतया खरा उतरा। 'दाहिमिक मन' का गुणांक आपके व्यक्तित्व एवं कृतित्व में चार चांद लगाता है।

वृक्ष न तो अपने फलों का स्वाद खुद लेना जानता है और न ही सुखद छाया का सुख भोगता है। इन दोनों का सुख तो वह दूसरों को देता है। ठीक इसी तरह आपका व्यक्तित्व भी है। परहित उपकार करने का धर्म किसी छायादार, फलदार वृक्ष को महान बना देता है और उसका इस सत्य से अनभिज्ञ रहना उसकी साधुता है। ठीक यही गुण आपमें है।

आपके विषय में जितना जाना जाए, वह कम ही है और जितना लिखा जाए वह उससे भी कम है। ब्रह्म की खोज करने वाले व्यक्ति की मनोभूमि से उपजे भाव शब्द ब्रह्म तो होते ही हैं और उस ब्रह्म से एकाकार होकर सृजनकर्ता स्वयमेव परमानंद का स्रष्टा एवं द्रष्टा दोनों ही बन जाता है। आप भी परमानंद का स्रष्टा एवं द्रष्टा हैं। यही आपके जीवन का आध्यात्मिक सत्य है। यही सत्य आपमें किसी प्रकार की यादृच्छिक त्रुटियां किंचित नहीं आने देतीं और न ही किसी प्रकार की अप्रत्याशित भ्रांतियां आने देती हैं। आपके कृतित्व एवं व्यक्तित्व में मानव-मन के विज्ञान की न्यूनताएं शायद ही कहीं दृष्टिगोचर होती है।

आपका जन्म १२अगस्त १९४५ को वर्तमान ओड़िशा के सुंदरगढ़ जिले के राजगांगपुर में एक लब्ध प्रतिष्ठित दाधीच पुजारी परिवार में हुआ था। आपकी माता धर्मनिष्ठ महिला थी और पिता कविराज द्वारिका प्रसाद पुजारी दाधिमथ संस्कृत के प्रकांड पंडित और प्रसिद्ध आयुर्वेदाचार्य थे। विद्वान पिता की संतान में विद्वता के गुण आना स्वाभाविक है। पिता

से मिली कवित्व मन की विरासत को भरपूर पोषित करके आपने अपने माता-पिता को गौरवान्वित किया है। इसके अतिरिक्त आपके गुरुदेव बाबा 'निर्भय हाथरसी' के वरदहस्त की छत्रछाया में आपके साहित्य पुहुप पल्लवित होते रहे।आपके हृदय में सदैव अपने गुरु के प्रति अपार श्रद्धा रहती है।श्रद्धामूलक आपकी ये पंक्तियां स्वयं साक्ष्य हैं-

"बिन घी दीपक कब जलता है

बिन गुरु ज्ञान कहां मिलता है

शत बार नमन है निर्भय गुरु!

आशीष अभय को मिलता है "

डा.सुशील दाहिमा 'अभय' का साहित्य एवं तत्संबंधी विवेचनाएं--

साहित्य समय की धुरी के अनुरूप अपनी परंपरा, संस्कृति, सभ्यता एवं रूढ़ियों आदिक को साथ लेकर चलता है। वह भी कभी उससे जुड़ता हुआ तो कभी उसकी रूढ़िवादिता को तोड़ता हुआ। समाज की विद्रूपता से उभरा संवेदन आपके साहित्य में सर्वत्र पाए जाते हैं। एक बानगी देखें-

"समाज के घुप्प तमस में

अब तक अनसुलझा सा

एक आधा अधूरा प्रश्न लिए

वह कच्चा फूल

आज भी नंगा खड़ा है

कैक्टस की ओट में!"

(आपकी 'अनसुलझन' कविता से)

आपने जीवन के हर कालखंड में जिस जीवन को जिया है वह या तो मानवीयता का संवर्धन करते हुए राष्ट्रीय चेतना को जागृत करता है या फिर हिंदी के सतत उत्कर्षण से अनुप्राणित रहता है। यह आपके साहित्य की अद्भुत खासियत है।

स्थितिवादी सोच के विरुद्ध नवीनता को अंगीकार करके मन के भावों और विचारों का संतुलित अभिव्यक्तन काव्य की उपादेयता की अभिवृद्धि करता है। ऐसा ही गुण आपकी सर्जना में जगह-जगह उजागर होता है। किसी भी काव्य का शिल्प-विधान ही है जो उसके कथ्य को प्रासंगिक एवं यथार्थवादी बनाता है। और इसके निकष आपका सृजन पूर्णरूपेण खरा है। आप ही के शब्दों में तत्संबंधी परिदृश्यात्मक पंक्तियाँ-

"मत फेंट अब राजनीति की ताश को

आ चल देख मेरे संग आकाश को

फिर रचेगा एक नया इतिहास संकल्प

कवि कर साकार बूढ़े देश की तलाश को"

(आपकी 'देश धर्म' कविता से)

हर लेखक के संवेदन का मूल स्रोत उसका परिवेश होता है उसी में वह श्वास लेता है और उसी के प्रवाह में बहता भी जाता है। किसी कालखंड की कृति उस समय के सामाजिक परिवेश का आईना होती है। आप ही के शब्दों में-

"शोषण होता है आदमी का

रिश्तों की बनावट पर।

गहरे ताने बाने में उलझ कर

रह जाते हैं संबंध

बेमानी और छूछे हो कर।"

(आपकी 'आदमी का मैं' कविता से)

काव्य सृजन स्वयं का स्वयं से गठबंधन होता है जिसमें अंतर्मन से निःसृत होने वाली संवेदनाएं या यों कहें कि अनुबंधित संवेदनाएं जीवन का प्रवाह बन जाती हैं। काव्य धारा की धवल सुरसरि एक दर्पण बन जाती है जिसमें कवि के भोगे हुए सुख-दुख के प्रतिबिम्ब को सम्पूर्ण संसार देखता है। इन्हीं अवधारणाओं पर आपका साहित्य अवसंरचित है।

साहित्यिक सृजन यात्रा में अनेक कृतियों का सृजन करने वाले साधक की भाँति आयु के अहम पड़ाव तक पहुँचते-पहुँचते आपका सृजन उस अगोचर ब्रह्म को समर्पित हो गया है जो एक स्वयमेव जाग्रत प्रक्रिया का अंग है।

आपके जीवन में कर्मठता का तत्व आपकी अधिकांश रचनाओं में दृष्टिगोचर हो रहा है। जीवन-प्रवाह का निर्बाध अविराम गति से बहने के सूत्र का अंगीकरण भी उसमें स्पष्ट रूप से दिखाई देता है। उदाहरण के रूप में ये पंक्तियां द्रष्टव्य हैं-

"दिन में जीवन के संघर्ष

कतई विराम नहीं लेते

निश्वास की थकन भी

तब विश्राम नहीं लेती"

(आपकी 'मेरा कवि' कविता से)

आपके मन में कर्मनिष्ठा का भाव अतीव प्रबल है। आपकी रचनाओं में प्रेम की सरसता तो है हीं, मोहकभाव भी हैं जो हृदय को अंदर तक भिगो जाते हैं। प्रेम एक नैसर्गिक अलौकिक भाव है जो सृष्टि के किसी एक बिंदु पर न ठहर कर विराटता को प्राप्त करके ब्रह्मस्वरूप हो जाता है। देखिए इन पंक्तियों में आपके कविमन ने प्रेम की नियति को बहुत सुंदर गढ़ा है-

"यदि प्रेम, प्रेम है

आकाश की नीलाई-सा

परम् शून्य की गहराई-सा

वह गहन, गंभीर विराट होता है"

(आपकी 'प्रेम दंशन' कविता से)

जहाँ एक ओर कवि बचपन की स्मृतियों से दुलराता है और प्रेम के समर्पण से अभिभूत है वहीं दूसरी ओर आज के समाज की विसंगतियों से वह आहत भी है। आपके कविमन के हृदय की पीड़ा इन पंक्तियों में देखिए-

"चंद सिक्कों के उलटवार से

हलकान है इंसा,

गर्दो गुबार की करवटों में

यूँ खो रहे हैं लोग।"

जब स्वप्न बिना पूरे हुए ही टूट जाते हैं तो टूटने की आवाज शोर न रह कर मौन साधता सन्नाटा हो जाता है। यही भाव आपके के शब्दों में द्रष्टव्य है-

"फिर एक सपने का टूटना

टूट कर बिखर जाना और

कमरे में अब

बस सांय सांय है।"

(आपकी 'किरचन एक स्वप्न की' कविता से)

डा.सुशील दाहिमा 'अभय' की पत्रकारिता एवं तत्संबंधी विवेचनाएं--

पत्रकारिता के आकाश में उड़ने वाला पंछी हर दिशा रूपी विधा में उड़ान भरकर अपनी सामर्थ्य को टटोलता रहता है। उसका मंतव्य स्वयं को सिद्ध करने के अतिरिक्त पत्रकारिता के शिव-तत्व की सेवा करना भी होता है। संक्षिप्तत: आपकी पत्रकारिता में शिव-तत्व सर्वत्र भरे पड़े हैं।

इन दिनो पत्रकारिता की नवीन अवधारणाओं पर आप ओड़िशा में हिंदी भाषा एवं पत्रकारिता के उद्भव और विकास के ऊपर शोध लेखन भी कर रहे हैं। पूर्व में आप पुरस्तम पुरी के संपादक रह चुके हैं और वर्तमान में ओड़िशा के हिंदी दैनिक 'उत्कल मेल' के संयुक्त संपादक हैं।

आपके व्यक्तित्व में प्रखर पत्रकारिता के होने के कारण आपने ओड़िशा में हिंदी की मशाल को जाज्वल्यमान करने में महत्वपूर्ण भूमिका निभाई है। इतना तो निश्चितरूपेण कहा जा सकता है कि आपकी पत्रकारिता की चेतना हरपल आपके व्यक्तित्व को पाकर धन्य महसूस करती होगी।

डा.सुशील दाहिमा 'अभय' को मिले पुरस्कार एवं तत्संबंधी विवेचनाएं--

वैसे तो आत्मतुष्ट एवं आत्म सम्मानित व्यक्ति लौकिक सम्मानों की ईप्साओं से पूर्णतया परे होता है फिर भी यहां पर आपको मिले सम्मानों की चर्चा न करना नैतिक धृष्टता होगी।

१.आपको सर्वप्रथम वर्ष १९७६ में राष्ट्र भाषा प्रचार समिति द्वारा ' राष्ट्र भाषा रत्न' की उपाधि से सम्मानित किया गया।

२. वर्ष २००५ में भारत संचार निगम लिमिटेड(संचार मंत्रालय के अंतर्गत)के राउरकेला डिवीजन द्वारा ' हिंदी सेवा सम्मान ' दिया गया।

३.वर्ष २००६ में हिंदी में विशिष्ट योगदान के लिए " ' ' स्वर्ण मणि ' सम्मान दिया गया।

४. वर्ष २००७ में ' कलमवीर ' और ' उत्कल मेल ' सम्मान प्रदान किया गया।

५. वर्ष २००८ में ' हिंदी साहित्य सम्मेलन प्रयाग ,' द्वारा ' सारस्वत सम्मान ' और उसी वर्ष आपको राउरकेला ओड़िशा साहित्य संस्था(स्वयं प्रभा)द्वारा ' स्वयं प्रभा ' सम्मान दिया गया।

६. वर्ष २००९ में विक्रमशीला हिंदी विद्यापीठ (भागलपुर बिहार) द्वारा आपको ' विद्यावाचस्पति' की उपाधि दी गई।

७. वर्ष २०१० में ' संकल्प संस्थान राउरकेला ' (ओड़िशा) द्वारा आपको ' सारस्वत संकल्प शिरोमणि ' सम्मान तथा उसी वर्ष आपके कविता संग्रह ' काई के फूल ' पर महर्षि मार्कण्डेय विश्वविद्यालय मुलाना(जिला .अंबाला, हरियाणा) द्वारा ' एम . फिल.' की डिग्री दी गई।

८. वर्ष २०११ में आपको भागलपुर बिहार द्वारा ' विद्यासागर' एवम इसी वर्ष देहरादून से ' साहित्य वाचस्पति' उपाधि मिली।

९. वर्ष २०१२ में पंजाब कला साहित्य अकादमी द्वारा आपको ' विशिष्ट अकादमी ' सम्मान इसके अलावा रायपुर छत्तीसगढ़ द्वारा ' साहित्य रत्न' इसी वर्ष वैशाखी साहित्य संसद राउरकेला द्वारा आपको ' पंडित सत्यनारायण तिवारी स्मृति सम्मान' दिया गया।

१०.वर्ष २०१३ में आपको ' गणेश शंकर विद्यार्थी पत्रकारिता सम्मान ' (गोरखपुर.उत्तरप्रदेश)से नवाज़ा गया।इसके अतिरिक्त आपको मिले अन्य सम्मानों में ओड़िशा के सुप्रसिद्ध सामाजिक सेवा संस्थान ' राजस्थान परिषद,राउरकेला ' द्वारा वर्ष २०१९ का ' समाज रत्न' सम्मान दिया गया। 'विप्र फाउंडेशन ' ओड़िशा द्वारा आपको ' अहोभाग्य सम्मान ' से नवाजा गया। इसके अतिरिक्त ओड़िशा की कई साहित्यिक संस्थाओं ने आपको समय-समय पर सम्मानित किया है।

उपसंहार-

अनेक पुरस्कारों से सम्मानित होने के बावजूद आप आत्मश्लाघा से परे हैं। जीवन के तपोवन में, साहित्य की यज्ञ शाला में आपके द्वारा दी जाने वाली निष्काम आहुति साहित्य के नवांकुरो के लिए आज सुप्रेरक ज्योतिशिखा के समान है। आपकी सभी पुस्तकें आपकी दक्षता को अभिप्रमाणित करती हैं। सर्वहारा वर्ग की पीड़ाओं एवं सामाजिक विसंगतियो की विद्रूपताओं से आप न केवल परिचित हैं बल्कि उसके शमन के लिए पुरजोर तरीके से आवाज भी उठाते हैं। आपका कवि मन पत्रकारिता और साहित्य सर्जना की दोधारी तलवार पर आज भी निर्भय होकर अनवरत चल रहा है। आपका व्यक्तित्व एवं कृतित्व सबों के लिए नवमार्ग को सृजित करता है।

अंततः मैं बड़े गर्व से कह सकती हूं है कि आप 'चरैवेति-चरैवेति के सूत्र को पकड़कर चलने वाले एक महान योद्धा हैं।

~ मधुश्री के.(मधु श्रीवास्तव)

पुणे, महाराष्ट्र, फोन नंबर :+९१-७७१०९६९०७५

14

नार्वेजियन* दृष्टिकोण के सृजनकर्ता : डॉ सुशील दाहिमा अभय

वर्ष उन्नीस सौ पैंतालीस, भारत के इतिहास में बहुत महत्वपूर्ण स्थान रखता है। इसे आप नार्वेजियन दृष्टिकोण कह लीजिए या आर्क्टिकियन सिद्धांत कह लीजिए, कहते हैं कि ब्रितानी रानी के हुकूमत में सूर्य कभी अस्त नहीं होता था। पर उस समय भारत में ब्रितानी हुकूमत अवसान पर थी।

महात्मा गाँधी ने अंग्रेजों को भारत छोड़कर चले जाने का प्रस्ताव दिया था। उस समय भारतीयों की भावुकताभरी, अतिरंजित अभिव्यक्ति शिखर पर थी। ब्रितानी शासन द्वारा उत्पन्न की गई समस्याओं के अंबार लगे हुए थे, जिसे भारतीय जन-मानस ने ढहाने का मन बना लिया था। समस्याओं की अँधेरी गलियों को यहां के लोग उजाले करने को ठान चुके थे। नूतन, स्वतंत्र, स्वदेश के निर्माण की शीतल अलकनंदा शनैः-शनैः गिरि से उतरकर समतल भूमि पर अपने चरण रखने की प्रक्रिया में थी। ऐसी ही ओजस्वी धरती पर इसी वर्ष बारह अगस्त को स्वाधीनता की सुगबुगाती लहरी से ओत-प्रोत उत्कल भूमि पर डा. सुशील दाहिमा 'अभय' जी का अवतरण हुआ।

डा. दाहिमा के ऊपर लिखित इस लेख की लेखिका के लिए, व्यक्तिगत रूप से, यह वर्ष इसलिए अहम् है क्योंकि वर्ष उन्नीस सौ पैंतालीस में ही मेरे भी पूज्य पिताजी का जन्म हुआ था। यहाँ इसका उल्लेख करना मुझे इसलिए समीचीन प्रतीत हुआ क्योंकि डा. दाहिमा जी से मुझे सदैव पिता तुल्य अनुभूतियाँ ही प्राप्त हुई हैं। मुझे उनसे साहित्यिक सुविधाओं की लेशमात्र कमियाँ नहीं मिली हैं।

धन्य हैं ऐसे माता-पिता जिन्होंने आप जैसी विभूति को न केवल जन्म दिया बल्कि आपका समग्र लालन-पालन करके आपमें संस्कार एवं मेधा का विकास करवाए। वे अपने

नेकमिजाजी के सुन्दर समन्वय से आपके लोक-कल्याण के प्रज्ज्वलित दीपक की लौ को अद्भुत हैरण्य शक्ति प्रदान किए। आपकी माताजी सावित्री देवी की कर्म केंद्रीभूत धर्मपरायणता और आपके पिता कविराज द्वारिका प्रसाद पुजारी 'दाधिमथ' की दीप्तिमान प्रकांड विद्वता को भी मेरा शत-शत नमन है।

यहाँ मैं कुछ उल्लेख करना चाहूंगी। आपसे मेरा प्रथम परिचय आपके साहित्यिक मंच 'हमराही समादर साहित्यिक संस्थान' से जुड़ने के पश्चात हुआ। यह कहने में कोई अतिशयोक्ति नहीं कि आपमें पत्रकारिता के साथ-साथ साहित्यिक दृष्टिकोण भी उत्तमोत्तम है। साहित्यिक नियमों के सख्त अनुपालन के प्रति आपकी प्रतिबद्धता है। यह दैनन्दिन आपके अनुशासित व्यवहार एवं कार्यकुशलता का द्योतक है। पत्रकारिता के प्रति भी आप उत्कृष्ट मापदंड अपनाते हैं जो आपके लेखन के प्रचुरत्व का पूर्ण परिचायक है। हम जैसे अकिंचन कलमकारों को व्यक्तिगत रूप से लेखन के लिए सदा प्रेरित करना आपकी सामूहिक विकास की अवधारणा को रेखांकित करता है। यदि मैं कहूं कि आप जैसे सिद्ध एवं वरिष्ठ साहित्यकार का वरदहस्त प्राप्त कर पाना मेरे लिए माँ सरस्वती का वरदान है तो शायद यहाँ मेरे शब्द भी कम पड़ जाते हैं।

अब मैं साहित्यिक तौर पर थोड़ी-सी चर्चा कर लूँ। मैं अपनी अतिशय व्यस्त दिनचर्या में भी आपके आदेश पर लेखन, चिंतन, मनन करने का प्रयास किया है। ऐसे कर्म मुझे सदैव अपने पिताजी की स्मृतियों में ले जाता है। बाल्यावस्था में जिस प्रकार मेरे पिताजी के आदेश के पालनस्वरूप मुझे अनेक उपलब्धियां हासिल हुईं, ठीक उसी प्रकार लेखन-बाल्यकाल में आपकी आज्ञा मानकर मेरी लेखनी भी गौरवान्वित हुई है। पिता तुल्य मार्गदर्शन, स्नेह एवं विश्वास के लिए मैं आपकी सदैव ऋणी रहूंगी। इसी कड़ी में एक और भी आश्चर्यजनक सुखद संयोग सामने लाना चाहती हूँ। हमारी आदरणीया गुरुमाता "विजयलक्ष्मी दाहिमा", जो कि आपकी सुपत्नी और आपकी जीवनधारा का सशक्त किनारा हैं; मेरी माताजी के साथ अपना नाम साझा करती हैं। सोच कर हैरत में पड़ जाती हूँ कि इतने तथ्यों का मेल तो निश्चित ही ईश्वर प्रदत्त है और हृदय में संजोने योग्य है।

मेरी समझ से नवांकुरों को साहित्य यात्रा का यदि कोई पथ प्रशस्त होता है तो वह आपसे होता है। आपके द्वारा प्रदत्त दुरूह विषयों पर कलम चलाकर आलेख एवं कविता लेखन करने के अगणित प्रयासों से मेरी कलम निस्संदेह अत्यंत लाभान्वित हुई है। इतना ही नहीं, आपके द्वारा प्रदत्त कई विषय सदैव मुझे गूढ़ आध्यात्मिक चिंतन की ओर प्रेरित होने को विवश करते हैं। मेरा यह पूर्ण विश्वास है कि मुझ सरीखे अनेकानेक संघर्षशील लेखक मेरे इस कथन से पूर्णतया सहमत होंगे।

आप जैसे साहित्य-रत्न व्यक्तित्व पर कुछ लिखने या टिप्पणी करने योग्य न होने के बावजूद मैं यहाँ कहना चाहूंगी कि आपकी हर रचना और आपके हर शब्द अखिल संसार के उर-अंतस को विशिष्ट रूप से प्रभावित करते हैं। साहित्य में आपके भाव जन-जन के मन को विह्वल कर जाते हैं। आज जहाँ स्वघोषित रचनाकारों की बाढ़ हमारे साहित्य समाज को

आप्लावित कर रही है, वहीं आपके सृजन भागीरथी की भांति पुण्य सलिला है जो तन मन को शशि-सी शीतलता एवं चक्षुओं को गहन आलोड़न की क्षमता प्रदान करने की प्रवृति से भरपूर होते हैं।प्रकृति के प्रति प्रेम और आभार हो या विविध भावों की गंगोत्री हो, गूढ़ से गूढ़तम विषय पर आपकी दक्षता सबको विस्मित करती है।

एक हिंदी-शिक्षक के रूप में आपने कोटि-कोटि नवांकुरों को ज्ञान के प्रकाश से आलोकित कर उनके जीवन को धन्य किया है। अपने भरे पूरे साहित्यिक परिवार को आपने स्तंभ की तरह कर्तव्यों के बलिष्ठ स्कंध पर सदा उठा कर रखा है। अपने पिता की कविता रूपी धरोहर-बीज अपने नाती में भी बो पाना पीढ़ी-दर-पीढ़ी अपनी संस्कृति और विरासत को अक्षुण्ण रखने का आपका गौरवशाली प्रयास गुणगान के योग्य है।

"दरपन कब से हारा, हुई दरार की जीत", आपके काव्यसंग्रह, "टुकड़ों में बँटा मन" की कविता "वर्त्तमान का एक कोड़ा" से उद्धृत यह पंक्ति है जो आपके निजी संघर्षों की अप्रतिम गाथा गा रही है। यह कविता आपकी जीवटता की साक्षी तो है ही, हर टूटे-हारे थके व्यक्ति को प्रेरणा देती है, उन्हें जीवन के अंधेरे में राह भी दिखाती है। जहाँ एक ओर "लो फिर आ गई मधुयामिनी, प्यार से इसका सत्कार करें, समर्पण का गीत संगीत हो, हर धड़कन का श्रृंगार करें" पंक्तियों में श्रृंगारिकता है और मधुर प्रेम की चरम भावना से छलकता हुआ पीयूष घट परिपूर्ण है; वहीं दूसरी ओर,"हम न कल पराये थे "अभय", न आज हैं, न कल पराये होंगे, जिन्होंने छोड़ा कोई खेद नहीं, जो जुड़े हमारे होंगे" पंक्तियाँ स्फुट अस्पृहता को परिभाषित करती हैं। ये पंक्तियाँ भगवद्गीता के मूल को स्पष्ट रूप से परिभाषित करती हुई जान पड़ती हैं। आपके साहित्य में वैचारिक द्वंदों के दो विपरीत सिराओं को एक ही तार में तारतम्य होते देखना विलक्षण है। आपकी यह प्रतिभा आपको तारक गण में ध्रुव तारे सा स्थान दिलाती है। आप धीर, गंभीर, अविचलित, पथीकृत व्यक्तित्व के स्वामी हैं। आपका ऐसा व्यक्तित्व दूसरों के लिए अनुकरणीय है, सदैव अनुकरणीय रहेगा।

परमात्मा के प्रति आपकी आस्था निराली है। भक्ति काव्य संग्रह "श्री हनुमत-स्पर्शिका" की रचना में मारूतिनंदन के प्रति आपकी असीम श्रद्धा झलकती है। यह परमात्मा पर आपकी अखंडित आस्था का संकेत है।

देश के बदलते शोचनीय परिवेश पर आपकी कलम मजबूर होकर अक्सर अपने स्याही के माध्यम से अपनी व्यथा कागज पर उड़ेलती है। आपके साहित्यिक अभिव्यक्ति, "अंधेरे में डूबा हुआ ये शहर है, अभी रात बाकी, ये तीजा पहर है", में आपके पत्रकारिता के चिंतित विचारों की एक छोटी-सी बानगी दी गई है।

यह आपकी पत्रकारिता के प्रखर लेखनी का ही कमाल है कि मौलिक एवं ओडिया भाषा से अनूदित आपके अनेक रचनाओं, जिसमें कथाएं भी शामिल हैं, का प्रकाशन हो चुका है। हिंदी और ओडिया में आपकी पकड़ समान रूप से है जो दोनों ही भाषाओं पर आपके समान अधिकार का द्योतक है। इसके अतिरिक्त, उर्दू के शब्दों का सहारा लिये हुए भी आपकी कई रचनाएँ उत्कृष्ट श्रेणी की गिनती में आती हैं जो आपकी पत्रकारिता वाली प्रखर प्रवृतियों

के कारण संभव हो पाया है।

आपके वृहद विविध साहित्यिक एवं पत्रकारिता युक्त लेखन पर चर्चा:-

आपके लेखन का संसार विराट है।कविता संग्रह, आलेख-संग्रह और अनुदित कथाओं सहित आपकी अनेक पुस्तकें प्रकाशित हुई हैं। क्रमवार उल्लेख मैं यहाँ अनावश्यक समझ रही क्योंकि इनके विषय में प्रायः सभी जानते हैं और पढ़ भी चुके हैं। आपकी मूल भाषा हिन्दी न होते हुए भी आपने भारतेन्दु की भाषा को अपार स्नेह दिया है। ऐसे में इसे लेखन-रक्त से सिंचित और पोषित करने का आपका जज्बा वंदनीय है। मूल ओडिया से हिंदी में पुस्तकों को अनुदित करने का जो महती कार्य आपने किया है वह ओड़िशा में हिन्दी साहित्य के जनक की उपाधि भी शायद आपकी इस विशाल भूमिका समक्ष लघुतर सिद्ध होगी। उत्कल भूमि से हिंदी में समाचार पत्रों का संपादन भी आपके इसी श्रृंखला की एक महत्वपूर्ण कड़ी है।

चक्रवर्ती सम्राट अशोक की धरती पर हिंदी पत्रकारिता को गौरवपूर्ण स्थान दिलाने में आपका योगदान हिंदी जगत के लिए सदा स्मरणीय होगा। यह न केवल विशाल एवं विस्तृत है अपितु सबके लिए अनुगमनीय है।

उपसंहार:-

आधुनिक हिन्दी साहित्य एवं पत्रकारिता जगत में आप दैदीप्यमान भास्कर भांति स्थान रखते हैं। आप द्वारा संपादित पत्रों में मुझ सरीखे टुटपूंजियों की रचनाओं को काफी उन्नत स्थान मिला है। आपने न केवल सबका मनोबल बढ़ाया है अपितु हिन्दी लेखन में सभी नवांकरों की रुचि में भी अप्रत्याशित वृद्धि हुई है। आपका हिन्दी-प्रेम तो आपके लेखन और जीवन दर्शन में उजागर होता ही है, वह देश, समाज, काल को नीति और धर्म की शिक्षा भी प्रदान करता है। आपके संरक्षण में हमारी हिन्दी रूपी जननी के आँचल में अनेक कलमकार रत्न छेनी-हथौड़ियों से काटकर तराशे जा रहे हैं। आपके अथक परिश्रम के कारण यह निश्चित है कि आने वाला समय हिन्दी साहित्य के उत्थान का स्वर्णिम काल सिद्ध होगा।

असंख्य पुरस्कारों एवं सम्मानों से अलंकृत होकर भी आपकी विनम्रता और सभी के प्रति आपकी सदाशयता निश्चित रूप से शिक्षाप्रद एवं अनुकरणीय है। ऐसा कहने में मुझे कोई गुरेज नहीं कि सभी सम्मान और पुरस्कार भी आपके सान्निध्य से सम्मानित हुए होंगे। कबीर ने कितना सुंदर कहा है,"सब धरती कागद करूँ, लेखनि करूँ बनराय, सब सागर को मसि करूँ, गुरु गुण लिखा न जाय"। आपके हर गुण लिखने हेतु मेरी लेखनी छोटी पर जा रही है। आपके गौरवशाली जीवन सदा आरोग्ययुक्त बना रहे, सुमंगलता से परिपूर्ण हो, जनहितकारी बना रहे एवं सुदीर्घ परंपराओं का वाहक बना रहे। इन्हीं भावों के उद्बोधन के साथ.....किमधिकम्।

(* व्यापक)

~ डॉ प्रियांकी

जमशेदपुर, झारखंड

15

डॉ सुशील दाहिमा अभय :
कृतित्व और व्यक्तित्व

12 अगस्त 1945 को ओड़िशा राज्य के सुन्दरगढ़ जिले के राजगांगपुर गांव के एक प्रतिष्ठित ब्राह्मण परिवार में जन्मे डॉ सुशील दाहिमा 'अभय' हिंदी पत्रकारिता और हिंदी साहित्य में एक बहुचर्चित हस्ताक्षर हैं जिन्हें न केवल ओड़िशावासी बल्कि हिंदी भाषी साहित्यकार भी बड़े आदर और सम्मान से अभय जी के नाम से उन्हें जानते और बुलाते हैं. आपने अपने जीवन की शुरुआत मेरी जानकारी के अनुसार एक हिंदी शिक्षक के रूप में की थी। बाद में आप सत्तर के दशक में हिंदी पत्रकारिता से जुड़े और धीरे धीरे हिंदी साहित्य में आप का दखल बढ़ता गया. आप ने जब पत्रकारिता जगत में अपनी जगह बनानी शुरू ही की थी तब उसी वक्त तत्कालीन केंद्रीय व्यवस्था के विरुद्ध बिहार का छात्र आंदोलन अपनी चरम सीमा पर था जिसे बाद में महान स्वतंत्रता सेनानी बुजुर्ग नेता और अस्वस्थ्य रह रहे (स्वर्गीय) जय प्रकाश नारायण जी का नेतृत्व प्राप्त हुआ था और उनका नेतृत्व प्राप्त होते ही उक्त आंदोलन ने अपनी गति पकड़ ली थी और देश के सभी पत्रकारों विशेषकर युवा पत्रकारों का ध्यान आकृष्ट किया था. परिणामस्वरुप कुछ दिनों पश्चात् देश में तत्कालीन प्रधानमंत्री (स्वर्गीया) श्रीमती इंदिरा गाँधी द्वारा आपातकाल की घोषणा भी कर दी गयी थी. आपात काल के दौरान उस वक्त के पत्रकारों ने अपनी अहम् भूमिका निभाई थी जिसमें आप की अपनी भूमिका भी सक्रिय और अग्रणी थी और जैसा कि सत्ता से टकराने का हश्र होता है वह आप के साथ भी हुआ और अन्य पत्रकारों के साथ साथ आप को भी स्वाभाविक रूप से खामियाजा भुगतना पड़ा था. लेकिन राष्ट्र और राष्ट्रीय चेतना के लिए संघर्ष करने वाले दीवानों को भला किसी खामियाजे की कोई चिंता कहाँ? वह तो हर सजा के लिए हर वक्त तैयार रहता है. ऐसे ही दीवानों में आप का नाम भी शुमार होता है.

आप एक उच्च कोटि के लेखक, कहानीकार, निबंधकार और कवि हैं. आप की लघुकथाएं भी उत्तम किस्म की होती हैं. इसके अलावा आप समीक्षक तथा अनुवादक भी हैं. आप ने ओड़िया साहित्य का हिंदी में अनुवाद किया है. हिंदी साहित्य में आप की ऐसी अनेक मूल

कृतियाँ हैं जो अपनी भावी पीढ़ी के लिए मार्ग दर्शन का काम करती हैं और देश के नव जवानों को देश के लिए आगे बढ़ कर काम करने के लिए प्रोत्साहित भी करती हैं और उनके लिए ये प्रेरणा स्रोत भी हैं. आपने कई पत्र पत्रिकाओं का संपादन भी किया है और अभी भी ओडिशा में हिंदी भाषा के दैनिक 'उत्कल मेल' अख़बार में संयुक्त संपादक की हैसियत से कार्यरत हैं और बड़ी जिम्मेदारी से अपने दायित्व का निर्वहन कर रहे हैं.

आप फेसबुक जैसे सोशल मीडिया पर अपने एक ग्रुप 'हमराही समादर, हिंदी साहित्य संस्थान' का संचालन करते हैं तथा कई अन्य ग्रुप से जुड़े हुए हैं जहाँ नियमित रूप से आप की रचनाएँ पढ़ने को मिलती हैं जिससे पाठक वृन्द लाभान्वित होते हैं. मेरे कहने का अभिप्राय केवल यह है कि आप अभी भी अपने संन्यास की इस उम्र में हम सभी से अधिक सक्रिय और गतिशील हैं और यही हिंदी साहित्य की संवृद्धि का शुभ संकेत है.

कृतित्व :

कवि हृदय बहुत ही करुण और सरल होता है. आप में जो काव्य की धारा प्रस्फुटित हुई है, वह आप की पैतृक संपत्ति है क्योंकि आप के पिता जी अपने आप में एक उच्च कोटि के विद्वान थे. इसके अलावा भी आप ने निर्भय हाथरसी जी को अपना गुरु बनाया था और उनसे साहित्य संवृद्धि की शिक्षा ली थी. इसलिए आप भी हिंदी साहित्य के एक उच्च स्तरीय कवि और साहित्यकार हैं. आप ने अपने गुरु निर्भय हाथरसी को समर्पित एक बहुत ही सुन्दर मुक्तक लिखा है जो आप के पाठकों और सहयोगियों के लिए मार्गदर्शन का काम करता है. इसके माध्यम से एक सुन्दर सन्देश यह दिया गया है कि कभी भी किसी को भी अपने गुरु को भूलना नहीं चाहिए:

"बिन घी दीपक कब जलता है?
बिन गुरु ज्ञान कहाँ मिलता है?
शत बार नमन हे! 'निर्भय' गुरु!
आशीष 'अभय' को मिलता है. "

सच में गुरु का यही आशीष है जिससे शिष्य अपने जीवन में फलता फूलता और आगे बढ़ता रहता है. आप की कई पुस्तकें प्रकाशित हुई हैं जिनमें से मैं कुछ का नाम नीचे उद्धरित कर रहा हूं :

साँझ के आँचल तले

टुकड़ों में बंटा मन

अंजुरी का अंगारा

काई के फूल

श्रीहनुमतस्पर्शिका आदि ।

ओड़िया से अनूदित पुस्तकों का नाम मेरी जानकारी में नहीं है।

आप ने अभयदास नाम से 'श्रीहनुमतस्पर्शिका' नामक एक मौलिक काव्य की रचना की है जो हनुमान को समर्पित है. इसके अध्ययन से आप का भक्तिभाव परिलक्षित होता है और

पाठकों के हृदय में ईश्वर के प्रति आस्था जागृत करता है. यही आप का जीवन दर्शन भी है. इसे हम निम्नलिखित उद्धरणों से देख सकते हैं :

"हे!राम तुम्हारे तुलसी ने मानस रच कर नाम दिया.

इससे पहले रामदूत ने राम राम को राम किया.

चन्दन की आलोक प्रभा है राम नाम की रस माला.

रूप हनु की 'अभयदास' को पीने दो अमरित हाला."

इन पंक्तियों से हनुमान जी के प्रति आप की आस्था की गहराइयों का पता चलता है कि आप कितने बड़े हनुमान भक्त हैं.

आप ने भक्ति काव्य लिखने के साथ साथ प्रकृति को साधने का काम भी बखूबी किया हैं. आप के रचना संसार में भ्रमण करने के बाद कोई भी व्यक्ति आप के प्रकृति प्रेम से अछूता नहीं रह सकता है. सच तो यह है कि कोई भी प्रगतिशील कवि या लेखक प्रकृति से अलग रह ही नहीं सकता है. रचनाकार का मूल धर्म प्रकृति की तरह ही परिवर्तनशील होता है और यही परिवर्तनशीलता उसे जीवन के प्रगति पथ पर चलने के लिए प्रेरित करती है और कभी कभी उसे बाध्य भी करती है. यही कारण है कि धरती पर कवि एक दूसरा सृजनकर्ता होता है और उसका सृजन साक्षात् दिखता है, लोगों को पढ़ने और समझने के लिए, प्रेरित करता है और उसकी रचनाधार्मिता ही उसका रचना संसार होती है. नीचे लिखी कुछ पंक्तियों को पढ़ने और समझने से अभय जी के प्रकृति प्रेम का स्पष्ट परिदर्शन होता है :

"रात में शशिकर धूमिल सा,

तारों का यौवन बुझा बुझा.

बंद हवाओं की खटिया पर,

हर करवट मन उलझा सा."

(टुकड़ों में बंटा मन पुस्तक से)

एक और साँझ के आँचल तले पुस्तक से :

" अरि ओ घटा

मत इतना इतराओ.

यौवन दामिनिया

मत इतना चमकाओ.

तरस खाओ री,

करूँ गुहार श्यामला!

आग नहीं,

प्रेमामृत भाव जगाओ. "

* * *

आप की कुछ रचनाएँ देश काल से प्रेरित हैं जिसे नीचे उद्धरित की गयी है. कोई भी रचनाकार अपने देश की बद से बदतर होती हालत पर आँख मूंद बैठे नहीं रह सकता है. उसे

किसी न किसी दिन न चाहते हुए भी अपनी लेखनी उठानी ही पड़ेगी तभी वह सही मायनों में राष्ट्रभक्त कवि या लेखक होगा. दाहिमा जी की लेखनी से निकली निम्नलिखित पंक्तियों पर थोड़ा गौर फरमाएँ :

"गरीबों के लिए देश में जमीं नहीं है.

फसल उगाने के लिए खेत में नमी है.

गली कुंचों में भीड़ है नेताओं की,

पत्थर उछालो, मुद्दों की कमी नहीं है."

(अंजुरी का अंगारा से)

इस सम्बन्ध में एक और रचना बहुत ही कारगर और अर्थपूर्ण है :

"स्वतंत्र भारत की पहली संसद याद करो.

अमरत्व प्राप्त नेताओं को फिर याद करो.

देवपुरुष निर्माताओं पर अब कब रोता देश?

फ्रेम जड़ी धुंधली तस्वीरों को अब याद करो."

दाहिमा जी का रचना संसार एक विशाल सागर की तरह है और सबकी चर्चा करना मुश्किल ही नहीं नामुमकिन भी है.

व्यक्तित्व :

आम तौर से कवि क्रांतिदर्शी होते हैं. परन्तु चिरकालिक, चिरस्मरणीय, प्रातः वंदनीय, सर्वमान्य और सफल कवि वही होता है जो क्रांतिदर्शी होने के साथ साथ समदर्शी भी हो. समदर्शी कवि वही होता है जो सबको समान रूप से देखे, जो सबके साथ समान व्यवहार करे और जो सबको साथ लेकर चले, ऊंच नीच या बड़े छोटे की भावना से कोसों दूर हो, जो साहित्य में सबके साथ समवर्ती और समदर्शी आचरण रखे. कुछ कवि ऐसे होते हैं जो नवाअंकुरों की छाया से भी खुद को दूर रखते हैं. ऐसे ही कवियों के बारे में कहा गया है, जंगल में मोर नाचा, किसने देखा. ऐसे लोग निसंदेह केवल अपने बारे में ही सोचते हैं और समाज या समाज के लोगों से खुद को दूर रखते हैं. आदरणीय सुशील दाहिमा जी सच्चे अर्थों में एक समदर्शी कवि हैं. मैं व्यक्तिगत रूप से उनसे कभी नहीं मिला हूं और नहीं मेरा उनसे कोई पुराना रिश्ता या जान पहचान ही है. मेरा उनसे लगभग तीन वर्षों से केवल आभासी परिचय है और इसी फेसबुक के माध्यम से पिछले करीब तीन वर्षों से एक दूसरे को हम जानते हैं, पहचानते हैं और सन्देश द्वारा आवश्यकतानुसार कभी कभार बात भी कर लेते हैं. बातचीत से ही पता चलता है कि वे कितने मधुर और सौम्य हैं. लिखने के लिए हर किसी को हर वक्त प्रोत्साहित करते रहते हैं, नवाअंकुरों की रचनाएँ पढ़ कर जरूरत पड़ने पर उसे उचित सलाह और सुझाव भी देते हैं, उनमें तिरस्कार की भावना दूर दूर तक नहीं है. नियम कायदों, वादे इरादों के बड़े पक्के हैं.

हिंदी भाषा के प्रति वे इतने समर्पित हैं कि अपने फेसबुक ग्रुप में वे न तो अंग्रेजी का कोई शब्द स्वयं लिखते हैं और नहीं किसी को ऐसा करने की कोई अनुमति ही देते हैं. वे अपने ग्रुप

के सभी रचनाकारों की सभी रचनाएँ खुद पढ़ते हैं और फिर जाकर कोई निर्णय लेते हैं. अहिंदी भाषी क्षेत्र के निवासी होने के बावजूद वे हिंदी के प्रति इतने समर्पित हैं कि शायद ही कोई हिंदी भाषी लेखक या कवि होगा. ओड़िशा राज्य में हिंदी के प्रचार प्रसार में वे दिलो जान से लगे रहते हैं.ओडिशा की हिंदी पत्रकारिता के तो आप जनक हैं ही, आप शिखर पुरुष भी हैं! हर किसी से उनका लगाव और प्रेम है. हो सकता है कोई उन्हें नहीं भी चाहता हो परन्तु वह उन्हें कभी भूल नहीं सकता है. उनकी खुद की चार पंक्तियाँ पढ़ कर आप स्वयं उनके व्यक्तित्व का अंदाजा लगा सकते हैं:

"मैं उस दिल के करीब ही रह जाता हूं,
जो अक्सरहाँ मेरा दिल दुखाता है.
हालाँकि गुफ़्तगूँ हैं आजकल तकरारें,
फिर भी वो धड़कनें चुराता है!"

हर किसी साहित्यकार, कलाकार या कवि के हृदय में पाठकों /श्रोताओं से तालियों, वाहवाहियों की अपेक्षा तो रहती ही है. आखिर यही उसकी मजदूरी या कमाई भी है. हालांकि कोई भी साहित्यकार इसके लिए लिखता नहीं है फिर भी उसके मन में इसकी भावना तो रहती ही है क्योंकि यही तालियां / वाहवाहियाँ उसे अपने पथ पर सदा चलते रहने की प्रेरणा देती हैं, पुरस्कारों से कलाकार को पहचान मिलती है और साथ ही समाज में उसे सम्मान भी मिलता है जिसका वह हक़दार होता है.

इतने बड़े कालखंड में साहित्य के लिए आप को भी अनिगिनत पुरस्कार मिले हैं परन्तु सबकी यहाँ चर्चा करना संभव नहीं है. लेकिन कुछेक की चर्चा किये बगैर रह भी तो नहीं सकता:

आप को 2012 में पंजाब कला साहित्य अकादमी द्वारा 'विशिष्ट अकादमी सम्मान' प्रदान किया गया था।

आप का व्यक्तित्व बहुमुखी प्रतिभा का धनी है. आप की कलम की धार भी देखी है, तबले पर थपथपाते हाथ की थाप भी देखी है और हारमोनियम पर उछल कूद करती आप की उंगलियों की हरकतें भी देखी हैं. सच कहूं तो मुझे ऐसा लगता है कि यह शब्द " बहुमुखी प्रतिभा का धनी " आप जैसे लोगों के लिए ही गढ़े गये हैं. भविष्य में आप और उन्नति के शिखर पर पहुंचे, आप को और नये नये पुरस्कार मिले और आप अपनी लेखनी से भारतीय समाज और हिंदी साहित्य को बहुत कुछ दे सकें यही मेरी विनम्र कामना है और इन्हीं कामनाओं के साथ यहाँ मैं अपनी लेखनी को विराम देता हूं.

~ महेश्वर प्रसाद सिंह अलख
ग्रेटर नॉएडा (वेस्ट) उत्तर प्रदेश -201318
मोबाइल नंबर : 9968290223

16

गरिमापूर्ण भव्य व्यक्तित्व व कृतित्व के मालिक : डॉ दाहिमा

यह हर्ष की बात है कि ख्यातिलब्ध पत्रकार, साहित्यकार तथा एक लंबी अवधि से ओडिशा जैसे गैर हिंदी भाषी प्रदेश में रहकर राष्ट्र की राजभाषा हिंदी की निरंतर सेवा कर रहे आदरणीय डॉ सुशील दाहिमा 'अभय' जी का जन्मोत्सव आगामी 12 अगस्त,2023 को मनाया जाने वाला है । मैं डॉ सुशील दाहिमा जी के संपर्क में मार्च, 2021 से उनके द्वारा संस्थापित आनलाइन मुखपुस्तिका के प्रतिष्ठित साहित्यिक मंच 'हमराही समादर' के माध्यम से ही आया, परंतु इस छोटी-सी अवधि में भी मैं इस सादा जीवन उच्च विचार वाले व्यक्ति के बारे में जो भी जान पाया हूं वह अत्यंत आनंददायक, प्रेरक व 'शुभ' का ज्ञान है मेरे लिए। मैं वैसे तो इतना विद्वान भी नहीं कि ऐसी विभूति के बारे में अपनी टिप्पणी दे सकूं , तथापि मेरी दृष्टि में उनके कुछ स्वाभाविक गुण, जो सदा मेरा ध्यान आकृष्ट करते रहे, उनके बारे में मैं संक्षिप्त में अवश्य दो शब्द यहां रखना चाहूंगा।

यह सत्य है कि महानुभाव दाहिमा जी एक गरिमापूर्ण भव्य व्यक्तित्व व कृतित्व के मालिक हैं। पत्रकारिता के क्षेत्र में जैसा कि मुझे जानकारी मिली है डॉ दाहिमा 1971 से सेवारत हैं और जैसा विनम्र, उदार, अनुशासनप्रिय एवं सहकारी उनका स्वभाव मुझे दिखता है, मुझे नहीं लगता कि इतनी लंबी अवधि में भी किसी भी विवाद से उनका नाता रहा होगा।

मैंने अपने गत सवा दो वर्षों के संपर्क में उन्हें सदा ही एक अत्यंत सुलझा हुआ, बेहद सरल एवं सहृदय, किंतु पूर्णतया अनुशासन प्रिय व्यक्ति के रूप में पाया है। हिंदी साहित्य के क्षेत्र में भाषा के विकास हेतु उनका प्रेम और लगन सर्वोच्च स्तर का एवं अत्यंत सराहनीय है। वह हमराही समादर को एक परिवार के रूप में देखते हैं । सभी वरिष्ठ या नवोदित सदस्यों का समभाव से पथ-प्रदर्शन व उत्साहवर्धन करते हैं, बिना किसी राग- द्वेष के। भाषा की

शुद्धता का पूरा ख्याल रखते हैं। प्रेम से सुझाव के रूप में कमियों की ओर संकेत कर देते हैं तथा सबका साथ सबका विकास के मंत्र का पालन करते हुए हर एक की सहायता करने हेतु सदा तत्पर रहते हैं। अपने विभिन्न कार्यों एवं दिनचर्या में व्यस्त रहकर भी इस वरिष्ठ अवस्था में भी वे ग्रुप की हर बात का ध्यान रखते हैं और अपने बनाए संचालक मंडल के सहयोग से सबकी कृतियों का दैनिक स्तर पर मूल्यांकन कर उनका स्तर निर्धारित कर यथा आवश्यक सम्मान पत्र आदि देकर समय-समय पर उन्हें प्रोत्साहित एवं अनुप्राणित करते रहते हैं। सबसे समान प्रेम भाव कायम रखते हुए भी अनुशासन एवं साहित्यिक शुद्धता उनकी प्राथमिकता होती है, जहां वे कभी कोई समझौता नहीं करते।

ईमानदारी से यदि कोई सही बात करता है तो वे कभी बुरा नहीं मानते हैं। मुझे याद है कभी हमराही परिवार की कुछ जिम्मेदारी डॉ दाहिमा जी ने मुझे देना चाहा, लेकिन जब मैंने विनम्रता पूर्वक समयाभाव के कारण अपनी असमर्थता प्रकट की, तो उन्होंने सहर्ष स्वीकार किया और हमारे संबंध सदा पूर्ववत बने रहे तथा जब भी कोई बात होती है तो वे स्पष्ट रूप से बात करके पथप्रदर्शन करते हैं। शायद दो बार मुझे उन्होंने निर्णायक की भूमिका देकर मुझ सदृश साधारण साहित्यकार या रचनाकार का मान बढ़ाया। इस संदर्भ में मुझे उनका एक महत्वपूर्ण सुझाव याद है कि निर्णय रचना देखकर होना चाहिए, न कि रचनाकार या व्यक्ति को देखकर। इसमें उनके ईमानदार, पारदर्शी व्यक्तित्व की झलक स्पष्टरूपेण मिलती है।

साहित्यकार के रूप में-श्री सुशील दाहिमा 'अभय' जी समकालीन नवोदित साहित्यकारों के मनोबल को बढ़ाने वाली मानव धर्म और समावेशी विचारधारा के जनक हैं। वे साहित्य के समतावादी विचारों के पुरोधा ऐसे साहित्यकार हैं जो सभी नवोदित साहित्यकारों को अपने से भी आगे निकलने को नित्य प्रति अभिप्रेरित करते रहते हैं। आप साहित्यिक अप्रतिबंधकता की प्रतिमूर्ति हैं। आप निशिदिन अपने शुभ आशीषों से उदीयमान लेखकों को अभिसिंचित करते रहते हैं। आपके सानिध्य से नवोदित लेखकों में उत्साह का संचार होता है। आप की साहित्यिक यात्रा में आपके गुरुदेव बाबा निर्भय हाथरसी का महत्वपूर्ण योगदान रहा है एवं सौभाग्यवश पिताश्री की सघन काव्यत्व-छाया भी आपको प्राप्त हुई है।

अपने और पराए सभी को आप समभाव से देखते हैं। एक विद्वान साहित्यकार के रूप में आपकी सुबुद्धि सबका कल्याण करने वाली एवं सब के लिए मंगल दायक होती है। आपके रोम-रोम में देश के प्रति अगाध श्रद्धा समाई हुई है, यह बात आपकी ही जय हिंद शीर्षक रचना से पूर्णतया स्पष्ट होती है।

उदीयमान एवं सुसंस्थापित लेखकों के विचारों के सम्मानकर्ताओं में आपका नाम अन्यतम रूप से लिया जा सकता है। आप एक ऐसे कलाकार हैं कि प्रतिभा जब अग्रसर होने से इंकार कर देती है और मन उबने लगता है तब आप प्रतिभाओं को सच के धरातल पर लाने का माद्दा रखते हैं। उपेक्षित रचनाकारों की सहायता करना आपके व्यक्तित्व को और भी चमत्कृत करके निखारता है। राष्ट्र भारती के जागरूक रचनाकारों के मन मोहने में आप माहिर हैं। साहित्यकारों को आप सन्मार्ग दिखाकर उनकी राह को निष्कंटक बना देते हैं। आप

नवांकुर साहित्यकारों से ऐसा सलूक करते हैं कि उनमें धूमकेतु का सा तेज़ आ जाता है। आप सभी साहित्यकारों को कलम से न्याय करना सिखाते हैं, छल से कभी नहीं। आपके सानिध्य में रहकर किसी भी साहित्यकार का मुखमंडल न तो निस्तेज होगा और न ही ग्लानि से काला पड़ेगा। आपके व्यक्तित्व के सामने झूठ की जीभ कांपेगी। आपके सानिध्य में रहने वाला हर एक साहित्यकार साहित्यिक चरित्र बल से समाज में एक विशिष्ट स्थान बना लेगा, ऐसा विश्वास है। आपका पथप्रदर्शन पाकर कोई भी रचनाकार अपना करतब दिखाने से वंचित नहीं रहता है। आपके सानिध्य में आते ही छल और प्रपंच दोनों नष्ट हो जाते हैं। आपके सानिध्य में आया साहित्यकार शतपथ से कभी विचलित नहीं हो सकता है।

आपकी रचनाएं-आपके सभी काव्य संग्रह ('काई के फूल', 'टुकड़ों में बंटा मन', अंजुरी का अंगारा, 'सांझ के आंचल तले ' और 'किरचन एक स्वप्न की') एक से बढ़कर एक हैं। इनमें शामिल रचनाओं में सभ्यता और संस्कृति तथा देश-प्रेम की बात होती है और रचनाओं में सर्वत्र सजीवता दृष्टिगोचर होती है। आपकी कृतियों में मानवीयता की पूजा होती है तथा देश-धर्म या मानव-धर्म के प्रति सच्ची श्रद्धा समर्पित होती है। साथ ही मानवीय दरिंदगी के प्रति रोष भी दिखाई देता है। आप की कृतियां व्यथितों एवं निराश्रितों की वेदनाओं को कम करती हैं, स्वच्छंदताओं पर पाबंदियां लगाती हैं तथा नैसर्गिक अदब की स्थापना करती हैं। आपकी कविताएं विश्व कल्याणकारी पथप्रदर्शन करती हैं। कवि की हालिया प्रकाशित काव्य संग्रह 'किरचन एक स्वप्न की' से कुछ पंक्तियां देखें:-

"बड़ा पेड़ तो बरगद होता सबको छाया देता है,
प्रिय बनकर वटवृक्ष सरीखा बनो सहारा सबका।
विनयशील, सुशील, सदाचारी, ये गुण हैं वैभव-कोश;
सत्य न्याय अपनत्व वाणी से वनो दुलारा सबका।"

××××××××××

"दिनकर शशिकर ऋतुओं से तुम भी समझो जीवनशैली।
निज गुण आधार से ही पूजी जाती है गंगा मैली।"

×××××××××××

"ठाने यदि मानव तो आकाश ऊंचाई कुछ भी नहीं,
पथ प्रदर्शक नन्हीं चींटी वह 'सीखो मुझसे' कहती है।"

××××××××××××

"समझ सको तो समझो बाबू चिंता नहीं करो चिंतन।
जीवन दूध सरीखा, चाहो यदि नवनीत करो मंथन।
अक्षर अक्षर शब्द शब्द में, हर भाषा में ज्ञान भरा है,
निर्भर तुम पर कुछ बनना हो तो करो अंतः परिवर्तन।"

(मेरी थाती 'नौनिहाल......से)

"जिसने भी दिल तोड़ा, मैंने उसको छोड़ा है।
पथ नया चुना मैंने, चुनी दिशा, पग मोड़ा है।"

(पथिक एकाकी.........से)

विशिष्ट साहित्यिक कृतियां एवं सम्मान-ओड़िया भाषा के प्रख्यात साहित्यकार एवं सुप्रसिद्ध कथाकार श्री गौरहरि दास की कहानी संग्रह 'झूठ का पेड़ ' का आपने अत्यंत सुंदर अनुवाद किया है। इसके अतिरिक्त ओड़िया शोध ग्रंथ 'श्री क्षेत्र व श्री जगन्नाथ ' का भी आपने हिंदी में अनुवाद किया है जो कि हिंदी में इस संदर्भ की संभवतः पहली पुस्तक होगी। ओड़िया लघु कथाओं का सर्वप्रथम हिंदी अनुवाद 'क्षणिका' नाम से आपने किया था। इसी तरह अनेकानेक ओड़िया कहानियों एवं कविताओं का हिंदी में अनुवाद आपने किया है जो विभिन्न पत्र-पत्रिकाओं में प्रकाशित हुई हैं। आपने 'ओडिशा में हिंदी साहित्य व पत्रकारिता : उद्भव एवं विकास' पर शोध लेखन भी किया है। 'चिराग जलाओ अंधेरा है' पुस्तक में आपके संपादकीय एवं अन्य आलेख संकलित हैं। साहित्य के क्षेत्र में आपको अनेक पुरस्कार एवं सम्मान विभिन्न राज्यों एवं संस्थानों से प्राप्त हुए हैं।

आदरणीय डॉ दाहिमा जी को मेरी ओर से अग्रिम व अशेष शुभकामनाएं तथा बहुत-बहुत बधाई।

~ राजेंद्र प्रसाद गुप्ता,
ईमेल: *rpgaadi2015@gmail.com*
लखनऊ (उत्तर प्रदेश),

17

सकारात्मक दृष्टिकोण के चितेरे साहित्यकार : डॉ अभय

हमराही समादर साहित्य संस्थान के संस्थापक/ संयोजक डॉक्टर सुशील दाहिमा "अभय " की जन्मभूमि ओडिशा के राजगांगपुर है। श्री दाहिमा मूल रूप से ओडिशा , अहिंदी क्षेत्र हैं। अहिन्दी क्षेत्र के होते हुए भी हिन्दी साहित्य के प्रति उनकी निष्ठा और समर्पण अनुकरणीय है। हिन्दी पर उनकी पकड़ भी बहुत खूब है , जो कहीं से भी उनके अहिन्दी होने का आभास भी नहीं देती है। ओडिशा के सुन्दरगढ़ जिले के राजगांग पुर ग्राम में 12 अगस्त 1945 में एक प्रतिष्ठित 'दादीच' पुजारी परिवार में हुआ था। उनके पिता श्री आयुर्वेदाचार्य कविराज द्वारिका प्रसाद पुजारी "दाहिमा" (स्मृति शेष) और माता श्री सावित्री देवी (स्मृति शेष) थीं।

श्री सुशील दाहिमा के कथनानुसार उनका जीवन शैशव काल से अबतक संघर्ष पूर्ण ही रहा है। किन्तु, उनके संघर्ष की आँच का कोई भी दुष्प्रभाव उनकी हिन्दी साहित्य साधना में ढूँढ़ने से भी नहीं मिलेगा। बल्कि हिन्दी भाषा और साहित्य की साधना के लिए के लिए उन्हें कई सम्मान भी मिल चुके हैं। जिसकी एक लंबी ऋंखला है।

उनकी साहित्यिक कृतियाँ कुछ इस प्रकार हैं---

सब से पहले उन्होंने ओडिया लघुकथाओं के संग्रह का हिन्दी अनुवाद "क्षणिका " के नाम से धर्मवीर भारती के प्रकाशन में निकलने वाली अपने समय की प्रतिष्ठित हिन्दी साप्ताहिक पत्रिका धर्मयुग में हुआ था, और उनके अनुवाद की प्रशंसा मूर्धन्य साहित्यकार डॉक्टर प्रभाकर माचवे ने की थी। इसके बाद इनके एक ओडिया कविता संग्रह "शिउली के फूल " का हिन्दी अनुवाद " काई के फूल" नाम से श्री कुदरत अली कुदरत ने किया। श्री दाहिमा का गीत संग्रह "टुकड़ों में बंटा मन " "श्री हनुमत स्पर्शिका - भक्ति काव्य संग्रह ' अभय दास '

के उपनाम से प्रकाशित है। "अंजुरी का अंगारा" (देशात्मक कविता संग्रह) " सांझ के आंचल तले " चतुष्पदियाँ" प्रकाशन के लिए तैयार है ।

उनके प्रथम कविता संग्रह "काई के फूल " की एक कविता ' मनी प्लांट ' मुक्त छंद की स्वगत् भाषण के रूप में बहुत ही सुन्दर रचना है , जो एक अंधविश्वास के खोखलेपन को नकारती है ---

" तुम्हीं ने कहा था न,
मनी प्लांट की हर नई कोंपल के साथ
धन में वृद्धि होती है -परन्तु,
मेरे कुर्ते की जेब आज भी
मुँह फिरा कर मनी प्लांट की ओर
अपने होठ बिचका देती है ...
....
विश्वास करो जिस दिन तुम्हारा कहना सच होगा/
मैं प्रिय तुम्हें मैके से
जरूर लौटा लाऊँगा । "

किन्तु, कवि की इस 'ना' में भी किंचित् आक्रोश या कसैला पन ना हो कर अंतर्वेदना की एक टीस भी मसखरेपन के रूप में उभरती है। नकारात्मक को भी सकारात्मक दृष्टिकोण से देख पाना सब के बस की बात नहीं है। श्री दाहिमा की रचना 'मनी प्लांट' इसका जीवंत उदाहरण है । दूसरी रचना 'सांझ के आंचल तले ....." की हैं ---

"सुमन बन पाती
आशाओं की कलियाँ
निराश, ढ़ल जाता है दिन ।
बुढ़ा जाती हैं सांझ के आंचल तले
रवि के अस्त होते ही ।"

इन पंक्तियों में कवि हृदय की आशा और निराशा के भाव हैं।

"टुकड़ों में बंटा मन" की इन पंक्तियों में --
"बन गये हैं ढूंठ की परछाई से संबंध सारे ।
स्नेह आशा और ढ़ाढ़स के बिना मरूस्थल किनारे।
वेदनाएँ मिलेंगी हृदय के अभिलेख में।
संवेदनाएँ घिर आई हैं स्वार्थ के परिवेश में।"

यहाँ मात्राओं का पूर्ण संतुलन नहीं है, फिर भी शब्दों में लयात्मकता और भावों में खिंचाव है।

श्री दाहिमा की कुछ अन्य कविताओं की पंक्तियाँ भी बहुत ही सुन्दर हैं।

"स्मृतियों के पंख नहीं होते ,
फिर भी उड़ा करती हैं
'अभय ' भावनाओं के नभ शून्य में चढ़ा करती हैं। "
"स्नेह के दान का तुम प्रतिदान मत सोचो
प्रेम में सम्मान या अपमान मत सोचो।"

इन पंक्तियों में सरल शब्दों में अंतर्मन की एक पावन सोच के दर्शन होते हैं। श्री दाहिमा के काव्य सृजन का संपूर्ण विवरण इस आलेख में पूरा कर पाना संभव नहीं है।

बात की जाए उनके पुरस्कार और सम्मान की तो उनकी संख्या भी कम नहीं है। कुछ मुख्य उपलब्धियों की चर्चा के बिना यह आलेख अधूरा रहेगा। अतः उनके पुरस्कार और सम्मान की सूची (जो मुझे उपलब्ध है) कुछ इस प्रकार है ----

1-राष्ट्रभाषा रत्न " उपाधि राष्ट्र भाषा प्रचार समिति, वर्धा (1976)

2- हिन्दी सेवा सम्मान (2005) भारत संचार निगम, राउरकेला।

3- 'कलम वीर ' उपाधि(2007) साहित्य संगम, तिरोड़ी बालाघाट (म.प्र.)

4- 'विद्या वाचस्पति (2009) एवं "विद्या सागर (2011) उपाधियाँ विक्रम शिला विद्या पीठ, गाँधी नगर, भागलपुर।

5- "सारस्वत सम्मान," हिन्दी साहित्य सम्मेलन, प्रयाग (2008)

6- "विशिष्ट अकादमी सम्मान " (2012) पंजाब कला अकादमी।

7- "साहित्य वाचस्पति" उपाधि (2011) देहरादून

8--"सारस्वत संकल्प शिरोमणि सम्मान (2010) संकल्प संस्थान राउरकेला

9-- " साहित्य रत्न " (2012) उपाधि सम्मान , ब्राह्मण अंतर्राष्ट्रीय, रायपुर (छ.ग.)

10-- "उत्कल मेल सम्मान " (2007)

11- " सारस्वत सम्मान " तुमर साहित्य मंच , महाराष्ट्र

12--" स्वयं प्रभा सम्मान " ओडिया साहित्य संस्था स्वयं प्रभा द्वारा (2008) राउरकेला

13- " वैशाखी साहित्य संसद राउरकेला द्वारा पंडित सत्यनारायण तिवारी स्मृति सम्मान (2012)

14-- "स्वर्ण मणि" सम्मान (2006) वेदव्यास गौशाला समिति, राउरकेला

15--" महर्षि मारकंडेश्वर विश्वविद्यालय, भुलाना (अंबाला) हरियाणा से काव्य कृति पर एम. फिल.(2010)

श्री सुशील दाहिमा का कर्म क्षेत्र लेखन, साहित्य और पत्रकारिता है । संप्रतिः संपादक (संयुक्त) दैनिक उत्कल मेल, राउरकेला है। इतनी उपाधियाँ, सम्मान और उत्कृष्ट लेखन के बाद भी अहंकार शब्द उनसे कोसों दूर है। उनका सरल और मृदुल स्वभाव उनके व्यक्तित्व का विशेष गुण है । "हमराही समादर साहित्य संस्थान" की स्थापना का उनका मूल उद्देश्य अधिकाधिक नव लेखकों को हिन्दी लेखन के प्रति प्रोत्साहित करके साहित्य के लिए एक नयी पीढ़ी को खड़ा करना है। " हमराही समादर साहित्य संस्थान " में कई नौसिखुए सदस्यों

को प्रोत्साहित करके उन्होंने अग्रसरित किया है । सबसे महत्वपूर्ण है "हमराही ...." में उनकी अंग्रेजी लिपि की वर्जना जो एक साहसी कदम है । श्री दाहिमा अपने नियमों के प्रति पूर्णतया प्रतिबद्ध हैं ।

अहिन्दी क्षेत्र के श्री दाहिमा की भाँति यदि और भी अहिन्दी भाषी साहित्यकार हिन्दी के उत्थान के लिए अपना समर्पित भाव दें, तो हिन्दी को राष्ट्रभाषा बनने में कोई भी बाधा नहीं आ सकती है। हिन्दी के प्रति दाहिमा जी का समर्पण पूरी तरह से राष्ट्रप्रेम नहीं तो और क्या है ? ईश्वर से यही प्रार्थना है कि हिन्दी को राष्ट्रभाषा का गौरव दिलाने के लिए कुछ और 'सुशील दाहिमा' प्रयत्नशील हो कर इस महती कार्य को पूरा करने का पुण्य कर सकें।

अपने आलेख को यहीं विराम देकर मैं श्री सुशील दाहिमा जी को हार्दिक शुभकामनाएँ भेंट करती हूँ और उनके सुदीर्घ-स्वस्थ एवं सुखी जीवन की अशेष मंगल कामनाएँ करती हूँ ।

~ मंजुला शरण 'मनु'

राँची, झारखण्ड

18

हिंदी भाषा और हिंदी साहित्य के प्रति प्रतिबद्ध : डॉ दाहिमा

इस सृष्टि की रचना उस परमात्मा ने सर्वश्रेष्ठ लक्ष्य को ध्यान में रखकर ही किया होगा। अर्थात हमारे आसपास या हमारे जीवन में जो भी घटनाएं, परिवर्तन होते हैं, यह सभी विधि का विधान है। किसी भी प्राणी का इस संसार में जन्म लेना अपने आप में एक महान घटना होती है। परमात्मा किसी नीयत प्रयोजन एवं लक्ष्य को रखकर ही सृष्टि के कण-कण की गति को दिशा देता है।

यदि मैं कहूं कि मैं, आप और हम सब किसी विशेष उद्देश्य के लिए इस धरती पर जन्म लिए हैं; तो इसमें कोई अतिशयोक्ति नहीं होगी। कहने का तात्पर्य है कि इस धरती में आना वास्तव में प्रकृति के नियम के अनुसार हर कोई किसी न किसी संबंध से जुड़ा हुआ है। इस संबंध की कड़ी में डॉ सुशील दाहिमा 'अभय' जी का भी नाम आता है, जिनका जन्म किसी विशेष लक्ष्य हेतु हुआ है। मैं डॉ सुशील दाहिमा 'अभय' जी के संपर्क में कैसे आया और उनका तथा मेरे बीच संबंध का सेतु कैसे बना? इस पर मैं अपने कुछ विचार व्यक्त करना चाहूंगा।

संबंध जीवन का सबसे बड़ा सेतु है। संसार का हर कण एक दूसरे से प्रत्यक्ष या परोक्ष भाव से जुड़ा हुआ है। यह जुड़ाव किसी कण का कण से, सशरीरी या रासायनिक क्रिया तथा प्रक्रिया हो सकती है। अर्थात प्रकृति का हर तत्व एक दूसरे से जुड़ा हुआ है, यह तथ्य तथा प्रमाणिक तौर पर सत्य है। मेरा यह लिखने का तात्पर्य है कि यदि किसी व्यक्ति, तत्व या जीवात्मा के साथ यदि मैं जुड़ा हूं, तो जरूर है कि कहीं ना कहीं मेरा उसके साथ कोई गहरा संबंध है। और जब संबंध की बात उठी है तो, जिस व्यक्तित्व पर यहां लेखनी के माध्यम से विचारों की वर्षा हो रही है; उस व्यक्तित्व के साथ मेरा संबंध कब, कहां और कैसे जुड़ा? उस संबंध में सबसे पहले मैं उसका विस्तार करना चाहूंगा।

मैं फेसबुक के हिंदी समूह में निरंतर साहित्य के लेखन, विचार प्रेषण एवं पठन से जुड़ा था।इसी दरमियान मैंने एक हिंदी समूह को अपने पास पाया,जिसका नाम था हमराही समादर हिंदी संस्थान।इस संस्थान से मेरा जुड़ना 30 दिसंबर 2021 को हुआ।

डॉ सुशील दाहिमा अभय जी इस हिंदी संस्थान के संस्थापक एवं संचालक थे। इस हिंदी साहित्य के समूह में केवल और केवल हिंदी के विकास और उसकी समृद्धि हेतु ही लेखन सामग्रियां एवं प्रतियोगिताएं प्रेषित की जाती थी। डॉ सुशील दाहिमा अभय जी! हिंदी की सेवा और उसके स्वरूप को समृद्ध एवं निरंतर सुचारू रूप से चले,इस हेतु उनकी पूरी कोशिश होती थी कि कोई भी विचार या प्रतिक्रिया केवल हिंदी में ही हो।

हिंदी भाषा और हिंदी साहित्य के प्रति उनकी प्रतिबद्धता को देखकर मैं हतप्रभ था। तब से लेकर आज तक मेरा और उनका संबंध लिखे विचारों के माध्यम से ही होता रहा। कभी-कभार मैंने उनसे फोन पर भी विचार-विमर्श किया, जो मेरे लिए अत्यंत ही सुखद रहा है।

हिंदी भाषा और साहित्य के प्रति उनका समर्पण दुर्लभ है। उन्होंने अभी तक के अपने जीवनकाल में हिंदी की सेवा और उसकी समृद्धि में ही समय व्यतीत किया है, जो अपने आप में सराहनीय और प्रशंसनीय है।

जहां इन्होंने अपने क्षेत्र में रहकर अहिंदी भाषा-भाषी के उत्थान और समृद्धि में काम किया; वहीं हिंदी भाषा- भाषी के साहित्य प्रेमियों को भी हिंदी के मानक तथ्यों से परिचित करवाया।हिंदी पत्रकारिता की दुनिया में भी इन्होंने अपनी गहरी पैठ रखी है।पत्रकारिता के माध्यम से इन्होंने हिंदी को एक नए आयाम देने की भरसक कोशिश की है।डॉ सुशील दाहिमा अभय जी! के कृतित्व पर यदि विचार किया जाए तो,उन्होंने जहां अपने छोटे-छोटे विचारों एवं कविताओं से अपने हृदय की वेदना,संवेदना,भावना,कल्पना,भावों एवं विचारों को पेश कर पाठकों के हृदय में में आनंद फैलाया,वहीं अपनी पुस्तक के माध्यम से उन्होंने समाज और मानव जाति को एक नई प्रेरणा प्रदान की है।

डॉ सुशील दाहिमा अभय जी हिंदी साहित्य के एक प्रकाश स्तंभ है,जिसके आलोक में हिंदी साहित्य के अंधकार को एक नई चेतना तथा जागृति मिलेगी। जहां ये विचार से स्पष्टवादी हैं, वहीं ये विनम्र, व्यवहार कुशल और हृदय के कोमल व्यक्ति हैं।

अंत में मैं डॉक्टर सुशील दाहिमा 'अभय' जी! के हिंदी साहित्यिक सेवा,विचार तथा कृतित्व के बारे में इतना कह सकता हूं कि आने वाले समय में यह मील का पत्थर साबित होगा।साथ ही इनका साहित्यिक जीवन और ज्ञान राष्ट्र के लिए एक धरोहर बन कर रहेगी। राष्ट्र के ऐसे साहित्य अनुरागी एवं तपस्वी की तपस्या सफल हो,ऐसी मेरी शुभकामनाएं है।उनकी निस्वार्थ, कर्मठ और अजय हिंदी साहित्य सेवा को मेरा नमन।

~ पी. यादव 'ओज
झारसुगुड़ा, ओडिशा, संपर्क-सूत्र -९९३७५१०६४१

19

दाहिमा जी के लिए कविता साधना है, उपासना है

तीन मजदूर छेनियों से पत्थर काट रहे थे. मैंने एक से पूछा, "क्या कर रहे हो भाई?" उसने बड़े आक्रोश में झुंझला कर कहा, "अंधे हो क्या? देखते नहीं मजदूरी कर रहा हूँ!" यही सवाल मैंने दूसरे से पूछा तो वह निराशा से बोला, "मजूरी कर रहा हूँ भैया." जब मैंने तीसरे से पूछा तो उसने मुझे बड़े प्यार से देखा और कहा, "भगवान की मूर्ति बना रहा हूँ भैया." सवाल एक ही था, पर उसके उत्तर तीन तरह के मिले. आदमी अपना जीवन इसी तरह तीन तरीके से जीता है. राउरकेला (ओड़िशा) के कवि सुशील दाहिमा अभय इन्हीं में तीसरे तरह के व्यक्ति हैं.

दाहिमाजी के लिए कविता जीवन की साधना है, मंदिर में उपासना है, अच्छे बुरे की समालोचना है. उनके लिए कविता बुद्ध का दर्शन है, प्रेम का बंधन है, भवरों का गुंजन है, फूलों में गंध है, सरगम का छंद है, मीठा मकरन्द है, ढाई आखर का प्रबंध है, आदि कवि की आँखों की करुणा है, होठों पर मुस्कान है और देश के प्रति गौरव गुमान है.

दाहिमा जी की कविताओं को यदि शब्दों की देह से इतर उसकी आत्मा से पढ़ेंगे तो वे सही मायनों में खरी उतरती हैं.

कविता लिखना आसान है किन्तु कविता को जीना आग में तपने जैसा है. दाहिमा जी आज के मंचीय प्रपंचीय कवियों से इतर भीड़ नहीं हैं, अपितु नीड़ के कवि हैं. ओडिशा जैसे अहिंदी भाषा के प्रदेश में इन्होंने जो हिंदी की पताका फहराई है वह किसी भागीरथ श्रम संकल्प से कम नहीं है.

उनकी सज्जनता, सरलता, तरलता, व्यापकता और लोकप्रियता देखते ही बनती हैं. इनके शहर में दो दिन रुककर मैंने बहुत कुछ देखा. उन्हें तो काई में भी फूल उगाने की कला आती है, जैसा कि इनके 'काई के फूल' कविता स्वतः सबकुछ बयां कर देती है.

उनसे मेरी पहली मुलाकात प्रयाग में हिंदी साहित्य सम्मेलन में हुई थी. यह जानकर कि में निराला की धरती का हूँ, इन्होंने इतना प्यार दिया कि मुझे उन्नाव से उनके घर अपनी युगल जोड़ी के साथ जाना पड़ा. वहां जाकर मुझे लगा जैसे हमारा उनका परिचय कई जन्मों

का है. माताश्री के हाथ की बनी गट्टे की सब्जी का स्वाद आज तक मेरी जबान पर है. देखो अब प्रभु कब मिलवाता है उनसे. बहरहाल, अगर सुशील दादा के बारे में एक वाक्य में कहें तो वे शत प्रतिशत कवि हैं.

इनके साहित्य की विभिन्न विधायें युगीन यथार्थ को व्यक्त करते हुए समकालीन साहित्य को समृद्ध कर रही हैं. परन्तु आदिम संस्कार जिस गहराई से कविता से जुड़े हैं, वे आज भी सक्रिय हैं और जो हमें आदि कवि की याद दिला जाते हैं. जिस वाल्मीकि ने रामकथा को मनुष्य की उदात्त कल्पना का रचनात्मक आधार बनाया, कविता को कारुण्य धारा से जोड़ा, उसी धारा में अवगाहन कर दाहिमा जी की रचना धर्मिता प्रेम, करुणा और मानवता के नित नए आयाम को गढ़ रही है. वैसे तो साहित्य की हर विधा में उनकी पकड़ है, किन्तु कविता कुछ ज्यादा ही मुखर है. कविता की तीन शक्तियां होती हैं — अविधा, लक्षणा और व्यंजना. इस कवि का कौशल तो लक्षणा और व्यंजना में ही देखने को मिलता है. अविधा में तो काव्य रचना बहुत आसान है, किंतु दाहिमा जी की अधिकांश रचनाएँ अभिधा एवं व्यंजना में ही हैं. उन्हें समझने के लिये भाव और भाषा की उस गहराई तक जाना पड़ता हैं जहाँ मोतियों की चट्टानें अवस्थित होती हैं. उनके कृतित्व में उनका व्यक्तित्व समवेत होकर बोलता है.

आज जब सत्ता, प्रतिष्ठा और जुगाड़ द्वारा लेखनियाँ खरीदीं और बेचीं जा रही हैं तथा नीलाम हो रही हैं, तब अनुग्रहों, अनुकम्पाओं और कृपाओं की सर्वथा उपेक्षा करने वाले युगबोध के कवि डॉ. सुशील दहिमा अभय जी बहुत ही प्रासंगिक हो गये हैं.

विश्व कल्याण की राह पर चलने वाला ओड़िशा का यह रचनाकार हर युग का प्रतिमान बनेगा, ऐसा मुझे पूर्ण विश्वास है. मेरा सादर प्रणाम ओड़िशा के इस 'कबीर' जैसे अनन्य हिंदी सेवक को!

~ सुरेश सिंह फक्कड़
एल.आई.जी. सेक्टर ए,, प्रियदर्शनी नगर, उन्नाव, उ. प्र.
मोबाइल न. 9415933242

20

सप्तरंगी विचार प्रणेता : श्री सुशील दाहिमा जी

सागर की अतल गहराई और उत्ताल तरंगो की गति को अपने भीतर न केवल उतरने देना, बल्कि उसकी लहरों के हल्के से स्पर्श से सागर की थाह पा लेने का साहस कुछ बिरले ही कर पाते है। उनमें से एक है 'सुशील दाहिमा 'अभय, हिन्दी साहित्याकाश में सूर्य की तरह जाज्वल्यमान, साहित्य जगत् का एक जाना पहचाना सम्मानित नाम। सुविख्यात पत्रकार, साहित्यकार, जिन्होंने ओड़िशा जैसे अहिंदीभाषी क्षेत्र में हिंदी का परचम फहराया,आज किसी परिचय के मोहताज नहीं है। आपके द्वारा किए गए कार्य ही आपका गुणगान करने के लिए काफी है।

आपके अष्टपहलु व्यक्तित्व के बाकी पहलुओं से मैं उतना वाकिफ नहीं जितना कि आप से मिले स्नेह, प्रेम से वाकिफ़ हूँ। मैंने आपको, गुरु एवं ज्येष्ठ भ्राता के रूप में ज्यादा जाना है।

आप से मेरा पहला परिचय,आपकी कविता संग्रह "काई के फूल" के विमोचन समारोह के उपलक्ष्य में आयोजित कवि सम्मेलन में हुआ था। सन 2009 में मा.दिनेशजी देहाती के संग में राउरकेला पहुंचा था और फिर वह परिचय स्नेह में बदला और वक्त के साथ उस स्नेह में और प्रगाढ़ता आती चली गयी।

नाते सिर्फ खून के नहीं होते, कुछ नाते पूर्वजन्म के होते हैं, जो ईश्वर ने नियोजित किए वक्त पर पुनः स्थापित होते है,पारिवारिक संबंधों में बदल जाते हैं। आज मैं स्वयं को गौरवान्वित महसूस करता हूँ कि जिन लोगों को आप का स्नेह प्राप्त हुआ उनमें से मैं भी एक हूँ।

आपका व्यक्तित्व उस सुमन-सुगंध की तरह है जो पूरे परिवेश को महकाती है। आपके व्यक्तित्व के कुछ बिंदु पर गौर कर मैंने जाना है कि, आप हमेशा खुश रहते है। स्वास्थ्य संबंधित या और कैसी भी परेशानी हो,आप हँसते-हँसते उसका सामना करते है। आप स्वयं प्रोत्साहित रहते है एवं दुसरों को प्रोत्साहित करते है, आपने कोई छद्म आवरण नहीं ओढ़ा

है, हमेशा अपने वास्तविक रूप में रहकर स्वयं को व्यक्त किया है। आपका सकारात्मक व्यक्तित्व ही आपका मुख्य आकर्षण है।

आपने अपने काव्य-संग्रह "काई के फूल", "टुकड़ों में बंटा मन", अँजुरी का अंगारा", "हनुमत स्पर्शिका", "सपनों की किरचन" जैसी अनेक मौलिक काव्यकृतियों द्वारा ओड़िशा के हिन्दी साहित्य में एक नवीन अध्याय जोड़ा है। आपने कई उड़िया साहित्य का हिन्दी में अनुवाद किया हैं।

हिन्दी भाषा के साथ- साथ उडिया, उर्दू एवं आंग्ल भाषा पर समान अधिकार रखने वाले आप के यहाँ शब्द अपनी ताल ठोकने के लिए नहीं आते बल्कि एक विचार का पीछा करते हुए सहज ही एक पाँत में बैठ जाते हैं और एक घनीभूत काव्यात्मक बिम्ब का सृजन करते है।

आपकी रचनाएं उन्मुक्त मन के संवेदन का शब्द चित्रण है, वहीं रचनाओं में राजनीतिक, सामाजिक और साँस्कृतिक दशा के परिप्रेक्ष्य में चिंता और आक्रोश हैं। आपकी रचनाओं में यथार्थवाद के दर्शन होते है। अलंकृत भाषा में सादगी, सौंदर्य घुल जाने से रचनाएं संवेदनीयता से पूर्ण हैं। "काई के फूल" से शुरू हुए साहित्य-सफ़र ने "सपनों की किरचन" तक आते-आते आपकी रचनात्मक, काव्यात्मक व्यक्तित्व की ऊंचाई को बहुत बढ़ा दिया है। और अधिक लिखने में मैं स्वयं को असमर्थ पाता हूँ, आपकी काव्य-रचनाओं की समीक्षा करने का सामर्थ्य मुझमें नहीं है। वैसे भी मेरा समीक्षा-कर्म, समीक्षा के लिए नहीं, कवि के सृजन-सौंदर्य को आत्मसात करने के लिए होता है।

आप अपने उपनाम के अनुरूप स्पष्टवादी एवं निर्भीक व्यक्ती है। और मैं समझता हूँ कि ये निर्भीकता आपको आपके इष्ट 'हनुमान' जी से प्राप्त हुई है। जिस प्रकार हनुमानजी ने गोस्वामी तुलसीदास जी को अपना आशीष दिया और मार्गदर्शन किया, सम्भवतः वैसा ही आशीर्वाद और मार्गदर्शन आपको भी प्राप्त है। वैसे ही आपको आपके गुरुदेव बाबा 'निर्भय हाथरसी' का आशीर्वाद प्राप्त है। कहते है, 'गुरु बिन ज्ञान नहीं, ज्ञान बिन मान नहीं'। जीवन में गुरु का होना अत्यावश्यक है।

आपने अपने साहित्यिक साधना के सोपानों पर चढ़ते हुए साहित्य-जगत में जो सूर्य सी ऊंचाई पाई है, जो प्रखरता पाई है, उसमे आपके गुरुदेव आदरणीय निर्भय जी का अमूल्य योगदान रहा है। तभी तो आपने अपने मनोवेग को गुरुदेव के लिए इस प्रकार प्रकट किया हैं,

बिन घी दीपक कब जलता है!

बिन गुरु ज्ञान कहां मिलता है!

शत बार नमन है 'निर्भय' गुरु!

आपकी सृजनात्मक प्रतिभा का दूसरा पहलू है, आपकी निर्भीक पत्रकारिता, जिसका महत्व आपके साहित्य से कतई कम नहीं है। समय-समय पर विभिन्न समाचार पत्रों में आपके द्वारा लिखे गए लेख, अग्रलेख आपकी पत्रकारिता की प्रमाणिकता की गवाह है। पुस्तक "चिराग जलाओ अंधेरा है" में आपके लेख संकलित हैं।

आपके व्यक्तित्व का एक और पहलू है आपकी संगीत के प्रति अभिरुचि एवं संगीत ज्ञान। आप हारमोनियम तो बजाते ही है, पर अच्छे तबलावादक भी है। इसका सुखद अनुभव मुझे प्राप्त हुआ जब आप तुमसर (महाराष्ट्र) मेरी कुटिया में पधारे थे तब हम रामटेक (जहाँ श्रीराम, माँ सीता, लक्ष्मण अपने वनवास काल में पधारे थे तथा जहाँ कालिदास ने "मेघदूत" की रचना की थी) के भव्य राम मंदिर के दर्शनार्थ गए थे। शाम का वक्त था, वहां मंदिर में एक भक्त राममूर्ति के समक्ष हारमोनियम पर राम भजन गा रहा था। तभी आपने वहीं पास रखी तबला जोड़ी उठाई और तबलावादन करते उसे संगत देने लगे, और फिर तो एक अद्भुत समाँ बंध गया था। एक घंटे तक हम सभी मंत्रमुग्ध हो गीत संगीत का रसास्वादन करते रहे थे। फिर वैसा ही अनुभव, मुझे राउरकेला में ही आपके मित्र परसियाजी के यहाँ प्राप्त हुआ।

इस इलेक्ट्रॉनिक युग में आपने नए तंत्र को भी अपनाया है। फेसबुक पर आपने "हमराही समादर" नाम से काव्य-मंच स्थापित किया है, जहाँ आप नवोदित का मार्गदर्शन करते है, उन्हें प्रोत्साहित कर उनका मनोबल बढ़ाते है। आपके व्यक्तित्व से हम नवोदित साहित्यकारों को प्रेरणा मिलती है-

है पथरीली, डगर कंटीली,
तू आस सुमन बिखराये जा।
आलोकित कर जीवन-पथ को,
कर्मों के दीप जलाये जा।

ऐसे सप्तरंगी विचार प्रणेता, समतावादी विचारों के पुरोधा, बहुआयामी व्यक्तित्व के धनी श्री सुशील दाहीमा 'अभय' जी को मेरा सादर प्रणाम है।

~ प्रमोद शाहू 'पारखी'
तुमसर (महाराष्ट्र)

21

मेरी नज़र में : दाहिमा जी

डॉ सुशील दाहिमा जी अभय एक यशस्वी साहित्यकार और पत्रकार हैं। मैं उन्हें वर्षों से जानता हूं। उनकी मशहूर कृतियों में से क्षणिका (ओड़िया लघुकथाओं का हिन्दी अनुवाद), काई के फूल (कविता - संग्रह), टुकड़ों में बंटा मन (गीत-संग्रह), श्री हनुमत-स्पर्शिका (भक्ति - काव्य), अंजुरी का अंगारा (देशभक्ति पूर्ण कविता-संग्रह), सांझ के आंचल तले (चतुष्पदियों का संग्रह), ओडिशा में हिन्दी साहित्य और पत्रकारिता : उद्भव और विकास (शोध लेखन ज़ारी) प्रधान हैं। इनके अलावा भी उनके सैकड़ों मुक्तक व फुटकर रचनाएं पत्र-पत्रिकाओं में प्रकाशित हुई हैं।

एक अहिन्दी भाषी प्रांत में जन्मे दाहिमा जी, बचपन से ही हिंदी भाषा और साहित्य के प्रति गहरी रुचि रखते थे। एक संस्कृति संपन्न परिवार का सदस्य होने के कारण उन्हें आसानी से हिंदी साहित्य की पुस्तकें उपलब्ध हो जाती थीं। समय के साथ उनकी पुस्तक पठन की रुचि बढ़ती गयी और शिक्षा प्राप्त करने के बाद आगे चलकर एक कर्मठ हिंदी प्रचारक के रूप में भारत-भारती की सेवा में लगे हुए हैं। निबंध, लघुकथा, कविता, गीत, मुक्तक आदि लिखने में वे सिद्धहस्त रहे हैं। उनकी चतुष्पदियों की मिठास तो लाज़वाब है। भाषा सरल, बोधगम्य और मर्मस्पर्शी है। इसे पढ़कर मन गदगद हो जाता है। फिर बार-बार पढ़ने को मन करता है। दाहिमा जी को मैं सन् १९९० के आसपास से ही जानता हूं। सबसे पहले उनका नाम मैंने डॉ. बंशीधर दाश जी से सुना था। वे राउरकेला के थे और यहां पदमपुर में एक सरकारी अधिकारी के रूप में कार्यरत थे। वे हमारे घर आते-जाते थे और साहित्यिक विषयों पर विचार-विमर्श किया करते थे।साहित्य संगोष्ठी और कवि सम्मेलनों के बारे में वे अक्सर बताया करते थे। गोपालदास "नीरज", काका हाथरसी, ओम्प्रकाश आदित्य, कुंवर बेचैन, सुरेन्द्र दुबे, पद्म अलबेला जैसे कवियों के बारे में कहते-कहते दाहिमा जी की ओजस्वी कविता और सरल निनादित वाणी के बारे में भी कहते कभी न अघाते थे। इसलिए कवि सम्मेलन में दाहिमा जी को देखने और सुनने की ललक मुझमें उत्पन्न हो गई। एकवार छुट्टी बिताने के लिए मैं राउरकेला गया हुआ था। वहां मेरे ताऊजी रहते थे। एक दिन मैं

अपने भाई (ताऊजी के बेटे) के साथ कवि सम्मेलन देखने-सुनने गया था। वहां मंच पर दूसरे कवियों के साथ-साथ दाहिमा जी को भी देखा, सुना और उसी दिन से तो मैं उनका दीवाना बन गया था। उनके बारे में फिर मैंने डॉ. राधाकृष्णजी विश्वकर्मा से बहुत कुछ सुना। वे दाहिमा जी को अपना गुरु मानते हैं। डॉ. विश्वकर्माजी भी हिन्दी भाषा और साहित्य के एक मर्मज्ञ और विद्वान व्यक्ति हैं।

फिर एक दिन वह समय आया जब दाहिमा जी फुलवारी साहित्य संसद के निमन्त्रण पर बरगढ़ पधारे। एक सुन्दर काव्य संध्या का भव्य और आकर्षणीय आयोजन हुआ। मुझे निमन्त्रित अतिथियों के साथ (खासकर दाहिमा जी से) घुल-मिल जाने का सुअवसर मिला। दाहिमा जी के करकमलों से उपायन और मानपत्र ग्रहण करते समय ऐसा लग रहा था मानो मुझे सब कुछ मिल गया हो। दाहिमा जी एक सधे हुए व्यक्तित्व के धनी हैं। एक अच्छे इन्सान तो वे हैं ही, साथ में उनकी कार्यप्रणाली भी अत्यंत निराली है। छल-प्रपंच आदि से दूर रहकर एक नीरव साधक के रुप में वे सर्वमान्य हैं। किसी के साथ घुल-मिल जाने की कला तो कोई इनसे सीखे, सही को सही और ग़लत को ग़लत मानना तो कोई इनसे सीखे, सामनेवाला कोई भी हो उसकी निडर समालोचना करना तो कोई इनसे सीखे...।

इस तरह अपने ज्ञान प्रकाश के माध्यम से भाषा को समृद्ध और साहित्य को परिपुष्ट करनेवाले मां भारती के इस महार्घ रत्न को मेरा शत शत नमन।

~ सत्यमय त्रिपाठी,
पद्मपुर, ओड़िशा

22

एक श्रेष्ठ व्यक्तित्व : डॉ सुशील दाहिमा अभय

लेखक, प्रकाशक, संपादक व श्रेष्ठ व्यक्तित्व के धनी डॉ• सुशील दाहिमा जी एक साहित्यकार के रूप में विशिष्ट स्थान रखते है।आपके व्यक्तित्व में ऐसी कलात्मकता है जो आपको सृजनशीलता व मौलिकता प्रदान करती है।आप उत्कृष्ट साहित्य रचना में पारंगत रहे है।आत्माभिव्यक्ति आपके साहित्य को एक श्रेष्ठ स्तर प्रदान करती है।आप जिज्ञासु प्रवृति के कारण कुछ न कुछ नया विषय लेखन के लिए खोजते ही रहते है जिससे नवीन काव्य लेखन सुदृढ़ता प्राप्त करता है।आप अपने व्यक्तिगत व सामाजिक विचारों को गंभीरतापूर्वक व्यक्त करने में दक्ष है।

आप यथार्थवादी भी है जिससे आपकी रचनाओं में यह प्रवृति दृष्टिगोचर है।आपका व्यक्तित्व सामाजिक उत्तरदायित्व का भी स्पष्ट आंकलन करता है।इससे आपकी रचनाएँ अछूती नहीं है।आपके गुण एक श्रेष्ठ लेखक साहित्यकार की ओर आपके जीवन को आकृष्ट करते रहे है।

आपके व्यक्तित्व के प्रमुख गुण सैद्धांतिक, धार्मिक, सामाजिक व कलात्मक रहे है मनोवैज्ञानिक दृष्टिकोण से देखे तो आप बहिर्मुखी प्रतिभा के धनी है ।आप सदैव प्रसन्न रहते हुए अपने कर्तव्य का निर्वहन करते है।व्यक्तिगत परेशिनियों को सँभालते हुए आप बाहरी जगत के प्रति संवेदनशील बने रहे।

आपके द्वारा फेसबुक पटल पर बनाया गया "हमराही समादर साहित्यिक संस्थान"पूर्णतः हिन्दी भाषा को समर्पित है।आप इसके माध्यम से निरन्तर हिन्दी की सेवा में लीन रहते है। आपने नवोदित साहित्यकारों को साहित्यिक रचना लेखन सहयोग प्रदान किया।व सभी रचनाकारों के हृदय में सम्मानित गुरुपद प्राप्त किया।आपकी श्रेष्ठ निष्पक्ष कार्यशैली सभी के हृदय में आपका गौरवपूर्ण सम्मान बनाती है।

जीवन परिचय--आपका जन्म 12अगस्त 1945 को राजगंगापुर जिला सुन्दरगढ़ ओडिशा के प्रतिष्ठित परिवार में हुआ।

पिताजी-आयुर्वेदाचार्य कविराज स्व॰ द्वारिका प्रसाद दाधीच
माता-सावित्री देवी

आपके कृतित्व--

1॰क्षणिका, ओडिया लघुकथाओं का सर्वप्रथम हिन्दी अनुवाद, ओडिसा अनुकृति "शिथलीकरण फूल", "काई के फूल"(कविता संग्रह),

2॰ गीत संग्रह-अनुवादक श्री कुदरत अली कुदरत

3॰टुकडों में बँटा मन(गीत संग्रह)

4॰श्री हनुमत-स्पर्शिका (भक्ति संग्रह)

5॰अंजुरी का अंगारा (देशान्तर कविता संग्रह)

6॰साँझ के आँचल तले-चतुष्पदियाँ

7॰ओडिशा के हिन्दी साहित्य और पत्रकारिता व विकास

आपको अनेको साहित्यिक सम्मान भी प्राप्त हुए। साहित्य लेखन व पत्रकारिता आपके कार्यक्षेत्र रहे। आप "दैनिक उत्कल मेल" राउलकेला में संपादक रहे।

वर्तमान में आपका कविता संग्रह-"किरचन एक स्वप्न की" प्रकाशित हुआ जो 'अभय' उपनाम से सुशोभित है। 'किरचन एक स्वप्न की' कविता संग्रह की प्रथम कविता आपके सम्पूर्ण काव्य की रूप-रेखा स्पष्ट कर देती है।बहुत कम शब्दों में आपने "मैं प्रकृति हूँ" "मेरा दोहन व दुरुपयोग मानव सभ्यता के लिए कितना भयंकर होगा" स्पष्ट किया है। शब्दों की गरिमा देखते ही बनती है। "सुन्दर नारी प्रतिछाया" के साथ "मैं विषामृत प्रकृति हूँ" बेहद संवेदनशील है। जो सदुपयोग व दुरुपयोग के परिणाम को व्यक्त करती है। मानव मन की भटकन व निराशा से निकलकर मन सूर्य की रश्मि के साथ उड़ना चमकना चाहता है जीवन का "धुँधलका" हटाना चाहता है। इस धुँधलके से निकलकर रश्मियों को छूना चाहता है। व्यक्तिगत आन्तरिक एकांत की रचना 'बस सुन ले' "चंचल धवल चाँदनी की रजनी में" "पता नहीं कब जिन्दगी" आदि रचनाएँ हैं।

सुन मेरी धड़कन 'अभय'
बस प्रेम संगीत सुनाई देगा।

छल द्वेष आदि तामसिक प्रवृतियों से अनायास ही मुक्त कर देती है। केवल माधुर्य का स्पर्श मात्र शेष है। जीवन की सकारात्मकता को व्यक्त करती हुई श्रेष्ठ रचना "धवल चाँदनी की रजनी में" है।

"आओ प्रियतम फिर जी ले" आशावादी रचना है।प्रेम के सात्विक व असात्विक रूप को स्पष्ट करती रचना"संशय प्रेम पर" "प्रेम दंशन" प्रेम के स्पर्श पर भी मन ईर्ष्या में डूब रहा है व कहीं न कहीं भटकाव पैदा हो रहा है। जो प्रेम को दूषित कर रहा है। आने वाली पीढ़ी को संतुलित बागडोर थामने की शिक्षा देते हुए "मेरी थाती" ,"नौनिहाल" रचना लिखी। जिसमें स्पष्ट किया है कि मेरी वास्तविक धरोहर मेरी आने वाली पीढ़ी है जो कठोर व कंकरीले रास्तों को पार कर अपनी मंजिल पर अवश्य पहुँचेगी। "झंझावातों से जूझ जूझ संघर्ष कभी

हारा है क्या?" इंतजार:, "गुहार," बिजुरिया सी है तेरी याद, कल रात,मधुयामिनी, धुँधलके में सोच,एहसास, आज के युग बोध में आदि अनेक रचनाएँ आपके सकारात्मक पहलू को उजागर कर व्यक्तिगत स्नेह समर्पण को नया आयाम देती है।

पुस्तक शीर्षक पर लिखी रचना 'किरचन एक स्वप्न की' में लिखी चन्द पंक्तियाँ-

उजड गया सब कुछ

एक गिलास काँच का

जो अभी आधा भी

नहीं भर पाया था

मधुर गोरस की धार से

हठात टूट गया हाथ से

किरचन में बदल गया

एक और सपना

सम्पूर्ण कवि हृदय के दर्द व असमंजस को व्यक्त करता है कि मन का एक हिस्सा सदा ही कुछ हिस्सों में बटाँ रहता है।व वहाँ कुछ न कुछ दर्द देने वाली टूटन शेष रह जाती है।ये एक अधूरा स्वप्न जहाँ हर बार उसने स्व को झुकाया था जिसमें पैदा होता है एक "अनसुलझा प्रश्न, जो अर्थ हीन,"पथिक एकाकी" के हृदय की "आकुल प्रतीक्षा "में कविता की नियति बन उस "बेचारे लोग"की या "आदमी का मैं " सी "अनसुलझन," बन मीठी "यादों के संग" "मेरी चाहत में, "कराहता हुआ साल" की तरह पुस्तक का स्वरूप गढ़ देती है और प्रकाशित होती है। "किरचन एक स्वप्न की" जो मानवीय उद्गारों की असीम अभिव्यक्ति है।

संक्षेप में, डॉ. सुशील दाहिमा 'अभय जी गुरुदेव अपने व्यक्तिगत जीवन के प्रारंभ से ही लेखक, साहित्यकार, संपादक व प्रकाशक की भूमिका निभाते हुए सफल जीवन की प्रशंसनीय स्थिति को प्राप्त कर चुके है जो उन्हें साहित्य के श्रेत्र में गौरवमय स्थान प्रदान करती है।

~ डॉ. निशा पारीक,
जयपुर, राजस्थान

23

हिंदी-उर्दू के संगम हैं - डॉ सु.दा. अभय

वो एक अलसाई सी सुबह थी। एकदिन मैं यूँ ही अपना मोबाइल स्क्रॉल कर रही थी। सोशल मीडिया (फेसबुक पर) एक कविता ने मेरा ध्यान आकर्षित किया। वह आपकी कविता थी। कविता के साथ सिर्फ़ आपके चेहरे की तस्वीर थी। गहरी सोच में डूबी किसी दार्शनिक जैसी आपकी आँखें, माथे पर तिलक सुशोभित, सफ़ेद लम्बी दाढ़ी और उसपर आत्मविश्वास से भरी धीमी मुस्कराहट! एक शालीन, प्रभावशाली, आध्यात्मिक व्यक्तित्व। मैंने आपकी फेसबुक प्रोफाइल - 'कवि, लेखक, संपादक, अनुवादक' देखी। मैं काफी प्रभावित हुई। उसके बाद, आपकी कविता पर अपनी टिप्पणी लिखने से मैं ख़ुद को रोक न सकी। उसके उत्तर में आपने लिखा...'शुभमस्तु'। यह शब्द मुझे बेहद पसंद आया।

ऐसी थी मेरी डॉ सुशील दाहिमा जी से पहली मुलाक़ात.. वह भी फेसबुक के ज़रिए ...सात समुंदर पार से, सिर्फ़ कुछ महीनों पहले (जुलाई 2023 में)।

डॉ सुशील दाहिमा जी की शख़्सियत को मैंने उनकी कविताओं के माध्यम से, और कभी-कभी फ़ोन पर हुई बातचीत से ही समझा है। एक सच्चे साहित्यकार की पूरी तस्वीर, जहान से जुड़ाव की भावनाएँ तथा अतुल्य विचार आपकी रचनाओं में साफ़ दिखाई देते हैं।

आपकी रचनाओं में सत्यता, स्पष्टवादिता, निर्भीकता, उदारता, देशप्रेम, आदर और हिंदी भाषा के लिये पूर्ण समर्पण साफ़ झलकता है। साथ ही, उर्दू सहित अन्य भाषा-बोलियों के प्रति समन्वय भाव और आदर भी उसमें झलकता है। पवित्र प्रेम और स्त्रियों के आदर एवं सम्मान का आपके कवि हृदय में विशेष स्थान है।

आप अपनी पत्नी श्रीमती विजय लक्ष्मी दाहिमा जी से अतीव प्रेम करते हैं। पत्नी के जन्मदिन पर आपने लिखा था-

"उम्र पतझड़ी सही 'अभय

दिल बसन्त होता है।"

"मेरी सुपत्नी, सहचरी, संघर्ष भरे जीवन की सद्प्रेरणा...."

आप सच्चाई के लिये अपनी आवाज़ उठाते हैं। कुदरत की दी हुई भेंट आपके संवेदनशील, निर्भीक कोमल हृदय को प्राप्त है। तभी आप लिखते हैं-

"झूठ के काले बादलों में

कई छेद होते हैं..."

आप की रचनाएं केवल रचनाएं भर नहीं हैं... अपितु

...ये आवाज़ हैं,

...संकल्प हैं,

...सन्देश हैं,

...मन की पीड़ा हैं,

...आँखों के आँसू हैं,

तभी आप लिखते हैं-

"बसन्ती सपनों की

अभीप्सा में सुला सपनों को

जगाना अच्छा नहीं है"

आपकी उर्दू कमाल की है। आपके शायरी में एक तरफ़ उर्दू भाषा की मिठास एवं बारीकी है, वहीं दूसरी तरफ उसमें आपकी नफ़ासत नज़र आती है। आप लिखते हैं-

"इश्क़ नहीं है शै 'अभय'

रूहानी इबादत है,

ज़रूरी है पाक़बाज़ी"

आपके हिंदी की रचनाओं में पावन एवं मनमोहक सुबह है। उसमें प्रतीक्षारत सांझ भी है, मन की सरलता तथा बौद्धिक गंभीरता के साथ मिट्टी की सोंधी महक भी है।

हिंदी और उर्दू के संगम की लहरों सी गीत गाती, नृत्य करती, हवा की ताल पे थिरकती, मचलती आपकी कविताएँ... आपके पारदर्शी, स्वच्छ, निर्मल, कोमल हृदय का परिचायक है।

डॉ सुशील दाहिमा 'अभय' जी से मेरी मुलाक़ात तो नहीं हुई है, पर मुझे लगता है हमारी साहित्यिक मुलाक़ात पुरानी है। मैं आपको 'गुरु' मानती हूँ। आपसे बहुत कुछ सीखना है मुझे...अगर ज़िंदगी ने वफ़ा की।

बस इतना ही!

~डॉ निगार रिज़वी,

साहफ़ा स्ट्रीट, जेद्दाह, किंगडम ऑफ सऊदी अरब.

दिनांक : 25.12.2023

24

राष्ट्रवादी, अन्वेषक और संस्कृति चेता साहित्यकार दाहिमा जी

डा. सुशील दाहिमा 'अभय' केवल गैर हिन्दी भाषी प्रान्त ओड़िशा के ही नहीं, बल्कि एक राष्ट्रवादी, क्रान्तिकारी, तपस्वी, अन्वेषक और संस्कृति चेता साहित्यकार हैं। ऐसे युगद्रष्टा कवि को शब्द-शिल्प में बाँधने की कोशिश कर रही हूँ, तो कहीं न कहीं उस व्यक्तित्व का कोई अंश छूट जाने की सम्भावना बराबर बनी ही रहती है।

आधुनिकता की चाकचिक्य में फँसी हमारी दृष्टि उसे ढूंढ पाने में बहुत कम रुचि रखती है। मैं इसे ईश्वरीय संयोग मानती हूँ कि फेसबुक के माध्यम से हमराही समादर हिन्दी साहित्य संस्थान, जिसके संस्थापक डा. दाहिमा जी 'अभय' हैं, जो हिन्दी 'गद्य' और 'पद्य' विधा के सशक्त हस्ताक्षर हैं, से जुड़ने का संयोग प्राप्त हुआ। आप अभी हाल में ही अप्रैल माह में बाबा काशी विश्वनाथ के दर्शन के लिए वाराणसी पधारे, तब हमारे आवास पर साक्षात मिलने का भी सौभाग्य प्राप्त हुआ। आपके स्नेह और सरल व्यक्तित्व से पूरा परिवार प्रसन्न हुआ तथा आपका आशीर्वाद प्राप्त किया। आपके सृजन की तीन प्रतियाँ मुझे प्राप्त हुईं।

"श्री क्षेत्र श्री जगन्नाथ" श्री जगन्नाथ स्वामी ओड़िशा ही नहीं समूचे विश्व के आराध्य देव हैं। इस पुस्तक का आपके द्वारा भावपूर्ण हिन्दी भाषा में अनुवाद आपकी पत्रकारिता और साहित्य को नया आयाम देती है।

"अंजुरी का अंगारा" आपकी सांस्कृतिक चेतन-सम्पन्न राष्ट्रीय विचारधारा, जिसमें आप इस बेहयाई दौर में भी देश धर्म की बात करके लोगों को सतपथ पर लाने की कोशिश करते हैं।

"किरचन एक स्वप्न की"-इसमें अंतःकरण तक हृदय को छूने वाले प्रेम या प्रेयस तत्व, रागात्मक लगाव जो सृष्टि की संरचना का आधार है, यही प्रेयस तत्व लोक रञ्जक रूप में

मनुष्य के साथ रहता है।

आप एक बहुआयामी व्यक्तित्व के धनी हैं, सही अर्थों में कहा जाये तो भारतीय साहित्य के साधक। आपने अपने लेखों, संस्मरणों लघुकथाओं, कविताओं, सम्पादकीय, पत्रकारिता आदि के माध्यम से बौद्धिक, साहित्यक समाज को एक नई दिशा देने का प्रयास किया है। आप समाज में शोषण और दमन के विरुद्ध अपनी रचनाओं के माध्यम से आवाज उठाते हैं। आपकी साहित्यक यात्रा में राष्ट्र, धर्म, पीड़ित समाज, नारी, प्रकृति,ओछी राजनीति एवं संघर्ष सभी पर आपकी लेखनी मुखरित होती है। जो भी शाश्वत भाव आपके अंतस्थल में उभरता है, जो भी संवेदनाएँ उभरती हैं,वही काव्य (रचना)का रूप धारण कर परिणत हो जाता है।

आपकी रचनाओं में जो निखार आता है, वह आपकी विशिष्ट हिन्दी, संस्कृत, एवं उर्दू शब्दनिष्ठ काव्यात्मक सृजन है। लेकिन वर्तमान में हवा ऐसी बह रही है, जिसने हमारी प्रकृति को ही परिवर्तित कर दिया है। हममें से अधिकांश की मूल प्रवृति कुछ ऐसी बदली है कि हमें अपनी चीजों में कमियाँ ही कमियाँ नजर आने लगी हैं। धर्म, समाज ,राष्ट्र सब पुरातनपंथी के शिकार प्रतीत होने लगे हैं। नैतिक मूल्यों से बासी की दुर्गंध आने लगी है। उस समय आपका स्वाभिमान जागता है........

*मलेच्छ परम्पराओं के पूजक ,

हैं भारत संस्कृति के हन्ता ।

गोमुख से निकली गंगा का ,

है आँचल निर्मल मैल अनन्ता।*

किसी अल्पसंख्यक या दलित शोषित वर्ग के साथ हुई, किसी दुर्घटना या समाचार सुनते ही झट पाला बदल उनका मसीहा बनने की होड़ लग जाती है। कलमतोड़ प्रतिस्पर्धा शुरू हो जाती है। संयोग से यदि दुर्व्यवहार का शिकार कोई महिला होती है तो पहले वे भी नेताना अन्दाज में सूंघते है कि किस वर्ग की महिला के साथ हुआ? दलित, पिछड़ी या अल्पसंख्यक वर्ग के साथ। और तब शुरू हो जाता है उनका अल्पसंख्यक राग उत्पीड़न संगीत और लेखनी की जय बोलने लगती है, मानो दुर्व्यवहार किसी महिला के साथ नहीं बल्कि जाति या वर्ग के साथ हुआ। उस समय आपकी दुःखी सृजनशीलता चाहती है कि आदमी और आदमी के बीच प्रेम भाव बढ़े, 'ईद 'और 'दिवाली' घर-घर में मनाई जाये ....

*उगती नागफणियाँ जहाँ फुलवारी नहीं होती ,

मतलब से तो 'अभय' सच्ची यारी नहीं होती।

मत करो हिन्दवी मुसलमाँ को शर्मसार,

बेसबब फतवों से गंगा खारी नहीं होती।*

अन्त में, आपके अवतरण दिवस की मंगलकामनाओं के साथ आपकी ही लिखी चार पंक्तियों से स्वागत -

*दुखी हैं सुखी भी हैं
इस साल को विदा करते।
(यानि कम हो रहा आयु का एक साल)
लेकिन,
नये संकल्पों,नयी आशाओं,
नये सपनों की आहट है।
भविष्य नामधर एक और नया साल
उत्साह भरा डुगडुगी बजा रहा है।।*
अन्नत शुभकामनाओं के साथ........

~ शकुन्तला त्रिपाठी 'नेह'
सारनाथ, वाराणसी, उत्तर प्रदेश

25

एक प्रेरक व्यक्तित्व : डॉ सुशील दाहिमा अभय

दाहिमा जी के व्यक्तित्व के बारे में मैं क्या लिखूँ! पर मैं लिखना चाहती हूँ, ये भी स्पष्ट है। आप एक प्रेरक, प्रभावशाली एवं समर्पित महान व्यक्ति हैं। हिंदी भाषा के प्रति आपका स्नेह झलकता है। इसके प्रति आपकी असीम रुचि होने के चलते आपको कई संस्थानों से पुरस्कार प्राप्त हुए है। आप सम्मानों से सुशोभित किए गये हैं, आपको कई सम्मान पत्र मिले हैं। यह बहुत गर्व की बात है। मुझे आप पर बहुत गर्व है। आप हिंदी भाषा को नित नव उड़ान देने हेतु उसमें पंख लगाते हैं, जिसके कारण भारत ही नहीं अपितु भारत से बाहर रहने वाले भारतवंशी उससे उड़ान भरते हैं। आप अपने ग्रुप हमराही समादर हिंदी साहित्य संस्थान के सभी सदस्यों के लिए एक प्रेरक गुरु हैं। सभी को सम दृष्टि से देखने वाले हैं। ऐसा होना भी चाहिए। तभी आप महान हो।

आपने मुझे हिंदी कविताओं से परिचय कराया है। हिंदी कविताएँ मैंने बहुत कम पढ़ी है। इसका कारण यह है कि मैं भारत से नही हूँ, भारत में नही रहती हूँ। भारत मेरी जन्मभूमि नही हैं, लेकिन मैं भारतवंशी हूँ। भारत में मैंने शिक्षा ग्रहण नही किया हैं, फिर भी भारत के प्रति मुझे अपूर्व श्रद्धा है। हिंदी कविताओं की जानकारी मुझे नही हैं, हिंदी साहित्य की जानकारी नही हैं, मुझे पच्छिम लेक्ट्युर (नीदरलैंड) और लिटरेचर की जानकारी हैं। मैं हिंदी पढ़ती थी, लेकिन कविताएँ एवं साहित्य नही। कुछ धार्मिक पुस्तकें भी पढ़ती हूँ।

स्व. गोपालदास नीरज जी एक महान कवि थे, मुझे इस बात की जानकारी है। आपने मुझे हमराही समादर हिंदी साहित्य संस्थान से जोड़ा, तब मुझे हिंदी कविताओं का रस, मिठास, स्वाद मिला। तब इसका रस मैं चख सकी। हिंदी साहित्य के ग्रुप में जोड़ने के लिए मैं डा॰ सुशील दाहिमा जी का बहुत बहुत आभारी हूँ। जब मैं आपकी कविताएँ पढ़ती हूँ तब मुझे हिंदी के रस का आस्वादन मिलता है। एक बार नही, कई बार पढ़ती हूँ! जो रस आपकी कविताओं में हैं, उसे एक बार पढ़ने से नहीं मिलता। आपकी कविता को पहली बार पढ़ते समय ऐसा लगता है कि मैं कोई मीठे फल का रस पहली बार ग्रहण कर रही हूँ।

आपकी कविताएँ मेरे मन को तृप्त करती हैं, सन्तुष्ट करती हैं। पहली बार पढ़ने से तो सिर्फ़ कुछ प्यास बुझती हैं, किंतु हृदय को तृप्ति नही मिलती। हृदय को तृप्ति तब मिलती है जब इसे बार-बार पढ़ती हूँ। आप मेरी हिंदी की त्रुटियों को नहीं देखते हैं बल्कि हिंदी के प्रति मेरे भाव को, मेरी लगाव को देखते हैं। इससे मुझमें आत्मविश्वास बढ़ा है, मेरी हौसला अफजाई हुई है, मेरा उत्साह कई गुणा बढ़ा है। गुरु जी मैं आपके ऊपर गर्व करती हूँ, हिंदी में मेरी रूचि बढ़ाने के लिए तहेदिल से आपका बहुत बहुत आभार....

~ रेवती ज्वाला प्रसाद मिश्र,
लेइडेन, लेइदेरदोर्प, नीदरलैंड्स.

26

'कलमवीर' हैं दाहिमा जी

डॉ सुशील दाहिमा 'अभय' का जन्म 12-8-1945 को राजगांगपुर जिला-सुन्दरगढ़,ओड़िशा के प्रतिष्ठित दाधीच पुजारी परिवार में हुआ। उनके जीवन परिचय को आगे बढ़ाने से पहले एक बात मैं कहना चाहूँगा कि "वे अपने जन्म से बहुत पहले पैदा हो गये थे"।मेरे कहने का अभिप्राय साहित्य, शिक्षा, लेखन कला, और संस्कृति के उत्तराधिकार से है,जो उनके जन्म से पहले उनके यहां वर्तमान था। उनके पिता स्व॰ द्वारिका प्रसाद पुजारी "दाधिमथ" उच्च कोटि के आयुर्वेदाचार्य एवं सुविज्ञ कवि थे एवं माता-सावित्री देवी धार्मिक महिला थीं। उनके पिता की गिनती कविराज की श्रेणी में होती थी। एक साहित्यिक वातावरण में डॉ सुशील दाहिमा 'अभय'का पालन-पोषण होने के कारण मुझे उपरोक्त वाक्य "वे अपने जन्म से बहुत पहले पैदा हो गये थे" कहने में कोई अतिश्योक्ति नहीं होगी।

डॉ दाहिमा की प्राथमिक शिक्षा या उच्चतम शिक्षा कब,कहाँ या फिर किन परिस्थितियों में हुई, यह तो मुझे मालूम नहीं, लेकिन उनके पिता के कृतित्व को देखते हुए यह आसानी से अनुमान लगाया जा सकता है कि उनकी शिक्षा दीक्षा अवश्य ही एक स्वस्थ वातावरण में हुई होगी, तभी तो उनमें साहित्य के प्रति अभिरुचि बहुत ही कम उम्र में जग गई। इसकी पुष्टि इस बात से होती है कि उनकी पहली कविता सन् 1962 ई में उत्तर प्रदेश के "दैनिक आज" में छपी थी जब वे महज़ नौवीं कक्षा के विद्यार्थी थे। इससे स्पष्ट होता है कि डॉ॰ दाहिमा बचपन से ही साहित्य के रसिया थे।

आज के साहित्यिक वातावरण में डॉ सुशील दाहिमा 'अभय' ओड़िशा जैसे अहिन्दी प्रदेश में जहां अधिकांश नागरिक उड़िया भाषी हैं, वहां जिस प्रकार से हिन्दी का व्यापक प्रचार-प्रसार किया, हिन्दी साहित्य से वहां के लोगों को जागृत किया, आज वे हिन्दी साहित्य के पर्याय बन चुके हैं। अनेक बाधाओं और असहयोग के बीच वहां हिन्दी साहित्य में उनका दबदबा बढ़ा है ।

डॉ दाहिमा प्रवृति से श्रृंगार रस के कवि हैं, लेकिन उनकी रचनाओं में छायावाद का भी दर्शन होता है ।उनकी रचनाएं पढ़ने से ऐसा लगता है जैसे प्रकृति बोलती है और तूलिका उसमें

सात से अधिक रंग भरती है ।उनकी रचनाएं हमेशा से अंतर्मन को भिगोने में समर्थ रही है। वास्तव में उनकी रचनाएं हिन्दी साहित्यिक जगत को प्रेम और मनुष्यता का शाश्वत संदेश देती हैं। डॉ सुशील दाहिमा प्रतिभा के धनी व्यक्ति हैं। उनकी प्रतिभा कलात्मक सूझ-बूझ से सम्पन्न है। वे विचार से उदार और मानवतावादी हैं। उनकी रचनाओं में एक विलक्षण मृदुता और सौष्ठव का समावेश मिलता है। अपनी रचनाओं में नवीन शब्दों का प्रयोग करते रहना उनकी काव्य-चेतना की विशेषता है। डॉ सुशील दाहिमा 'अभय' की सरल और लचीली भाषा बेजुबान नहीं होती, सब कुछ उजागर कर देती हैं।

उनकी प्रमुख कृतियाँ हैं- 'क्षणिका',ओड़िया लघुकथाओं का सर्वप्रथम हिन्दी अनुवाद ।डॉ धर्मवीर भारती द्वारा संपादित 'धर्मयुग' में डॉ प्रभाकर माचवे द्वारा प्रशंसित।'काई के फूल' (कविता संग्रह) इसकी ओड़िया अनुकृति 'शिउली फूल' अनुवादक श्री कुदरत अली कुदरत। 'टुकड़ों में बंटा मन'(गीत-संग्रह) ,श्री हनुमत स्पर्शिका भक्ति काव्य 'अभयदास' के उपनाम से प्रकाशित, 'अंजुरी का अंगारा'(देशात्मक कविता संग्रह),'सांझ के आंचल तले',चतुष्पदियां छपने को तैयार है। इसके अतिरिक्त 'ओड़िसा में हिन्दी साहित्य और पत्रकारिता उद्भव एवं विकास' शोध लेखन जारी । उत्तर प्रदेश मासिक' में साहित्यांश शोध प्रबंध प्रकाशित ।

डॉ दाहिमा को समय-समय पर अनेक पुरस्कार एवं सम्मान प्राप्त हुए--------

(1)राष्ट्रभाषा रत्न उपाधि,राष्ट्रभाषा प्रचार समिति वर्धा (1976)

(2) हिन्दी सेवा सम्मान (2005),भारत संचार निगम, राउरकेला

(3) कलमवीर उपाधि (2007),साहित्य संगम,तिरोड़ी,बालाघाट म•प्र•

(4) 'विद्यावाचस्पति,(2009) एवं 'विद्यासागर'(2011) उपाधियाँ विक्रमशिला हिन्दी विद्यापीठ, गांधीनगर भागलपुर

(5) 'सारस्वत सम्मान' ,हिन्दी साहित्य सम्मेलन प्रयाग (2008)

(6) 'विशिष्ट अकादमी सम्मान'(2012),पंजाब कला साहित्य अकादमी

(7) 'साहित्यवाचस्पति'उपाधि (2011) देहरादून

(8) 'सारस्वत संकल्प शिरोमणि सम्मान' (2010) संकल्प संस्थान, राउरकेला

(9) 'साहित्य रत्न (2012) उपाधि सम्मान, ब्राह्मण अंतर्राष्ट्रीय रायपुर छ•ग•

(10) 'उत्कल मेल' सम्मान (2007)

(11) 'सारस्वत सम्मान',तुमसर साहित्य मंच,महाराष्ट्र

(12) 'स्वयंप्रभा सम्मान',ओड़िया साहित्य संस्था, स्वयं प्रभा द्वारा (2008),राउरकेला

(13) वैशाखी साहित्य संसद राउरकेला द्वारा पं•सत्यनारायण तिवारी स्मृति सम्मान (2012)

(14) 'स्वर्णमणि' सम्मान (2006)वेद व्यास गौशाला समिति, राउरकेला

(15) महर्षि मार्कण्डेश्वर विश्वविद्यालय, मुलाना(अम्बाला) हरियाणा से 'काई के फूल'काव्यकृति पर एम•फिल(2010)

इसके अतिरिक्त साहित्य लेखन एवं पत्रकारिता अभी जारी है ।

आपकी कविताओं की चंद पंक्तियों पर दृष्टिपात करते हैं-------

सिर पर रखा है ताज

फूलों और कांटों भरा

सुख और दुख दोनों

सिर पर संगसंग हैं ।

क्या इतना सुख कम है?

आप दर्द को बस अल्फ़ाज़ बनाकर रखे हैं ।सच्चाई यह है कि आप जीवन में सुख और दुख को समान रूप से धारण करते हैं ।कभी-कभी आपका कवि मन भावुक भी हो जाता है, तब जिम्मेदारियों का अवलोकन करते हुए खुद से प्रश्न भी उठाते हैं, "क्या इतना सुख कम है?"

आगे की पंक्तियों में-------

"तमन्नाओं की तपिश

जब रातें सुलगती है,

कसम से 'अभय' तब

बस ••••

उनकी याद आती है "।

आय हाय! यहां कवि का बाल मन किस क़दर उभर आता है ।जब अभिलाषाएं जलती हैं तो रातें सुलग उठती है।शांत मन मचलने लगता है ।उस परिस्थिति में मन की बेचैनी बढ़ जाना स्वाभाविक है, फिर कवि का कुम्हलाया मन बस,ईश्वर को याद करता है। इन पंक्तियों में प्रेम के प्रति गजब की तड़प देखने को मिलती है।

– विजय प्रसाद राजन,

देहरी ऑन सोन, रोहतास, बिहार

27

डॉ सुशील दाहिमा अभय : अमराई की घनी छांव

मेरे साहित्यिक गुरु डा. सुशील दाहिमा 'अभय' का सारा जीवन हिंदी साहित्य की सेवा में अनवरत व्यतीत हुआ है। आप हिंदी साहित्य के वटवृक्ष हैं। आपने उड़ीसा राज्य के अहिंदी धरातल को 'हिंदी गंगा जल' से सींचकर हिंदी के ही बीजों से हिंदी साहित्य के सुंदर बाग-बगीचे को सजाया है। आपका सृजन मात्र गद्य-पद्य नहीं अपितु अमराई की घनी छाँव है जिसकी शीतलता में दिग्भ्रमित पथिक कुछ देर सुस्ता कर नव ऊर्जा से उत्साहित होते हुए अपने गंतव्य को पा लेता है ।

आपने सारा जीवन संघर्ष करते हुए हिंदी के संरक्षणार्थ और प्रबंधन हेतु स्वयं को समर्पित किया है। आप कठिन परिस्थितियों में भी निडर होकर बढ़ते ही रहे हैं तथा वर्तमान में भी अपने अद्भुत नेतृत्व, सात्विक प्रवृति और ऐश्वर्य युक्त स्वभाव से नव साहित्यकारों के सदैव प्रेरणा बनकर उन्हें लक्ष्य की ओर स्थित करने में सक्षम रहे हैं। आपका कल्याणकारी हृदय इस बात का द्योतक है कि आपका एकात्म अभियान मार्गदर्शन और नियंत्रण, "हमराही समादर हिंदी साहित्य संस्थान" के माध्यम से, आज अपनी उत्कृष्ट लेखनी से हिंदी की गरिमा को स्थायित्व प्रदान कर रहा है। आपका मार्गदर्शन और नियंत्रण हमराही मंच को अन्य साहित्यिक मंच से विशिष्ट बनाता है। आपका हिंदी साहित्य के प्रति समर्पण इस बात का प्रमाण है कि आप अपने जीवन में सदैव निष्पक्ष रहे हैं। आप कभी पुरस्कार के लोभ में किंचिन्मात्र भी नहीं रहे हैं। आप निर्मल, निर्बाध अपने लक्ष्य को गुरु-प्रेरणा से साधते रहे हैं।

मेरा आपसे परिचय फ़ेसबुक के माध्यम से आशीर्वाद-स्वरूप प्राप्त हुआ है जो एक आश्चर्य का विषय है, आपकी भाव-प्रवणता और संवेदनशीलता यही व्यक्त करती है कि आप एक सच्चे साधक हैं। यही भाव आपको गुरु-पद पर आसीन करता है।

आपकी प्रभावकारिता शैली और आपका व्यक्तित्व अद्भुत है। जहाँ एक ओर जहाँ आपमें बच्चों-सी निश्च्छलता है, तो वहीं दूसरी ओर आपमें प्रबुद्धता-शिखर नजर आता हैं। जहाँ एक ओर आपमें विश्व-वैकासिक भक्ति है, तो वहीं दूसरी ओर आपमें समाज को

मार्गदर्शन करने की शिव-शक्ति है। जहाँ एक ओर आपमें विद्ववत्ता है, तो वहीं दूसरी ओर आपमें संघर्ष मय जीवन की सत्ता है। ये सब-के-सब गुण समाज के लिए, देश-दुनिया के लिए मिसाल हैं।

आप आध्यात्मिकता से ओतप्रोत, अद्वितीय प्रतिभा के धनी, एक सामर्थ्यवान् स्वाभिमानी व्यक्ति हैं। आपके व्यक्तित्व को क़लम से बाँधा नहीं जा सकता, क्योंकि आपकी करूणा-कृपानुभूति सभी पर अहर्निश बरसती रहती है। आपका देदीप्यमान स्वरूप का सानिध्य जिसे तनिक भी प्राप्त होता है वह अपने आपमें तर जाता है।

आपका काव्यात्मक सृजन बुद्धि की नहीं अपितु आंतरिक चेतना की जागृति से अनुभूत होता है जिसके घूँट-घूँट को, मानस-स्थल में, पीकर हर किसी को अमी-वर्षण का परम सुख संभव हो पाता है। "कोई सृजन मात्र शब्द नहीं वरन् ब्रहम उपासना होता है", ऐसा आप कहते हैं और जिसे मैंने भी अनुभव किया है। सचमुच, शब्द प्रतीकात्मक होते हैं जिनके गूढ़ार्थ में पहुँच कर ही काव्य की सत्यता को समझा जा सकता पड़ता है।

आपकी सृजन-क्षमता अर्थात् काव्यात्मक शैली वह शिखर है जहाँ पर पहुँचना सामान्य-सी बात नहीं है। प्रकृति, सौंदर्य एवं सौम्यता का अनुपम मेल आपकी विशेषता है।

विपुल रूप से सरल, अपार बौद्धिक संपदा के धनी आपका निम्न सृजन मुझे अत्यधिक प्रिय है—

"मन चंचल, गति अविरल, सतत,
अंत कहां है जिजीविषा का!
सार्थक जीवन कर्माधीन पर
मन चंचल संग लिप्सा का!
भौतिक लक्ष्य-पूर्ति 'अभय' मात्र
भ्रम तृष्णा वितृष्णा का,
इच्छाएं अनंत लहरें महोदधि की,
मोक्ष नहीं ईप्सा का!"

आप कई पुरस्कारों, सम्मानों से पुरस्कृत, सम्मानित किए गए हैं। आपको मिले कुछ सम्मान, पुरस्कार निम्नवत् हैं -

१) राष्ट्रभाषा रत्न उपाधि, राष्ट्रभाषा प्रचार समिति वर्धा से (वर्ष १९७६)।

२) हिन्दी सेवा सम्मान (वर्ष २००५) भारत संचार निगम लिमिटेड, राउरकेला से।

३) कलमवीर उपाधि (वर्ष २००७) एवं साहित्य संगम, बालाघाट, मध्यप्रदेश से।

४) विद्यावाचस्पति (पीएचडी के समकक्ष)(वर्ष २००९) एवं विद्यासागर (डी.लीट् के समकक्ष) (वर्ष २०११), विक्रमशीला हिन्दी विद्यापीठ, भागलपुर से

५) सारस्वत सम्मान (वर्ष २००८), हिन्दी साहित्य सम्मेलन, प्रयागराज से।

आपकी उपलब्धियाँ बेमिसाल हैं। आपके संघर्षों का अनुभव हम सब कण मात्र ही कर सकते हैं जो आपने 'हिन्दी' को सम्मानित करने हेतु किया है। आपने भारत वर्ष की चेतना

को जागृत करने का अथक परिश्रम किया है जिसके फलस्वरूप अहिन्दीभाषी उड़ीसा राज्य में हिंदी साहित्य को ससम्मान गौरवमयी स्थान, बड़ी प्रमुखता से, मिला है। यह आपके निष्काम कर्मों का ही परिणाम है। आपके द्वारा रचित "किरचन एक स्वप्न की" काव्य-संग्रह की यह कविता 'ओ गाँव के वटवृक्ष' आपके जीवन पर अक्षरशः सटीक बैठती है। इसकी कुछ पंक्ति को उद्धृत करते हुए मुझे हर्ष हो रहा है-

"ओ गाँव के वटवृक्ष अंतिम ,

निर्माता इक पूरी पीढ़ी के

नमन तुम्हें!

नमन तुम्हारी जनहितकारी

जिजीविषा को,

जो कभी ना टूटी

कभी ना बिखरी

हुई कभी न वो हताश।

सहज त्याग, जनसेवा निश्च्छल

सामाजिक समर्पण,

भर नव आश।"

आपकी सूक्ष्म कल्पना और तत्संबंधी संवेदना हर आम मानस पर उतरने की क्षमता रखते हैं। आपकी कलात्मक अभिव्यक्ति तथा आपका सम भाव सभी नव कवियों को प्रेरित करते हैं। आप अपने इष्ट 'श्री हनुमान जी महाराज' के प्रति अपनी सेवा और निष्ठा का प्रदर्शन पूर्ण भक्ति-भाव से करते हैं, जो आपके जीवन का अभिन्न अंग है और जिसके फलस्वरूप माता सरस्वती के आशीर्वाद स्वरूप 'श्री हनुमत स्पर्शिका' का सृजन आपने किया है। मेरी समझ से यह सृजन भक्ति मार्ग का अनूठा उदाहरण बन गया है।

सुमित्रानंदन पंत जी के 'गीत विहंग' की ये पंक्तियाँ-

" जीवन पतझर में जन मन की डालों पर

मैं मधु के ज्वाला पल्लव सुलगाता ..."

तथा आपकी सर्जना 'चंचल' की ये पंक्तियाँ-

"इतिहास यदि रच पाता

शिलालेख मैं गढ़ पाता;

न तब चिंतित होता प्रश्न

सुरमय होता हर पल।

चंचल

प्रिय सबकुछ चंचल!"

आप दोनों ही कवियों की भावपरक चेतना समान तो है ही और यह देश-काल के लिए गौरवशाली भी सिद्ध हो रही है। आप दोनों ही कवि भावानुकूल भाषा का प्रयोग करते हुए

कविता में संवेदन के परिवर्तित प्रतीकों को बड़े ही कलात्मक रूप से मोड़कर कौशलता का परिचय दे जाते हैं। यह कौशल चिरकालिक रूप से अमर रहेगा।

आप हम सभी नवोदित साहित्यकारों के हृदय में प्रतिष्ठित हैं और प्रतिष्ठित रहेंगे। आप हृदय-नवपल्लव से हिंदी साहित्य के हारों को बुनकर उपहार स्वरूप हम सबको भेंट देते रहते हैं।आपकी लेखनी जहाँ एक ओर सौकुमारिक क्रांति का द्योतक वहीं दूसरी ओर गहन प्रेम भाव तथा भक्तिरस से परिपूर्ण है। ऐसा अन्यत्र बहुत कम ही दृष्टिगोचर होता है।

आपको चरणस्पर्श सहित...

~ पारिजात प्रतिभा
पुणे, महाराष्ट्र

28

जीवन-रंगों के अद्भुत चितेरे हैं डॉ दाहिमा

ओडिशा की साहित्य भूमि पर अनेक साहित्यकारों का आविर्भाव हुआ है तथा उन सबका सृजन आगामी पीढ़ी के लिए मील का पत्थर साबित हो रहा है। ओडिशा में डॉ सुशील दाहिमा 'अभय' एक ऐसे लेखक, कवि एवं पत्रकार हैं जिन्होंने इस अहिंदीभाषी प्रदेश में हिंदी भाषियों को अपनी लेखनी से एक विशेष पहचान दी है। मेरी नजर में आप यहाँ पर तो सुविख्यात हैं, परंतु राष्ट्रीय स्तर पर आज भी उपेक्षित हैं।

आपका जीवन अत्यंत संघर्षपूर्ण रहा है। आप आजीवन हिंदी-साहित्य की सेवा में रत रहे हैं परंतु जिस ख्याति एवं सम्मान के आप हकदार थे वह आपको अब तक नहीं मिला। 'डॉ मंजू शर्मा महापात्र' एवं वरिष्ठ साहित्यकार 'डॉ रामनिवास मानव' का आपकी साहित्य की यात्रा को गति देने में बहुत बड़ा योगदान रहा है।

आपका जन्म 12 अगस्त 1945 को ओडिशा के सुंदरगढ़ जिले के राजगांगपुर में एक प्रतिष्ठित दाधीच परिवार में हुआ था। आपकी माता सावित्री देवी धर्म परायण महिला थी एवं पिता कविराज द्वारिका प्रसाद पुजारी 'दाधिमथ' थे जो हिंदी और संस्कृत के प्रकांड विद्वान थे तथा अपने समय के प्रसिद्ध आयुर्वेदाचार्य भी थे।

दाहिमा जी बजरंगबली के उपासक हैं एवं पूजा पाठ में अटूट श्रद्धा रखते हैं। आप कई वाद्य यंत्रों को भली-भांति बजा लेते हैं। आपके कंठ में सरस्वती विराजमान हैं, एक समय आपका गायन अत्यंत मधुर था। एक समय किसी व्यक्ति ने ईर्ष्यावश पान में 'कुछ' मिलाकर आपको खिला दिया था जिसके कारण कई दिनों के लिए आपकी आवाज चली गई थी। ईश्वर की कृपा और आपके पिताश्री द्वारा पखवाड़े भर की गहन चिकित्सा से आपकी आवाज तो लौटी किंतु आप आगे कुछ गाने में असमर्थ हो गए। अब मात्र ईश्वर कृपा से भजन कीर्तन के लिए आपके स्वर खुलते हैं।

आप एक उच्च कोटि के कवि होने के साथ-साथ एक निर्भीक पत्रकार भी हैं। आप ओडिशा में हिंदी पत्रकारिता के पुरोधा हैं, हिंदी पत्रकारिता का परचम अब भी आप पूरी सक्रियता से

लहरा रहे हैं। आपने हिंदी के प्रचार-प्रसार में अपना महत्वपूर्ण योगदान दिया और आज भी अनवरत दे रहे हैं।

आप "हमराही समादर हिंदी साहित्य संस्थान" के संस्थापक एवं संचालक हैं। इसके माध्यम से आप नवोदित रचनाकारों का सतत मार्गदर्शन करते रहते हैं। मुझ जैसी अगढ़ लेखिका को आपने काव्य सृजन-क्षेत्र में सदैव मार्गदर्शन किया है। न केवल कविता अपितु लघुकथा और आलेख लिखने के लिए भी आप हमें प्रेरित करते रहते हैं। मैं जो कुछ भी थोड़ा-बहुत लिख पाती हूं वह आपके सतत प्रेरणा के कारण ही संभव हो पाया है।

आपका मानना है कि 'शब्द ब्रह्म है' एवं अंतःस्थल से निर्झर रूप में फूट पड़े शब्द ही सही मायने में कविता होते हैं। आपकी रग-रग में कविता समाई हुई है। आपके कविताओं, कथाओं, आलेखों, अनुवादों आदि में राष्ट्र-धर्म, जीवन के विविध रंग, संबंधों की गूढ़ता, सामाजिक तड़प एवं विशुद्ध प्रेम की अभिव्यक्ति रहती है जो पाठकों को सहज ही अपनी ओर आकर्षित करती है।

आपकी रचनाओं में अगाध देशप्रेम की झलक दिखाई देती है। यथा-

"भारत की माटी से बस सोंधा पन पैदा होता है।

गंगा से जात धर्म का अपनापन पैदा होता है।"

जीवन के अनेक रंगों का समावेश आपकी रचनाओं में स्पष्ट दृष्टिगोचर होता है। यथा-

"क्यों हो परेशान 'अभय' बदलता है रंग जिंदगी का,

कभी बसंत कभी पतझर कभी बरसात आंसुओं की।"

आपकी रचनाएं आपके संघर्ष को स्वयमेव बताती हैं। यथा-

"संघर्ष भरा जीवन धंसता हुआ हरपल

पग रखता है रेत की सीढ़ियों पर

प्रयत्नशील आगे बढ़ने को

एड़ी घिसे फटे जूतों से हर कदम

झांकती है जिजीविषा"

आपकी रचनाओं में जो तड़प है वह पाठक के हृदय में सूक्ष्म संवेदन उभारने में पूर्णतया सक्षम है। यथा-

"अनचाहे क्यों अक्सर ऐसा हो जाता है।

गीतिका का मन क्लांत कहीं खो जाता है।

शब्दों की झोली में जब भरते तीखे कांटे,

'अभय' हृदय में भाव चुभन भर रो जाता है।"

आपके काव्य संग्रह 'काई के फूल', 'टुकड़ों में बंटा मन', 'अंजुरी का अंगारा', 'चिराग जलाओ अंधेरा है', 'किरचन एक स्वप्न की' आदि भावी रचनाकारों के लिए सदैव प्रेरणा-स्रोत रहेंगे।

पत्रकारिता के क्षेत्र में आपके विषय में कुछ भी कहना सूर्य को दीपक दिखाने के समान होगा। क्योंकि आप हिंदी के धुरंधर पत्रकार थे, हैं और रहेंगे। मैं अपनी लेखनी को विराम देने से पूर्व बताना चाहती हूं कि आप सम कर्मयोगी पत्रकार, साहित्यकार देश को मिलना दुर्लभ है। आपकी अजरता, अमरता में कभी कोई बाधा न पड़े यही ईश्वर से कामना करती हूं।

~ आशिमा 'राज' वार्ष्णेय
बंगलुरु (भारत)
दिनांक : 16/07/2023

29

स्नेह और आत्मीयता के पर्याय हैं गुरुदेव दाहिमाजी

बात उस समय की है, जब मैं विद्यार्थी थी, राजनीति शास्त्र में आर्नस कर रही थी, सरकारी सांध्य महाविद्यालय से सन 1992 में। मेरे प्रोफेसर डॉ.डी. एन. सिंह जो मुझे बहुत ज्यादा स्नेह करते थे। हमेशा मुझे हर सांस्कृतिक और साहित्यक गतिविधियों के लिए प्रेरित करते रहते थे। हिन्दी दिवस 14 सितम्बर 1993 में पूज्यनीय डॉ.सुशील दाहिमा अभय जी ने भी अपने विचार उस दिवस पर व्यक्त किए, उनके विचार सुनकर अच्छा लगा, मैं उनसे इतनी प्रभावित हुई कि मैं भी छोटी-छोटी पंक्तियां लिखने का प्रयास करने लगी। अन्य कई कार्यक्रमों में गुरुदेव दाहिमा जी से लगातार कुछ सुनने व सीखने का मौका मिलता रहा। उनके व्यक्तित्व और वाणी का प्रभाव मुझ पर असर करने लगा।

उनकी प्रेरणा से मैंने हिन्दी पत्रकारिता का कोर्स भी किया, जहाँ उन्होने मुझे हर सम्भव सहायता की छोटी-छोटी बारिकियों, भाव-भावना-विचार, कर्तव्य को पूर्ण निष्ठा व ईमानदारी से कैसे निभाया जाय, तथा पत्रकार को कितना कर्तव्यनिष्ठ, कर्तव्यपरायण होना चाहिए, इस तरह से सममझाया कि मैं आज भी अपने जीवन में सत्य व ईमानदारीके साथ हर रिश्ते और संबंध को निभाने का हर सम्भव प्रयास करती हूँ। उनकी प्रेरणा से अहिन्दी भाषी प्रदेश में हिंदी समाचार पत्र तथा 'अमर संकल्प' मासिक में प्रकाशित हुई।

पत्रकारिता के पठन-पाठन के समय उनसे इतना ज्यादा स्नेह और अपनत्व मिला जो मैं जीते जी कभी भूल नहीं सकती। आज भी उनका प्रेम मेरे और मेरे परिवार के प्रति अविरल निश्छल भाव से बना हुआ है। उनका साथ व सानिध्य हमेशा मुझे कुछ करने, सीखने की प्रेरणा देता है। कहीं कोई ठहराव, नकारात्मकता, वैमनस्य, भेद-भाव की स्थिति- परिस्थिति में भी मुझे अपने कर्तव्य पथ से डिगने नहीं देता। उनके शब्द है बार मेरे संकल्प को दृढ करते रहे हैं। उनके स्नेह और मार्गदर्शन ने हमेशा मुझे लिखने, पढ़ने के लिए प्रेरित किया। पत्रकारिता में साक्षात्कार कैसे लिया जाए, कौन- कौन से प्रश्न और प्रतिप्रश्न पूछे जाएं, उन्हें अपनी भाषा व जानकारी द्वारा जो जबाव सत्य और प्रामाणिक हो, वे व्यक्त हो जाएं...ऐसी

कला की शिक्षा मेरे गुरुदेव से ही संभव है।कविता तो हरपल उनके मन मस्तिष्क में सृजित होती रहती है। आज वे उम्र के पड़ाव पर हैं और उन्होंने अपना संपूर्ण जीवन ओडिशा में हिंदी, हिंदी साहित्य, हिंदी पत्रकारिता और हिंदी–ओड़िया भाषा समन्वय को समर्पित कर दिया। उनका संपूर्ण जीवन संघर्ष और आर्थिक संकटों से तालमेल बिठाते ही आज भी गुजर रहा है। उनके ये शब्द... "आभा,जिस व्यक्ति के जीवन की नियति संघर्ष हो, जिसे उसके आराध्य से संकल्प की प्राप्ति हो...तो फिर थकना कैसा रे!" ...मुझे हमेशा प्रेरणा और नई ऊर्जा देते रहे हैं।

जब मैं उनके सानिध्य से जुड़ी तब वे दैनिक "युगधर्म" (रायपुर, छ.ग.) के ओडिशा प्रभारी थे। दाहिमा जी बहुत ही निडर, ईमानदार और राष्ट्रवादी पत्रकार हैं, जो कभी किसी के दबाव में नहीं आए। ना उनका किसी राजनीति, राजनीतिक संगठन या राजनेता से अत्यधिक लगाव रहा। वे बस अपने कर्तव्य पथ पर निरंतर आगे बढ़ते रहे। अपनी ईमानदारी, सत्यवादिता की वजह से ही आज भी वे अलग-थलग से, भीड़ में अकेले रह गए।कलम की नोक पर पीत पत्रकारिता के वे घोर विरोधी आज भी हैं।जिस हिंदी दैनिक ने अपने जन्म से लेकर आजतक अपना आर्थिक बाजार साधने में उनके नाम का भरपूर इस्तेमाल किया,उसने भी दाहिमाजी का केवल शोषण ही किया!गुरुदेव ने इसे इसलिए सहन किया क्यों कि धन से ज़्यादा महत्वपूर्ण इस अहिंदी प्रदेश में हिंदी के प्रति उनका शाश्वत समर्पण महत्वपूर्ण रहा है !! यहां मुझे गुरु रविन्द्रनाथ टैगौर की पंक्तियाँ याद आती है— "एकला चलो, एकला चलो, एकला चलोरे।तोमार डाक शुने जदि केउ ना आसे, तबे एकला चलोरे!" मेरे परम आदरणीय गुरूजी को शत-शत नमन। शुभ मंगल कामनाओं के साथ आपको सादर समर्पित हैं मेरी कुछ यादें, आपके साथ की।

~ आभा माहेश्वरी,
पटना, बिहार

30

डॉ दाहिमा : हिंदी को समर्पित सच्चा चरित्र

डॉ. सुशील दाहिमा 'अभय' आधुनिक युग के एक महान भारतीय कवि हैं। इसके अलावा, मेरे विचार से वह एक महान दार्शनिक, देशभक्त और मानवतावादी भी हैं। मुझे उनके बारे में उनके संस्थान 'हमराही हिंदी साहित्य संस्थान' से पता चला और बाद में मैं उनके समूह में शामिल हो गया।

उन्होंने ओडिशा में हिंदी और हिंदी साहित्य के क्षेत्र में उल्लेखनीय काम किया है। जब मैंने उनकी कुछ उल्लेखनीय कविताएँ पढ़ीं तो यकीन मानिए मैं अथाह सागर में डूब गया। मैं विभिन्न विषयों पर कविता युक्त उनके सामुद्रिक प्रस्तुतीकरण में से बहुत कम संक्षेप में प्रस्तुत करने का प्रयास कर रहा हूं।

सबसे उल्लेखनीय बात यह है कि सुशील दाहिमा जी की रचनाएँ भावनाओं पर केंद्रित हैं न कि क्रियाओं पर। यह गुण महान लेखक के सच्चे चरित्रों में से एक है। उनके लिखे लेख और कविताएँ समकालीन समय की सामाजिक स्थिति का वास्तविक चित्र प्रस्तुत करती हैं।

उनकी विभिन्न रचनाएँ निश्चित रूप से उचित महत्व के साथ भारतीय संस्कृति को सरलतम रूप में दर्शाती हैं। वे विभिन्न सामाजिक वर्जनाओं और धार्मिक दायित्वों के बारे में भी निडर होकर लिखते हैं।

शब्दों के सही उपयोग और शब्दों के बीच एकीकरण के साथ उनके समर्पण और सजगता को उनके लेखन में महसूस किया जा सकता है। उनकी कविताओं में हिंदी साहित्य के छायावाद की अंतर्निहित विशेषताओं का प्रतिनिधित्व करने वाली गहन करुणा झलकती है।

हम जानते हैं कि उनमें सच्ची सादगी है और यही कारण है कि मैं साहित्य प्रेमियों को विभिन्न प्लेटफार्मों पर उपलब्ध उनकी कविताओं को पढ़ने की सलाह देता हूं।

मुझे विश्वास है कि जब कोई उनका लेखन पढ़ेगा तो उन्हें दाहिमा जी के शब्दों का करिश्मा महसूस होगा।

साहित्य के क्षेत्र में लोग अक्सर उनके संबंध में 'गुरुदेव' शब्द का प्रयोग करते हैं, जोकि हर मायने में उचित है।

~ आनंद दाधीच 'दधीचि',
बेंगलुरु (भारत)

31

नवोदित साहित्यकारों के लिए सघन छाँव हैं दाहिमाजी

घने वृक्ष की छांव में, उस सघन वृक्ष की कोटर में एक कमज़ोर लता का जन्म हुआ, पाल रहा वृक्ष उसे दे सुरक्षा और शीतल बयार यूँ पकड़ वो शाख को लिपट, तने से वो शिखर को बढ़ चली। नए तंतु अंकुरित हुए, कुछ फूल कुछ पल्लव नए, अब महक भी संग हवा के उड़ चली, परिचित हुयी साहित्य समाज से पहले थी अजनबी! जिस सघन वृक्ष की उपमा से जिन्हे मैंने सुशोभित किया है। वे हैं परम् पूजनीय निस्वार्थ साहित्य सेवी आदरणीय श्री सुशील दाहिमा जी और कोटर में पलने वाली लता मैं स्वयं हूँ

यह बात मई/जून 1921 की है मेरी परम् मित्र मेरी सखी सविता चढ्ढा जी (विश्व विख्यात लेखिका) ने मुझे कहा की मै तुम्हे एक लिंक भेज रही हूँ बस तुम उस पटल पर लिखना शुरू कर दो वहीं से मै आदरणीय बड़े भाई स्वरुप श्री दाहिमा जी के सम्पर्क में आई, कुछ नहीं आता था क्या लिखती थी नहीं समझ थी पर हर बार दाहिमा जी ने उस में सुधार कर पुनः लिखने का मौका दिया। यही नहीं समय समय पर फ़ोन कर मुझे प्रोहत्साहित करते रहे हैं आज भी मेरा होंसला बढ़ए रखने में कोई कसर नहीं छोड़ी है वोएक अच्छे मार्ग दर्शक होने के साथ साथ हिंदी भाषा के सच्चे सेवी/प्रचारक हैं कोई बिरला ही साहित्य संत होगा जो अहम त्याग सर्व में विश्वास रखता हो, नव अंकुरों को पुष्पित पल्लवित होते देख वो पुलकित हो उठते हैं।

आदरणीय सुशील दाहिमा अभय जी, जोकि दिखावे में बिलकुल भी विश्वास नहीं रखते हैं, सभी साहित्यकारों के विकास की संभावनाओं को बनाए रखते हैं। निर्भय हाथरसी के काव्य-शिष्य श्री दाहिमा छह दशकों से पत्रकारिता के साथ-साथ साहित्य सेवा में निरत है। उन्हें दर्जनों पुरस्कार व सम्मान मिले हैं। वे सम्वेदनाओं के गम्भीर कवि हैं। सम्वेदनाओं

को सिर्फ शब्दाकार देना उनका ध्येय नहीं है बल्कि उनको पाठक के हृदयतल तक प्रेषित कर स्पंदन की अनुभूति करवाना उनका सृजन-ध्येय है। जीवन के प्रति उनका अवलोकन एक 'सूक्ष्मदर्शी', 'क्रांतदर्शी' व 'समदर्शी' जैसा है।

काव्य प्रतिभा के धनी आदरणीय श्री दाहिमा जी की कुछ काव्य रचनाएं उनके व्यक्तित्व का बखान स्वयं करती हैं मेरे दिल पर भी उन रचनाओं ने अपने निशाँ कायम किये हैं। दाहिमा जी भावुक स्नेहिल और एक सूफी दार्शनिक प्रवृति के इंसान है। आप स्वयं देखिये कितन सुंदर लिखा है-

"जब सर पर चढ़ती है आत्मप्रवंचना 'अभय

वो एक अबूझ अहम बन जाती है।

आत्मश्लाधा है एक मधुर विष यारों

बस मैं–मैं की धारणा वहम बन जाती है।"

कभी-कभी वे एक संत की तरह अंतर्मुखी होकर आत्मसात भाव से लिखते है: -

"दौरे परेशानी में 'अभय' भूल गए करना गुफ्तगू दोस्तों से,

सवाल है जेहन में कब दोस्तों ने ही दी दस्तक अपनी ओर से !?"

कहाँ तक लिखूं। आदरणीयश्री के बारे में जब कुछ पढ़ती हूँ तो दिल को छू जाता है। लगता है कि इससे बेहतरीन तो कभी पढ़ा ही नहीं।

मेरी लेखनी छोटी है, मेरा शब्द कोष सीमित है। मैं उनके बारे मे बहुत कुछ लिखने में अक्षम हूँ। क्योंकि आदरणीय सुशील दाहिमा जी एक व्यक्तित्व नहीं बल्कि स्वयं में एक संस्थान हैं।

इन्ही शब्दों के साथ मैं उनके सुंदर स्वाथ्य की कामना करते हुए अपने कलम को विश्राम देती हूँ।

"चंद पुष्प है श्रद्धा के

इन्हे स्वीकार करो,

चंदन हैं आप लेखन के,

साहित्य का, यूँ ही महक विस्तार करो "

~ सुषमा परमार

आकाश कॉलोनी, शेरगढ़ रोड,

होशीयारपुर, पंजाब-146001

पत्रकारिता एक मिशन है

मानव रचित सामाजिक सभ्यता के विकास और प्रगति के साथ-साथ पत्रकारिता का महत्व भी बढ़ा है. आज़ादी के पहले पत्रकारिता का उद्देश्य और लक्ष्य बहुत ही स्पष्ट रहा है. आज़ादी पूर्व की पत्रकारिता मुख्यतः दो महत् बिन्दुओं के इर्द-गिर्द रही. एक, समाज की समस्यायें और दूसरा, अंग्रेजों की गुलामी से आजादी. परंतु आजादी बाद, कुछ वर्षों के अंतराल में ही पत्रकारिता के उद्देश्य और लक्ष्य, दोनों में ही बहुत बड़ा बदलाव परिलक्षित होने लगा. आज की पत्रकारिता पूरी तरह 'प्रोफेशनलिज्म' आधारित है.

निस्संदेह भारतीय पत्रकारिता का आजादी पूर्व और बाद के कुछ वर्षों तक का इतिहास गौरवमय रहा है. तब पत्रकार संस्थानों से नहीं, समाज और देश के प्रति अपनी निष्ठा, पत्रकारिता के धर्म और कर्म के प्रति लगन, समर्पण, परिश्रम और ईमानदारी के शाश्वत गुणों के साथ इस क्षेत्र में आते थे. इसीलिए उस काल में पत्रकारिता समाजोन्मुख रही, न कि आज की तरह जीविकोपार्जन और धन उगाही का माध्यम! एक समय था जब आज़ादी पूर्व इलाहाबाद से प्रकाशित 'स्वराज' के संपादक शांतिस्वरूप भटनागर जैसे कई निर्भीक, साहसी और निष्ठावान संपादकों के लिए निर्धारित वेतन था, जौ की एक रोटी और पानी का एक प्याला. यह वह दौर था जब 'बर्टन रसेल' जैसे दार्शनिक विद्वान भी पत्रकारिता के महत्व को नकारते थे और इसे निरर्थक मानते थे. परंतु पत्रकारिता के महत्व को स्वीकारते हुए 'एनी बेसेंट' ने मद्रास में सर्वप्रथम नेशन यूनिवर्सिटी की स्थापना कर पत्रकारिता की विधिवत शिक्षा प्रारंभ की. इसके कुलपति थे गुरूदेव रविन्द्रनाथ टैगोर, प्रतिकुलपति थे श्री रामास्वामी अयंगर और विभागीय प्रमुख थे डा. जेम्स एच. कोजिंस, यदुनाथ सरकार जैसे विद्वान इसमें व्याख्याता रहे.

इनके ही सदप्रयास ने भारतीय समाज और देश को एक नयी दिशा देना प्रारंभ किया, तभी तो पत्रकारिता प्रजातंत्र का चौथा स्तंभ कहलायी. परंतु आज पत्रकारिता का जो स्वरूप है, वह कई-कई प्रश्न चिन्हों से आवृत है, संप्रति देश और समाज का जो कालखंड है और जैसी विकृतियां दिन ब दिन राष्ट्रीय स्तर पर तथा समाज में प्रत्यक्ष हो रही हैं, भारतीय पत्रकारिता को स्वयं ही आत्ममंथन कर उत्तर तलाशने की आवश्यकता है. आज़ादी के सात दशक बाद, भारतीय पत्रकारिता आज जिस खोटे सिक्के की तरह चल रही है, उसमें आवश्यक बदलाव जरूरी हो गया है. आजादी पूर्व की भांति पत्रकारों को संगठित होकर समाजोन्मुखी होना होगा. पत्रकार ही पत्रकारिता को प्राणवायु देते हैं. उन्हें अपने पेशे के प्रति निष्ठावान और ईमानदार होना होगा.

आज़ादी के बाद, पत्रकारिता का सहयोग देश निर्माण की दिशा में सकारात्मक रहा. राष्ट्र से जुड़े मुद्दों और ज्वलन्त प्रश्नों को तब की पत्रकारिता ने राष्ट्रीय स्तर पर प्रमुखता से बहस का विषय बनाया. तब तक पत्रकारिता के मूल्य इतने नहीं गिरे थे, जैसा कि आज दिखाई दे रहा है.सच यह भी है कि आपातकाल के पूर्व तक पत्रकारिता की मूल सोच में देश और समाज को दिशा देने का भाव रहा था और पत्रकारिता अपनी इस जिम्मेदारी कह निर्वहन भी कर रही थी. परंतु अस्सी का दशक आते आते पत्रकारिता की दशा, दिशा और सोच में एक बड़ा बदलाव लक्षित होने लगा. राजनीति सत्ता के और पत्रकारिता राजनीति के इर्द गिर्द सिमटती नजर आने लगी थी. पत्रकारिता अपनी नैतिक जिम्मेदारी से अलग हटती हुई सत्ता संस्थानों से जुड़ती दिखाई देने लगी थी. दिग्गज पत्रकार यह मान कर चलने लगे थे कि बिना 'प्रोफेशनलिज्म' के पत्रकारिता अपना अस्तित्व बचाये नहीं रख सकती. हालांकि यह सोच पूरी तरह सच थी, ऐसा नहीं कहा जा सकता क्योंकि इस दौर में जब राष्ट्रीय अखबार सत्ता की सोच और चरित्र के साथ-साथ खुद में भी बदलाव कर रहे थे, तब भी क्षेत्रीय अखबारों के संपादक अपनी नैतिक जिम्मेदारी और जवाबदेही को निभा रहे थे. जबकि पत्रकारिता में राजनीतिक दखलअंदाजी सिर पर नाचने लगी थी.

आज तो पत्रकारिता राजनीति से पूरी तरह आच्छादित दिखायी देती है जो कि घातक है. अगर समय रहते इस राजनीतिक दखलअंदाजी से पत्रकारिता खुद को आजाद नहीं कर सकी तो वह अपने मूल्यों और विश्वसनीयता को एक दिन पूरी तरह से खो देगी. हालांकि २१वीं सदी के आगमन-काल में मिडिया का एक हिस्सा राजनीतिक दखलअंदाजी से मुक्त-होता-सा दिखायी तो देता है परंतु असली सच का अभी सामने आना बाकी है. क्योंकि प्रिंट और इलेक्ट्रानिक मिडिया के क्षेत्र में व्यावसायीकरण इस हद तक गहरा चुका है कि मुनाफा कमाने के चक्कर में मिडिया ने विज्ञापनों के महत्व को लगता है एकमत से सिर आंखों पर बिठा लिया है. मिडिया पर हावी होते 'घरानों' के प्रभाव, विज्ञापनों के माध्यम से होती कमाई का लगातार बढ़ता ग्राफ और सहजता से उपलब्ध सुविधाभोग ने पत्रकारों को भी, विशेष कर पत्रकारिता को जीविकोपार्जन का साधन बना बैठे पत्रकारों को भी बहुत हद तक दिगभ्रमित किया है. अधिकांशतः पत्रकार मुनाफे और सुविधा भोग के चक्रव्यूह में फंसते या फंसे हुए नजर आते हैं. इसके पीछे दूसरे कई कारण और भी हो सकते हैं. परंतु शाश्वत सत्य तो यही है कि यदि पत्रकारिता को समाज और राष्ट्र को दिशा देनी है तो उसे इस चक्रव्यूह में अभिमन्यु बनने के बजाय अर्जुन बनना होगा.

इन तमाम बातों के बावजूद भी आजादी बाद विशेषतः साठ के दशक बाद भारतीय पत्रकारिता के इतिहास में ऐसे उदाहरण मौजूद हैं कि जो पत्रकारिता के क्षेत्र में लक्षित होती गिरावट के बाद भी पत्रकारिता के मूल्यों के रक्षण और जिम्मेदारी के निर्वहन के प्रति आश्वस्त करते हैं. जैसी चीनी हमला, ६४-६६ का राष्ट्रीय अकाल, देशव्यापी किसान आंदोलन, जय प्रकाश नारायण का राष्ट्रव्यापी आंदोलन, सत्ता परिवर्तन की लहर, आपातकाल का विरोध, मंदिर-मस्जिद विवाद, सत्ताधारियों के भ्रष्टाचरण का खुलासा,

अन्ना का अनशन, दामिनी-प्रकरण आदि. फिर भी, पत्रकारिता आज भी दिशाभ्रम के कारण वास्तविक जन-सरोकारों की समग्रता से दूरी बनाये हुए है. राष्ट्रीय सरोकारों को सतही ढंग से लेना, गंभीर मुद्दों को मनोरंजन में बदलना, बढ़ती बेरोजगारी, एक ओर गहराती गरीबी पर दूसरी ओर विस्तृत होता भोगवाद, जड़े जमा चुका भ्रष्टाचार, साम्प्रदायिकता की गंदी राजनीति, नारी सम्मान पर बढ़ती चोटें, सेक्स-हिंसा और अपराधों में बढ़ोतरी, शिक्षा-स्तर का विभाजन, लगातार बढ़ती महंगाई, मध्यम परिवारों के सिसकते सरोकार जैसे अनेक ज्वलंत विषय है; जिन पर पत्रकारिता को उत्तरदायित्व निभाने के लिए सामूहिक स्तर पर एकजुट होने की जरूरत है.

पत्रकारों को अपनी सामाजिक जिम्मेदारी को समझना चाहिये. पत्रकारिता के क्षेत्र में राष्ट्र और जनता के हितों से जुड़े सरोकार ही सर्वोपरि है. धन उगाही, मुनाफा और व्यक्तिगत सुविधाभोग इसके बाद 'पत्रकारिता' कल भी मिशन थी, आज भी मिशन है और हर बदले हुए रूप के बाद भी वह आने वाले कल में भी मिशन रहेगी. अगर 'पत्रकारिता' एक पत्रकार के लिये मिशन नहीं है तो वह सही अर्थों में पत्रकारिता भी नहीं है.

~ डॉ.सुशील दाहिमा अभय

संयुक्त संपादक, दैनिक उत्कल मेल,

राउरकेला, ओडिशा

(दैनिक 'उत्कल मेल' के 1 फरवरी 2014 के अंक में यह आलेख प्रकाशित है)